사회복지행정론

황희숙

창지사

머리말

행정에 관한 이론적 기초는 사회복지행정의 개념, 조직과 사회복지이론, 사회복지행정의 역사 내용을 학습하고 사회복지서비스 전달체계, 사회복지조직의 기획과 의사소통 프로그램의 개발과 평가를 학습하며 경험을 통한 지식의 민감도를 높이게 된다. 외국의 저명한 논문들이 현실 문제 해결을 제시하는 것은 더 나은, 더 좋은, 더 괜찮은 시스템으로 대안들을 제시하기 위해서이다.

다양한 조직 간의 수평적인 협력을 통하여 사회문제를 해결하는 방식을 협력적 거버넌스라고 한다. 협력적 거버넌스의 핵심은 조직 간 협력이라 할 수 있다. 협력은 자율적인 행위자와 조직들 사이의 상호작용을 통하여 기존의 조직적 경계와 정책을 초월하여 새로운 공공가치를 창조하는 것을 의미한다. 다르게 말하면 자율적인 행위와 조직들 사이의 상호작용을 통해 기존의 조직적 경계와 정책을 초월하여 새로운 공공가치를 창조하는 새로운 사회문제 해결 방식이다. 일반적으로 협력은 참여자의 상호 의존성, 참여자의 이질성을 건설적인 방향으로 극복할 수 있는 능력을 뜻한다. 우리 모두는 협력적 거버넌스를 통해 사회가 안정되고 발전되길 원한다.

사회복지사는 꿈에서도 학습을 한다.

누가 사회복지행정을 하느냐, 누가 결정을 하느냐, 누가 협조를 하느냐, 무슨 자원이 있느냐, 어떻게 원하는 바를 얻느냐는 매우 필요한 조건을 갖고 필사적인 노력을 한다.

우리는 그래서 미래를 알고 싶어 한다. 엄마를 통해 세상을 알았듯이 말이다.

복지행정이론들은 많은 주옥같은 해설을 발전시키며 현실에 바르게 서게 한다. 어떤 가치가 그것이라고 배워 온 개념이 어느덧 자세를 취하게 한다.

바라건대, 『사회복지행정론』이 사회복지 현장의 바람직한 사회복지사가 되고자 하루하루 같은 눈높이에서 같은 속도로 배움의 결실을 맺기 위해 노력하는 학생들에게 사랑받는 책이 되길 바란다.

현장에 있는 경험 많은 현장전문가에게는 안 보이던 것이 보이는 숙련된 배움으로 현대 조직사회에서 인정받는 인재가 되기 위핸 학습 자료가 되길 바란다.

이 책은 아직 지식을 전달하는 데 부족함이 많을 것이지만 '줄탁동시(啐啄同時)'가 이루어지길 기대한다. 줄탁동시란, 어미 닭이 알을 품고 있다가 때가 되면 병아리가 안에서 껍질을 부리로 쪼게 되는데 이것을 '줄'이라 하고 어미 닭이 그 소리에 반응해서 바깥에서 껍질을 쪼는 것을 '탁'이라고 한다. 이와 같이 줄과 탁이 동시에 이루어져야 일이 완성된다는 의미의 사자성어처럼 학생은 학습을 통해 꾸준히 성장해 나갈 때, 이 책은 돕는 도구로서 그 역할을 다할 수 있도록 계속 보완해 나갈 것이다.

지금도 일선에서 수고하는 사회복지사에게 감사의 마음을 전하며 지역사회를 발전시키는 개발자, 창조자, 협력자가 되어 공공과 민간 거버넌스를 통해 선진 복지사회가 이루어지길 바란다.

2020년 2월

연구실에서

차례

제1장

사회복지행정의 개념

1. 사회복지이념과 사회복지행정

- 사회복지의 정의: 각 사회마다 매우 다양하게 존재
  - 노동조합이나 민간의 지원 서비스
  - 전문인력에 의한 대인적 서비스
  - 사회보장이나 이와 유사한 소득 이전
- 사회복지 정의의 다양성 이유
  - 각 사회의 문화, 역사, 가치체계 등의 차이
  - 각 사회의 산업화와 도시화에 의해 발생되는 문제와 해결방안의 차이
- 티트무스(R. Titmuss)의 사회복지 정의
  - "한 사회에 의해서 그 사회의 사회문제를 다루기 위해 개발된 모든 방안들"이라고 폭넓게 규정

1) 잔여적 및 제도적 사회복지

(1) 잔여적 사회복지

- 아담스미스(A. Smith)와 허버트스펜서(H. Spencer)에 의해 대표되는 자유방임의 사회철학에 근거
- 개인의 욕구는 가족과 시장이라는 '자연스런' 제도에 의해 충족되는 것이 정상이라고 봄
- 일시적으로 '가족'과 '시장'으로부터 욕구충족을 못하게 되는 경우에 대비해서 사회복지가 필요하다고 보는 안전망(safety net)의 개념
- 정형화된 사회복지적 노력과 활동은 일시적인 위기가 지나면 존재할 필요가 없다고 봄
- 사회적 의존 인구들은 비정상적인 집단으로 간주하기 때문에 서비스 대상인구들에게 스티그마(stigma)가 작용

(2) 제도적 사회복지

- 현대산업사회의 특성상 가족과 시장의 기능만으로는 대다수 개인들의 욕구가 충족될 수 없음을 전제
- 각 개인의 욕구 불충족이나 사회문제들은 일시적으로 발생하는 것이 아니라 현대사회의 구조에 내재되어 있는 현상이라고 보는 관점 → 따라서 개인들은 가족이나 시장제도에만 의존할 수 없으므로 새로운 제도를 필요로 함
- 사회복지가 이념이나 일시적인 서비스들의 조합이 아니라 항상성을 띤 제도의 성격을 가짐
- 개인들의 신체적·심리적·사회적 욕구나 문제의 전 영역을 다룸
- 개인들의 사회적 및 경제적 의존성이 사회의 집합적인 책임이라는 의식을 수용함
- 개인들이 사회복지서비스에 대한 필요성을 갖는 것은 지극히 정상적이며 스티그마(stigma)는 부존재

2) 이상적 및 현실적 사회복지

(1) 이상적 사회복지

- 현실이 추구하고 지향해 나가야 할 목표가치
- 헤퍼넌(J. Heffernan): 전체인구의 사회적 안녕을 증진하기 위한 모든 조직화된 사회적 대응
- 이상적이고 포괄적인 정의: 교육, 의료, 재활, 성인과 아동에 대한 보호적 서비스, 공적부조, 사회보험, 신체적 및 정신적 장애인들에 대한 서비스, 직업훈련프로그램, 가족문제 상담, 심리치료 등 사회적 안녕을 증진시키기 위해 고안된 많은 활동을 사회복지의 영역에 포함

(2) 현실적 사회복지

- 현실에서 실천활동을 위해 필요한 수단
- 대부분의 사회에서 이상적 가치와 현실적 가치 사이에 괴리가 나타남
- 이상적 및 현실적 가치의 포괄성을 인정하는 것이 중요
- 이상적 가치에만 치중하면 현실적인 상황들을 부정할 수밖에 없고, 현실적 가치에만 매달리면 사회복지의 이상이나 혁신적인 목적 추구가 불가능해짐
- 사회복지행정은 현실과 이상이라는 두 가치를 동시에 포용하고 그 가치들 간의 괴리를 최대한 줄여 나가도록 노력하는 발전적인 자세가 필요함

(3) 발전적 사회복지행정의 필요성

- 한 사회가 갖는 사회복지의 이념이나 가치는 사회복지행정이 추구해야 할 목적임
- 사회복지행정은 그것들을 실천해 옮기는 과정적인 역할을 수행
- 사회의 사회복지 이념이나 가치들은 고정적이지 않으며 시대에 따라 변화
- 동시대라 할지라도 가치들은 획일적이지 않으며, 현재적 가치와 이상적인 가치들이 혼합되어 존재
- 이러한 가치들을 포괄적으로 수용하여 발전적인 사회복지의 방향에 관심을 가져야 한다.
- 사회복지행정은 제도적/잔여적, 이상적/실질적인 사회복지의 가치이념들을 동시에 염두에 두어야 하며, 그러한 연속선상에서의 이동과 발전에 대한 인식을 명확히 해야 한다.

2. 행정영역과 사회복지행정

- 사회복지행정은 사회복지와 행정이라는 두 개념의 합성어
- 한 사회의 사회복지 이념이나 가치가 그 사회의 사회복지행정의 성격을 규정
- 행정의 개념을 어떻게 규정하느냐에 따라 사회복지행정의 성격이 다르게 정의

1) 정책과 행정

- 정책: 일종의 방향 제시
- 행정: 정책을 실천하는 수단이나 과정
- 정책과의 관련성을 어떻게 규정하느냐에 따라 협의와 광의의 개념으로 나뉨

(1) 협의의 행정

- 정책과 관련성이 배제된 경우를 말하며 행정은 수단으로서의 실천방법들에 국한
- 조직목표는 이미 주어진 것이고 행정은 이를 달성하기 위해 필요한 업무와 기능적 역할들을 수행
- '관리'라는 개념이 이러한 행정의 정의와 영역을 나타내는 데 적합

(2) 광의의 행정

- 목표형성, 기획, 실행, 평가, 변화 등을 포함하는 조직의 전반적인 활동
- 조직의 정책에 해당하는 목표설정까지 포함하고 있으므로, '경영'과 '관리'를 통합한 포괄적 규정

(3) 한계점

사회적 목표들이 분화되어 나가는 과정에서 목적과 수단, 정책과 행정은 절대적이 아니라 상대적이므로 행정의 협의와 광의에 의한 규정만으로 사회복지행정의 정의를 내리는 것은 한계가 있다.

2) 사회복지행정의 유사 개념들

(1) 사회복지정책

- 정책결정 과정을 주로 다룸
- 정책은 보통 '무엇을 할 것인지'라는 목적 설정에 관심이 있으며, 경우에 따라서는 '어떻게 할 것인지'와 같은 방법에 대한 결정도 포함

(2) 기획

- 선택과 합리화를 통해 정책을 형성하고 실현하는 것으로 조사연구, 가치분석과 가치표출유도, 정책형성, 행정적 구조화, 측정과 피드백 같은 내용을 포함

(3) 지역사회조직

정책개발, 기획, 행정 등과도 중첩되나 주민참여에 대해 특별히 강조

3) 전문직과 사회복지행정

- 전문직과의 관련성 정도에 따라 세 가지 모델로 구분: 사회사업행정, 사회복지행정, 사회행정

4) 사회복지행정의 영역 및 활동

- 사회복지행정의 주된 활동: 사회복지조직들을 적절히 행정관리 하는 것
- 사회복지행정이란 하나의 조직 내에서 이루어지는 일련의 활동과정들의 합(R. Sarri)

| 표 1-1 | 사회복지영역과 활동

사회복지 이념 및 정책	• 사회적으로 부여된 임무를 실행 가능한 정책과 목적들로 전환 • 프로그램 디자인과 실행 • 자원(물적, 인적, CT, 사회적 인정 등) 확보와 할당
사회복지행정	• 조직 내부와 조직들 간의 운영을 관리 • 인력관리와 슈퍼비전 • 조직을 대표하고, 사회적 관계를 담당 • 지역사회 교육
직접서비스 실천	• 조직 생산성을 위한 모니터링, 평가, 혁신

- 행정관리의 역할과 활동의 구분: 제도적 리더십과 관리(P. Selznick)
  - 제도적 리더십: 조직의 목적을 확인하고 목적실행에 적합한 구조를 개발하는 것
  - 관리: 조직의 하부체계를 조정하고 통합하여 일관성 있는 메커니즘으로 만드는 것
- 바람직한 사회복지행정: 조직내부의 활동뿐만 아니라 목적형성이나 외부환경과의 관계에 관한 영역들도 동시에 포함해야 함
- 사회복지행정 관리자가 맡을 구체적인 업무활동: 기획, 정보처리, 통제, 통합과 조정, 평가, 협상, 옹호, 인력배치, 모니터링, 공급, 대외활동, 직접서비스, 예산활동
- 조직의 위계에 따른 행정관리자의 영역

(1) 경영자급(제도적 영역)

- 사회적 법적인 위임사항들을 행동으로 옮기는 작업
- 조직의 경계를 설정, 필요자원의 획득
- 경영자급의 기능수행을 통해 다른 기관과의 교환관계 성격이 결정 성립(협조적, 경쟁적, 갈등적)

(2) 중간관리자급(프로그램 영역)

- 소비자와 조직의 하위 기술부서 간의 중재가 중요한 활동
- 서비스의 조달과 할당, 프로그램 구조의 디자인, 부서 간의 조정, 직원의 지휘 및 개발
- 계획을 실행 가능한 현실로 바꾸어 나가는 기술적이고 전문적인 과정

(3) 슈퍼바이저급(기술적 영역)

- 일선 업무자와의 관계가 주된 활동영역으로 대개는 슈퍼바이저의 행정관리 활동과 일치
- 표준화, 일상화, 주기적인 사정과 평가 등에 관심
- 부수적인 역할: 컨설팅, 사례관리, 강습, 의뢰, 모니터링
- CT에 대한 직접서비스 전달

3. 한국의 사회복지행정 규정

한국의 사회복지행정 규정의 어려움

- 사회적 배경과 사회복지 발달과정이 다른 외국의 학문을 도입
- 도입된 학문에 다양한 행정적 접근방법이 섞임
  - 복삽성을 줄이기 위한 목적으로 개념을 단순하게 하는 것보다는, 비교적 폭넓은 연속선상에서 사회복지행정을 상대적으로 규정하는 것이 바람직
  - 사회복지행정의 개념은 고착적이지 않고 시대적, 사회적 환경의 요구에 적절히 대응하여 발전적으로 규정되어 가는 것

1) 사회복지서비스 환경의 변화

- 1980~1990년대의 아동보육서비스에서 2000년대에는 노인 및 장애인 관련 서비스로 확대 → 인력집약적 산업, 관련종사자 수의 증가, 서비스조직의 규모 확대 → 행정관리 능력의 요구

(1) 사회복지서비스 운용방식의 주요변화

① 사회복지조직의 자원동원 양식의 변화: 공공의존에서 민간에 대한 역할 강화 쪽으로 다원화

② 사회복지서비스 인력 구성의 변화: 다전문직화

③ 서비스 전달체계의 변화: 제한된 사회복지서비스 자원의 활용 효율성을 극대화하기 위한 조직들 간의 연계와 통합

(2) 사회복지서비스 환경의 변화에 따른 사회복지행정의 영역규정의 시사점

① 정책과의 관련성을 강화

② 사회복지행정의 관점을 폐쇄체계에서 개방체계로 이동

③ 사회복지행정의 영역을 사회복지전문직의 활동에 국한하지 않고, 다양한 전문직들이 활동하는 휴먼서비스 분야로 확대
④ 사회복지조직의 확대에 따른 행정관리의 기능과 지식의 세분화

2) 일반 행정과 사회복지행정

일반적으로 우리는 '행정'이라고 하면 공공행정(public administration)을 떠 올릴 것이다. 공공행정은 공공기관에서 목표 설정, 실행계획의 수립과 이행, 재원 조달, 인력 관리, 정보관리 등의 일련의 행위가 조직적으로 이루어지는 것을 말한다. 더 나은 전달체계를 통하는 행정은 조직의 목표를 효과적·효율적으로 수행하기 위해 관리한다. 이를 위해 행정의 패러다임은 전문적 행정에서 경영학(business administration)에서 다루는 경영(management)학적 접근법이 필요했다. 공공행정은 주 목적이 공공성을 가진 조직과 관련되는 것이며, 경영은 이윤을 추구하는 영리조직의 관리를 다룬다는 점에서 차이가 있다. 공공행정이나 경영 모두 제한된 자원으로 조직의 효과적·효율적 관리를 목표로 한다는 점에서 공통점이 있다. '행정(administration)'이라는 개념을 단순히 공공행정의 의미에 제한하지 않고, 공공부문, 영리부문 또는 비영리부문 등 모든 영역에서 이루어지는 조직의 '관리(management)'의 측면에서 바라본다.

행정의 의미를 사회복지 분야와 관련하여 살펴보면 사회복지 정책(제도)은 성격상 추상적이고 포괄적이다. '모든 국민에게 인간다운 삶을 보장한다'와 같이 추상적이고 포괄적으로 명시하고 있다. 이 과정에서 사회복지는 살아가는 환경에 대한 삶의 욕구를 다루기 때문에 그러한 삶을 어떻게 보장할 것인지에 대한 것을 보다 구체화하는 작업이 필요하다. 다시 말하자면 사회복지정책이 실행되기 위해서는 관할 주체, 대상자 규정 및 선정절차, 서비스 내용 및 제공방법, 재원 지원 등 세부적인 내용들에 대한 거버넌스가 요구된다.

일반 행정의 특징은 불특정 다수를 대상으로 한다는 것과 일반화, 표준화 그

리고 규격화라고 할 수 있다. 이에 반해 사회복지행정은 개별, 집단 클라이언트를 대상으로 다양한 욕구를 진단하고 각 클라이언트별로 개별적·구체적으로 접근한다. 결국 개별적이고 구체적인 접근을 중시하는 사회복지행정은 일반화, 규격화를 추구하는 일반적 의미의 행정과 대비된다고 할 수 있다.

3) 사회복지행정의 영역

(1) 수평적 영역

다양한 사회복지행정 관련 활동과 요소를 포함하는데 사회복지행정은 사회복지조직을 중심으로 조직 외부의 환경에서 요구하는 정책적 요구를 조직의 목표에 수렴시켜 이러한 목표 달성을 위해서 조직구성원이 프로그램을 기획하고 인력과 자원을 배치시켜 서비스를 클라이언트에게 제공하는 일련의 활동과정의 총체이다.

→ 사회복지행정은 행정보다는 관리(management)의 의미가 강하게 내포되어 다양한 활동의 영역은 크게 조직관리, 환경관리, 자원관리, 프로그램 관리로 압축될 수 있다.

① 조직관리

사회복지조직의 유지와 발전을 위해 주로 조직의 내부적 구조인 계층제와 팀제를 형성하는 것을 비롯하여 조직기술, 리더십 등의 작용과 활동도 포함 → 미시적 조직관리

② 환경관리

사회복지조직에 영향을 미치는 환경적 요소를 관리하고 지역사회 내에서 다른 조직들과의 관계를 유지하고 관리하는 활동영역 → 거시적 조직관리

③ 자원관리

- 인적자원 관리: 인사관리(직원선발, 직무분석, 성과 평가, 직원을 개발하는 관리활동)
- 물적자원 관리: 예산편성, 집행, 프로그램과 서비스 제공에 필요한 재원 동원, 관리하는 활동

④ 프로그램 관리

사회복지 프로그램을 기획하고, 수행하는 과정을 모니터하여 프로그램의 목표 달성 정도를 평가하는 전 과정에 이르는 과업과 활동을 체계적으로 관리하는 활동으로 주로 중간관리자의 영역이다.

(2) 수직적 영역

사회복지조직구성원이 행정활동 또는 관리활동에 관여하는 범위와 수준을 중심으로 일어나는 것을 말한다. 사회복지행정관리자가 수행하는 활동을 사회복지행정으로 본다면 사회복지행정의 영역은 관리자의 위계수준에 따라 주된 활동영역이 달라진다.

- 사회복지조직의 관리자: 최고관리자(top manager), 중간관리자(middle manager), 일선관리자(supervisor)로 나뉜다. 이들의 관리활동과 영역은 상호 중첩되는 부분도 있지만 확연히 구별되는 각자의 영역이 있다.
- 사회복지관리자가 주로 활동하는 영역: 정책영역, 관리영역, 서비스 영역

4) 관리기술영역

사회복지조직의 관리자가 행정활동에서 필요한 관리기술 유형에 따라 달라지는 기술영역으로 사회복지관리자는 관리자의 위계수준에 따라 주로 관여하는 조직의 영역도 다르지만 그들이 관리활동에 사용하는 기술유형에 따라 사회

복지행정영역도 달라질 수 있다. 관리자의 수준과 관리기술의 종류는 관리자의 위계수준에 따라 세 가지로 나누어 사회복지행정영역을 설명할 수 있다(Katz).

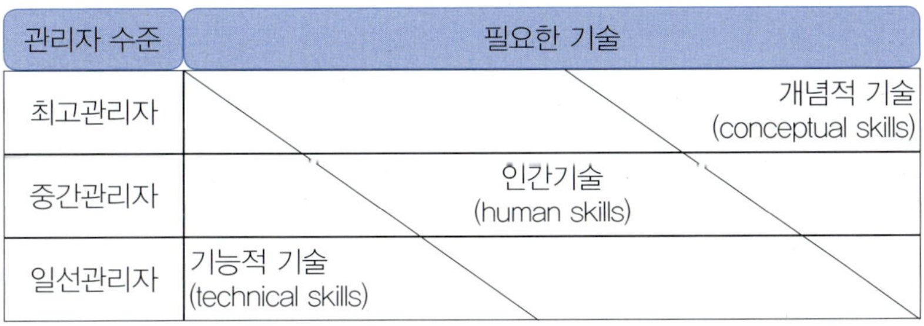

(1) 기능적 기술(technical skils)

기관의 핵심적인 활동을 성취하는 데 필요한 기술로서 주로 상담, 사례 관리, 프로그램 기획과 점검 등 클라이언트에게 서비스를 전달하는 데 필요한 기술이다. 주로 일선관리자가 반드시 갖추어야 할 기술이며, 최고관리자는 의사결정을 위해 최소한 요구되는 기술이다.

(2) 인간기술(human skils)

사람을 다루는 기술로 조직 내에서 매우 필요불가결한 기술이면서 모든 수준의 관리자에게 공통적으로 요구되는 기술영역이다. 사회복지조직의 모든 관리자는 사람을 다루고 대인관계를 원만히 유지하는 기술을 공통적으로 구비할 필요가 있다.

(3) 개념적 기술(conceptual skils)

최고관리자에게 요구되는 기술이며 조직의 비전을 제시하고 문제상황을 규정하고 해결하는 기술이 요구된다.

사회복지행정의 특성

- 사회복지행정은 국가의 이념, 발전방향, 정책 등에 의해 결정되기도 하지만 도덕적 가치와 상충되어 어떤 측면을 우선시해야 할 것인가에 대한 혼란이 있을 수 있다.
- 다양한 인적 물적 자원을 동원하기 위해 때로는 개인의 자원이 다른사람이나 전체의 이익, 또는 공익을 위해 어떻게 활용될 수 있는지를 분명히 납득할 수 있도록 설명하여야 한다.
- 소외집단의 권익을 위해 옹호하며 이들에 대한 관심과 지지를 위해 대중이나 공공에 설득할 수 있도록 노력하여야 한다.
- 다양한 클라이언트의 욕구에 맞추어 자원을 연결하도록 다른 유관기관과 연계, 협력하여야 한다.
- 어떤 수단과 방법, 기술을 사용할 것인지에 대해 끊임없이 고민하며, 새로운 지식과 정보가 요구된다.
- 민간과 관이 협력하며, 조직 및 구성원은 영리를 목적으로 활동하지 않아야 한다.
- 조직 및 활동의 가치, 목표, 신념을 공유하고 다양한 관점을 가진 직원들과 통합할 수 있는 관리 전략과 기술이 요구된다.
- 사회적 책임, 윤리적 책임을 비롯하여 재정의 투명성, 직원의 전문성 등에 대해서도 수준을 높여 나가며 고려해야 한다.
- 서비스 제공이라는 사적 활동이 어떻게 공익과 연결되는지를 지역사회를 비롯한 외부 사람들에게 이해시킬 수 있어야 한다.

사회복지이념의 채택에는 국회라는 조직이 관여하고 있으며, 사회복지정책의 수립에는 보건복지부, 고용노동부, 교육부, 여성가족부 등 중앙정부의 관련 부처들이 관여하고 있다. 그리고 사회복지정책을 실행하는 과정에서는 지방조직인 시·도와 같은 광역자치단체, 시·군·구와 같은 기초자치단체도 관여하고 있다. 또한 사회복지를 필요로 하는 사람들에 대한 서비스가 제공되는 과정에는 읍·면·동 그리고 사회복지시설 등이 관여하고 있다. 사회복지와 관련된 다양한 조직은 물적·인적자원을 조직화하여 사회복지를 필요로 하는 사람들에게 직간접적으로 정책 및 서비스를 지원하고 있다.

사회복지행정에서 고려해야 하는 조직 관리는 미시적인 조직관리와 거시적인 조적관리로 나눌 수 있는데 미시적 조직관리는 조직 내적인 관리이며, 거시적 조직관리는 조직들 간의 관계를 관리하는 것으로 미시적이고 거시적 행정관리는 장기적 목표중심의 사회복지전달체계를 이루는 데 필수적이다(황희숙, 2004).

선별주의와 보편주의

원리: 복지서비스 제공 기준에 대한 가치로서, 사회복지정책 활동으로부터 제공되는 복지서비스를 받을 수 있는 사람들의 자격 및 범위와 밀접한 관련이 있다.

구분	선별주의	보편주의
주요내용	사회복지대상자들을 사회적·신체적·교육적 기준에 따라 요건을 엄격히 제한하여 구분한 다음 복지서비스를 제공하는 것이다. 자산조사를 통해 원조가 필요하다고 인정된 사람들 즉 한부모가족, 장애인, 무능력자, 도움이 필요한 노인, 빈민	사회의 모든 구성원들에게 정부가 서비스나 재정적인 원조를 제공하는 것이다. 별도의 자산조사를 하지 않으며 특정한 인구범주(아동, 장애인, 65세 이상 노인 등) 또는 시민/국민이라는 사실 외에 별도의 자격요건을 필요로 하지 않는다.
장점	효과성, 효율성	공평성, 편익성
단점	공평성, 편익성	효과성, 효율성
복지이념	잔여적 모형	제도적 모형
예	공공부조제도, 빈민을 위한 공동주택	아동에 대한 의무교육, 모든 65세 이상 노인에 대한 교통비지급

- **미시적 조직관리**: 조직 내 관리(기획, 조직화, 인력관리, 명령지휘계통, 조정, 보고 및 재정 등
- **거시적 조직관리**: 조직 간 관리(전달체계, 네트워크, 통합사례관리 등)

4. 사회복지행정의 유사 개념

사회복지행정의 다른 유사 개념인 '사회사업행정(social work administration)'은 주로 클라이언트에게 서비스를 직접 전달하는 조직, 즉 사회복지시설에서 일어나고 있는 활동들에 관한 것이라고 할 수 있으며, 특히 미시적인 관점에서 프로그램의 개발과 관리에 초점을 두고 있다고 볼 수 있다(김영종, 2001: 40). 사회사업행정은 사회사업 전문직의 관점에서 사회사업의 실천을 관리하는 것에 주된 관심을 가지고 있으며, 개인과 환경이란 사회복지의 관심사 중 개인의 문제해결에 치우쳐 잔여적인 사회복지이념을 지지하는 입장이다(김영종, 2001: 40). 이에 비해 사회복지행정은 개방적이고 동태적인 관점에서 사회복지를 이해하고 있다는 점에서 차이가 있다. 영국의 티트머스(R. M. Titmuss)도 사회복지행정과 유사한 개념인 '사회행정(social administration)'을 언급하였는데, 전체 사회의 욕구와 자원배분에 관한 지식으로 사회보장과 사회복지조직 및 운영의 조정문제를 다루는 활동을 사회행정이라고 하였다(이계탁, 1997: 36).

5. 사회복지행정의 영역과 관리

사회복지행정조직에서 다루어지는 개입행위에는 다양한 관리가 필요하다.

루터 굴릭(L. Gulick)은 행정행위를 통해 조직을 유지하는 기술에는 계획, 조직, 인사, 지시, 조정, 보고, 재정, 평가가 있으며 영어 알파벳 철자를 따서 'POSDCoRBE'라고 규정하였다(Schafritz & Russell, 1992: 191).

■ Planning(계획)

조직체계 목표 설정과 목표를 달성하기 위한 과업 및 수행방법을 결정하는 단계로, 과업을 달성하기 위한 방법은 변화하는 목표에 따라 달라질 수 있으며,

사회복지행정가는 미래가치가 있는 비전을 세우고 변화하는 목표에 맞춰 과업을 계획하고 방법과 기술을 결정해야 한다.

■ Organizing(조직)

조직을 구조적으로 설정하는 과정으로 과업이 할당되거나 조정된다. 기관의 구조는 일반적으로 정관의 규정, 운영지침에 의해 기술된다. 역할과 책임이 명확하지 않을 경우, 모호한 관계로 직원 간의 역할갈등이 발생한다.

■ Staffing(인사)

조직의 인사관리 과정으로 사회복지행정 책임자는 직원의 채용, 해고, 임명뿐만 아니라 교육, 훈련, 직원의 건전한 근로 환경의 유지에 대해 책임을 져야 한다.

■ Directing(지시)

책임자는 합리적인 결정능력, 기관목적에 대한 능동적인 관심, 헌신적인 태도를 지녀야 하며, 직원의 공로를 칭찬하고, 책임과 권한을 효과적으로 진행할 수 있어야 하며, 개인과 집단의 창의성을 고취하는 능력을 입증할 수 있도록 지시할 수 있어야 한다.

■ Coordinating(조정)

사회복지행정가는 부서 간, 직원 간의 효과적인 의사소통의 망을 만들어 소통하고, 유지·조정해야 한다.

■ Reporting(보고)

행정가는 조직에서 일어나는 상황을 직원, 이사회, 지역사회, 행정기관, 후원자 등에게 알리기 위해 기록, 정기적인 감사, 조사연구 등의 활동을 꾸준히 하여야 한다.

■ Budgeting(재정)

사회복지 조직의 행정가는 재정을 투명하게 관리하여야 하며, 중·장기적인 재정 계획을 수립해야 하고, 회계 규정에 따라 재정관리에 책임감을 갖고 운영하여야 한다.

■ Evaluating(평가)

설정된 목표에 따라 결과를 평가하는 과정으로 클라이언트의 욕구나 문제의 해결에 적절했는지에 대한 서비스 효과성과 자원의 투입 및 산출과 관련된 효율성을 평가한다.

P 계획(Planning)	O 조직(Organizing)
S 인사(Staffing)	D 지시(Directing)
Co 조정(Coordinating)	R 보고(Reporting)
B 재정(Budgeting)	E 평가(Evaluating)

사회복지행정의 관리수준별로 관리자에게 필요한 기술은 매우 다르다고 할 수 있다. 일반적으로 사회복지조직의 관리자는 최고관리자(top manager), 중간관리자(middle manager), 일선관리자(supervisor)로 나누어지며 이들이 수행하는 관리 활동과 영역은 상호 중첩되는 부분도 있지만 확연히 구별되는 각자의 영역과 그에 맞는 관리능력이 있어야 한다.

행정가 역할에는 기능적 기술, 개념적 기술, 인간 기술이 있다. 기능적 기술은 기관의 핵심적인 활동을 성취하는 데 필요한 기술로서 주로 상담, 사례관리, 프로그램 기획과 점검 등 클라이언트에게 서비스를 전달하는 데 필요한 기술이며, 개념적 기술이란 조직의 비전을 제시하고 문제 상황을 규정하며 해결하는 기술이며, 인간 기술은 사람관계를 다루는 기술로 조직 내에서 매우 필요불가결한 기술이다.

| 표 1-2 | 관리자의 수준과 관리기술

관리자 수준	사회복지조직의 영역	활동내용	필요한 관리기술
최고관리자	**정책(policy)** 환경관계	정부의 정책 이행, 이사회 관련 활동, 지역사회 관리	개념석 기술 (conceptual skills)
중간관리자	**관리(management)** 조정·통제	인사 및 재무관리 (인적·물적 자원), 프로그램 개발 관리	인간 기술 (human skills)
일선관리자	**서비스(service)** 서비스 전달	클라이언트 관계 형성, 문서 및 기록 관리	기능적 기술 (technical skils)

출처: Hersey & Blanchard(1988)에서 재구성.

6. 사회복지행정의 특성

사회복지행정은 일반적이고 추상적일 수 있는 사회복지정책을 구체적이며 개별적인 서비스로 전환하는 과정에 있는 조직들의 활동이다. 사람들을 위한 구체적이고 개별적인 서비스를 효과적·효율적으로 제공하기 위한 것이다. 서비스란 각각의 클라이언트가 가지고 있는 욕구를 직접적이고 구체적으로 충족해 주기 위한 개별적인 개입행위의 단위를 의미한다.

사회복지행정의 주요 가치

일반 행정의 주요 가치는 합법성, 효율성, 효과성, 형평성, 민주성, 자율성 등이 언급되며, 사회복지행정의 주요 가치는 형평성, 효율성, 효과성, 접근성, 책임성, 대응성 등이 자주 언급된다.

- **효과성**: 사회복지 조직에서 욕구충족을 위해 제공된 서비스나 프로그램이 클라이언트의 욕구와 문제해결에 있어 적절하고 효과적이었는지, 목표의 달성 정도를 판단하는 가치이다.
- **효율성**: 최소의 자원으로 최대의 효과를 산출한다는 개념으로, 자원의 유한성을 전제로 하여 제한된 서비스를 어떻게 분배할 것인가와 관련되는 가치이다.
- **공평성/형평성**: 동일한 욕구를 가진 클라이언트는 동일한 서비스를 받아야 한다는 개념으로 공평성은 서비스를 받을 기회와 내용뿐 아니라 그 비용도 포함된다.
- **책임성**: 효율성과 효과성을 포괄하는 동시에 조직의 활동 및 서비스 제공에 대한 정당성을 확보해야 함을 의미한다.
- **접근성/편익성**: 클라이언트가 사회서비스를 쉽게 이용할 수 있어야 한다는 것으로 접근성을 높이기 위해서는 기관의 위치나 교통수단 등 물리적 요소뿐 아니라 서비스의 비용, 서비스에 대한 홍보 등의 요소에 대하여도 고려해야 한다.
- **대응성**: 사회복지조직의 행정체계나 서비스가 외부집단의 욕구, 선호, 가치 등에 대해 얼마나 민감하게 반응하는가와 관련된다. 즉 조직이 대상집단의 욕구를 제대로 파악하고 있는지, 제공하는 서비스가 그 욕구를 해결하기에 적절한 수준인지 등에 대한 것을 의미한다.

제2장

사회복지행정 발전과정

1. 미국의 사회복지행정

사회복지행정의 발달은 사회복지에 있어 국가영역의 확대 및 축소 경향에 따라 변화를 겪어 왔다. 사회복지행정의 역사는 사회복지발달사의 한 부분으로 볼 수 있기 때문이다.

패티(R. J. Patti)는 미국 사회복지행정의 발달단계를 명목상의 인정단계, 사실상의 인정시기, 정체기 그리고 도전과 발전기의 4단계로 구분하여 설명하고 있다(Patti, 1983).

미국사회복지행정의 발달 흐름

1. 출현기 (19세기 중반~1920년대)	• COS 및 인보관 등장 • 지역공동모금회 • 지역사회복지기관협의회 조직 • 사회복지행정 교과목 신설
2. 발전기 (1930~1960년대)	• 공공사회복지행정의 확대 • 사회복지행정교육 활발 • 빈곤과의 전쟁으로 민간지원 확대(서비스의 효율성, 효과성에 대한 의문 제기) • 사회복지행정의 발달 주춤
3. 확립기 (1970~1980년대)	• 사회복지행정가의 역할 증대 • 사례관리를 통한 서비스의 통합화 강조 • 학문적 체계 확립 • 작은 정부정책으로 국가역할 축소(민영화 확대로 이어짐)
4. 도전과 모색기 (1990년대 이후)	• 사회복지 부문의 민영화 • 재정관리의 마케팅 강조 • 외부환경의 중요성 부각 • 인적자원 관리, 리더십 등의 관심 증대 • 전자정부: 사회복지행정정보시스템 구축

1) 출현기(19세기 중반~1920년대)

19세기 중반의 사회복지는 주로 그것을 필요로 하는 사람들에 대한 자선과 기부를 중심으로 이루어져 왔다. 이러한 자선과 기부는 자원이 자발적으로 이전되는 방식이며, 자조적인 조직, 기독교적 재산가나 사회지도층의 자선적인 활동에 의해서만 이루어졌다.

이 당시는 남북전쟁 이후로서 민간 사회복지기관들이 출현하였으며, 사회복지사가 등장하기 전까지의 시기에 해당한다. 남북전쟁 이후 산업화, 도시화가 진전되고, 이로 인해 이민이 급증하였으며, 빈곤, 실업, 공중위생, 실업 등이 사회문제로 발생되었다. 이에 따라 대도시에 거주하는 실업자들의 사회적인 불안을 제거하기 위해 민간사회복지사업이 확충되었다. 이 시기의 사회복지의 주요 관심은 개별 사회사업 방법에 있었고 행정에 대한 관심은 상대적으로 적었다.

영국에서는 클라이언트에 대한 서비스의 중복과 누락이 문제가 되어 이에 대한 통합과 조정을 통하여 효율성과 효과성을 추구하기 위해 '행정(관리)'의 필요성을 인식하였고, 이것은 1869년 영국 런던에 세계 최초로 자선조직협회(Charity Organization Society, COS)를 만들게 된 계기가 되었다. 뒤이어 미국 또한 1877년 뉴욕 버팔로에 자선조직협회를 설립하였다.

지역공동모금회, 지역사회복지기관협의회가 창설되고, 사회복지기관의 행정가 역할이 강화되기 시작하였다. 1929년 밀포드(Milford) 회의에서 사회복지행정이 개별 사회사업, 집단사회사업, 지역사회복지와 더불어 기본적인 사회복지실천방법으로 인정되기에 이르렀으나, 이 시기의 사회복지사업에 대한 근간은 개별 사회사업이었다. 사회복지행정은 개별 사회사업을 위한 하나의 기술로 간주되었기 때문에 일부대학에서만 사회복지행정이 교과과정에 포함되었고, 사회복지행정에 관한 연구 논문의 발표도 지극히 제한된 수에 머물렀다. 1920년대 말 전 세계적으로 경제 대공황이 발생하였다. 생산된 제품은 판매되지 못하고 재고가 쌓여 갔고 공장은 문을 닫게 되었으며 대규모의 실업이 발생하는 악순환이 계속되었다. 이러한 상황에서 실업과 그에 따른 빈곤은 개인의 나태나 부적응에 기인하는 것이 아니라 사회구조적인 문제 때문인 것으로 인식되었다. 자발적으로 기부되던 자원도 정체되거나 줄어들게 되었다.

2) 발전기(1930~1960년대)

경제 대공황 이후 다른 사람의 도움을 필요로 하는 클라이언트의 수는 대규모로 증가하여 자발적이고 직접적인 자원의 이전은 매우 미흡한 수준에 머무르게 되었다. 이에 따라 정부의 강제적인 자원의 동원과 간접적인 지원의 필요성을 제기하였다.

이에 루스벨트 대통령은 '뉴딜(New Deal)'이라는 새로운 대책을 세워 국가의 적극적인 활동에 의한 경기 진작을 시도하였고 저소득층에 대한 국가 지원 확대를 목표로 「사회보장법(Social Security Act)」(1935)을 제정하여 시행하였다. 또한 연방긴급구호청(Federal Emergency Relief Administration, FERA)을 비롯한 사회보장기관을 설립하고 사회복지사들을 직원으로 채용하여 빈곤문제에 적극적으로 대응하기 시작하였다. 실업이나 빈곤과 같은 사회문제에 대한 국가의 적극적 개입의 결과로 사회보장이 확대되었고, 이를 통하여 공공부문의 예산과 조직 및 인력의 투입이 사회복지에서 중요한 영역으로 자리 잡는 계기가 되었다. 미국의 이러한 사례는 우리나라의 IMF 경제위기에 따라 「국민기초생활보장법」(1999)이 제정되고 공공부조가 확대되면서 사회복지 전문요원제도(1987)가 사회복지전담공무원제도(2000)로 변경되는 등 공적인 개입이 증대된 상황에서 유사하였다.

교육에서도 사회복지행정 인력의 필요성이 인식되어 상당수의 대학에서 사회복지행정을 교과과정에 포함하기 시작하였으며, 사회복지행정을 교육받은 이들이 여러 행정기관으로 진출하게 되었다. 학문적으로도 사회사업의 가치나 기술이 사회복지행정에 어떻게 반영될 수 있을 것인가에 대한 논의가 있었으며 일반 행정과 구분되는 사회복지행정의 특수성을 발견하기 위한 연구가 진행되었다(최성재·남기민, 2006: 48).

공공부조에 대한 범위가 대도시에서 농촌지역으로 확대되고, 사회복지사의 상담활동에 비용을 지불하여 공공복지행정가와 사회복지사의 인력의 수요와 활동이 촉진되었다. 뿐만 아니라 당시 흑인인권운동, 반전운동, 복지운동 등 민주화 운동의 결과, 다양한 사회행동 관련기관들이 출현하고, 정부가 지원하는 지역사회정신보건원의 출현과 확충은 사회복지행정의 필요성을 증대시켰다. 그럼에도 이러한 발전은 1960년에 와서 상당히 정체되었다. 그 주요한 계기는 베트남전쟁이라고 할 수 있다. 미국이 세계의 경찰이라는 명분으로 베트남전쟁에 개입하였으나, 전쟁에서는 많은 사람이 희생되었고 전쟁 비용도 엄청나게 투입되어 실패와 후퇴라는 비참한 결과를 낳게 되었다. 베트남전쟁과 비슷한 시기에 추진된 '빈곤과의 전쟁(War on Poverty)(1965)'이라는 정책에도 불구하고 빈곤층의 문제나 인종차별과 같은 문제는 전혀 개선되지 않았다고 인식되었다. 이러한 사회분위기 속에서 반전운동이 정부활동에 대한 회의와 비난으로 발전되었으며, 이는 사회복지행정가들에 대한 경멸과 사회복지행정의 위축으로까지 이어졌다. 이에 따라 사회복지행정의 대안으로 등장한 지역사회조직화(community organization)가 취약계층의 문제를 실천적으로 해결하기 위해 활발하게 추진되었다. 이처럼 1960년대는 지역사회조직화가 확대되는 것에 비해 사회복지행정은 성장을 멈추고 정체기를 맞게 되었다.

3) 확립기(1970~1980년대)

1970년대 이후에는 다양한 과학적 관리기법이 도입되면서 사회복지행정이 좀 더 체계적으로 발전하는 계기가 되었다. 1973년, 전 세계적인 원유가격의 인상, 이른바 오일 쇼크(oil shock)로 인하여 각 분야에서 비용에 대한 인식이 제고되었다. 그리하여 정부활동에서 효과성, 효율성, 책임성 등이 매우 중요한 문제로 대두되었다. 따라서 사회복지행정에서도 제한된 자원을 가지고 어떻게 많은 효과를 거둘 것인가를 검토하게 되었다.

그리하여 사회복지행정을 과학적으로 관리하려는 시도가 나타나게 되었고, 새로운 관리기법으로 비용편익분석(Cost-Benefit Analyse, CBA), 프로그램예산제도(Program Planning Budgeting System, PPBS), 프로그램기획법(Program Evaluation Review Technique, PERT) 등이 사회복지행정 분야에 도입되고 적용되었다.

1970년대 중반에는 미국사회복지사협회(National Association of Social Worker, NASW), 미국사회복지협의회(National Council of Social Work, NCSW), 미국사회복지교육협의회(Council of Social Work Education, CSWE)와 같은 사회복지 관련 단체들에 의해 사회복지행정을 이론적 · 교육적인 관점에서 체계화하려는 노력이 나타났다(최성재 · 남기민, 2006: 56).

이 시기에 사회복지행정은 학술적인 면에서도 체계가 확립되었는데 사회복지행정을 다루는 전문학술지인『Administration in Social Work』가 1976년에 발간되는 등 대량의 전문학술도서가 발간되었다(최성재 · 남기민, 2006: 56). 또한 사회복지서비스를 효율적 · 효과적으로 제공하기 위한 전달체계의 구축에 관한 논의도 1970년대 이후 활발하게 일어났다. 교육분야에서도 사회복지행정을 전공으로 채택하는 대학이 늘어나기 시작하였으며, 84개 대학에서 사회복지행정을 전공과목으로 채택하였다.

1980년대에는 사회복지사업에 대한 효과성과 효율성이 더욱 강조되고, 전반적인 사회복지예산이 축소되었으며 정부프로그램들이 민영화되기에 이른다. 이 시기에 사회복지행정가는 프로그램에 대한 평가, 비용의 효과 분석, 자원 동원 등의 능력을 필요로 하게 된 것이다.

이와 같이 실천현장에서는 사회복지행정의 필요성을 일찍부터 인식했으나, 미국에서는 지체된 발전과정을 경험하게 되었다. 그 이유는 미국의 경우 첫째, 개인주의와 보수주의적 성향이 강하여 국가의 활동이 강화되는 것에 대한 거부감이 있어서 공식적으로 행정을 인정하는 데 시간이 소요되었기 때문이고, 둘째, 사회사업은 전문직이 주도한 대인 치료적 개입 성향이 강하여 소득보장 등의 정책이나 제도적 개입에 소극적이었기 때문이다.

1980년대 영국의 대처 수상과 미국의 레이건 대통령의 취임 이후 강화된 신자유주의에 대한 논의가 개방화 및 세계화로 번져 갔다. 사회복지 분야에서도 정부의 역할을 축소하고 민간의 참여 또는 민영화에 대한 요구가 증대되었다. 이러한 신자유주의의 영향으로 1990년대 이후에도 미국의 공공부조 관련 복지 프로그램들이 감축되고 있었다. 낮은 경제성장과 국제경쟁의 심화는 복지를 점점 후퇴하게 했다. 이는 더 이상 사회복지 관련 정책과 프로그램을 막연한 논리와 정당성으로 유지하기 힘들어졌음을 의미한다. 또한 사회복지에 대한 외부의 비판이 없다고 하더라도 사회적 자원의 활용에 따른 책임성은 사회복지 전문직의 당연한 관심사라는 인식이 기정사실로 되어 왔다. 이는 사회복지행정과 관련된 지식의 필요성을 강화하려는 움직임으로 나타나고 있다.

또한 최근에는 제3섹터 및 비정부기구(NGO)에 대한 논의가 활발히 진행되면서 공공부문과의 역할분담 및 협력이 사회복지행정의 중요한 이슈가 되고 있다. 서비스 전달체계에서는 공공조직과 민간조직이라는 전통적인 구분을 파괴하는 복합적인 조직들이 등장하게 되었다.

4) 도전과 모색기: 1990년대 이후

1990년대에 나타난 또 다른 현상은 전통적인 민간 사회복지서비스기관들의 규모가 점차 커졌다는 점이다. 이를 통해 민간 사회복지서비스 기관들이 다양한 프로그램과 복합적인 자원 제공처를 갖게 됨으로써 규모의 변화가 나타나게 되었다.

또한 서비스 네트워크(network)에 대한 관심도 높아지게 되었다. 다양한 서비스 부문에서 정부나 비영리조직들은 상당한 자금을 제3자 자금지원 메커니즘을 통해 지원받고 있다. 이에 따라 민간과 정부기관은 유사한 컴퓨터 시스템을 공유하고 있으며, 급격하게 변화하는 정보 교환 기술에 대해 합의를 이루려고 노력하는 중에 있다(김영종, 2001: 65).

1990년대의 미국의 사회복지행정과 관련한 사회복지 환경의 특성은 다음과 같다.

- 기획에서 서비스 전달까지를 직접 담당했던 거대 공공 관료조직들이 퇴조하고 있다.
- 계약이나 서비스 구입 등의 방법이 활성화됨에 따라 직접서비스 전달 부분에서 민간의 역할이 증대되고 있다.
- 공공과 민간 조직들 간에 엄격한 조직적 구분이 퇴조한다.
- 느슨하게 연결되어 있는 다양한 서비스 조직을 연계하기 위해 서비스 전달체계의 통합이 필요하다는 인식과 네트워크의 방법이 확산되고 있다.
- 사회복지서비스의 책임성을 구체화할 수 있는 행정실천 노력을 강화한다.

이러한 환경 변화는 한마디로 사회복지행정의 중요성을 한층 강화하는 것으로 요약할 수 있다.

사회복지조직을 바라보는 관점도 1990년대에 들어 급격하게 변화하였다. 실천 현장의 변화들을 적절히 뒷받침하기 위해 사회복지행정 체계의 관점도 변화될 필요성이 있었다. 특히 행정 지식의 근간을 이루는 '조직에 대한 이해'에 있어서 관점의 전환이 절실히 요구되고 있는 상황이다. 협력과 네트워크를 통한 서비스 전달체계에 대한 요구가 점차 강해지는 상황에서 폐쇄체계적 관점에 의한 기존의 행정관리의 방법들은 명백한 한계를 가질 수밖에 없다. 사회복지행정 관리자들이 조직 상호 간의 과정이나 본질을 이해하고 실천하기 위해서는 개방체계로의 관점 이동을 통해 새로운 행정 지식과 기법들을 개발해 내는 것이 필요하다는 점들이 계속적으로 강조되고 있다(김영종, 2001: 67).

자원의 동원에 있어서도 과거에는 자발적 자원의 한계를 극복하기 위해 국가에 의한 강제적인 조세형태의 자원동원과 관료적인 관리방식이 주를 이루었으나, 최근에는 다시 자발적이고 직접적인 자원의 이전에 관심을 갖기 시작하였고 그것이 이른바 사회자본(social capital)이라는 새로운 자원동원체제의 논의를 불러일으키고 있다.

1990년대 이후 미국사회복지행정의 특징

- 신자유주의적 기조가 유지되면서 보수적 성향이 강하게 나타남
- 정책적으로 복지의존을 감소시키고 개인의 책임과 근로를 통한 자립이 강조됨
- 기획에서 서비스 전달까지를 직접 담당했던 거대 공공관료조직이 퇴조함
- 민간과 공공의 엄격한 조직적 구분이 없어짐
- 민간부문의 직접서비스 전달에서의 역할이 증대됨
- 서비스의 목적을 실현하기 위해서는 다양한 서비스조직들을 연계할 서비스 전달체계의 통합이 필요하다는 인식이 확산됨

2. 한국의 사회복지행정

1) 외원기관의 활동과 사회복지행정의 출발(1946년~1970년대)

한국사회에서 현대적 의미의 사회복지가 등장한 시기는 길지 않다. 1900년에서 1945년 사이에 일부 종교적 사회복지 전문활동이 시작되었고 1945년 이후부터 1970년대까지 외국 원조기관의 활동과 사회복지행정이 본격화되기 시작했다.

1905년 경성고아원과 태화여자관이 설립되었고, 1906년 인보관 성격의 반열방이 미국 감리교 선교사에 의해 원산에 설립되었다. 1910년에 조선총독부 내무부 지방국 지방과에서 구휼 및 자선 사업을 관할하였다. 1921년 조선사회사업연구회가 조직되었는데 1929년 재단법인 조선사회사업협회로 발전하였다. 1927년 이후에는 자선조직협회의 우애방문과 유사한 방면위원제도를 도입하

여 지역 내 빈민들에 대한 구빈제도를 시작하였다. 1944년 조선구호령이 제정되었으나 급여는 형식적인 수준에 그쳤다.

1960년대는 6·25전쟁의 복구로부터 경제발전에 주력하던 시기여서 정부의 사회복지정책은 저소득층에 대한 생활보호정책에 제한되었고 주로 취약계층에 대한 보호는 외국 원조단체들의 활동에 의존할 수밖에 없었다. 외국원조단체들은 서비스의 중복과 누락방지, 서비스 제공자 간 협력체계 구축을 강화하기 위해 1952년 한국외국민간원조단체(Korea Association of Voluntary Agencies, KAVA)를 결성하게 된다. 외국원조단체들은 1957년 활동을 시작으로 1960년대에 123개까지 그 수가 증가하게 된다. 한국외원단체협의회의 지원이 정부 예산의 두 배가 넘을 정도로 외원단체의 규모와 활동은 전후 복구에 있어 절대적이었다(최성재·남기민, 2006: 63).

사회복지행정에 대한 교육과정은 1947년 이화여자대학교를 시작으로 1952년 중앙신학교(현 강남대학교), 1958년 서울대학교 등에서 수립되었고 1960년대부터 이들 학교에서 사회복지행정에 대한 교육이 시작되었다. 사회복지전문인력을 양성하는 국립중앙사회사업종사자훈련소가 설립되었고 1967년 한국사회사업가협회가 창립되었다. 전문적인 사회복지서비스는 1970년대 이후부터 등장했다. 1970년대에는 사회복지행정이 대학 교과목으로 채택되면서 행정의 필요성이 어느 정도 인정된 듯하였으나 민간 사회복지기관에서는 체계적인 조직운영이나 관리가 충분히 이루어지지 않았다. 1970년대 「사회복지사업법」이 제정되어 공공복지행정을 통해 민간 사회복지기관에 대한 지원과 지도·감독을 할 수 있는 근거가 마련되었다. 이 시기는 분배나 운영에 있어서의 효과성·효율성에 대한 관심보다는 사회복지자원의 절대적인 부족현상이 일차적인 문제로 나타났다. 이는 정부의 복지예산은 많지 않은 상태에서 외원기관의 철수로 야기된 문제였다.

2) 사회복지행정의 체계화와 본격화(1980~1990년대)

1980년대 들어와 사회복지행정이 본격적으로 체계화되었다. 1982년 한국사회사업가협회(현 한국사회복지사협회)에서는 사회복지사 윤리강령을 제정하였다. 1980년대 이전까지만 해도, 사회복지의 절대적인 자원을 확보하기 위한 사회정책적인 노력들은 매우 미약했다. 따라서 빈약한 사회복지제도로 인해 이러한 제도에서 활동할 전문직을 배출하는 교육제도 역시 빈약한 발전을 보이게 된다.

1980년대 초까지도 한국사회에서는 사회복지에 대한 전체 사회의 자원 규모가 극히 제한적이었으며, 사회복지서비스의 조직들의 수와 규모 면에서도 영세성을 면치 못하고 있었던 것으로 보인다. 여전히 사회복지실천에 있어서 행정적인 지식을 필요로 할 만큼의 경영과 관리에 관련된 이슈들이 본격적으로 나타나지 않았다. 즉, 사회복지에 필요한 자원이 절대적으로 부족한 상태에서, 사회복지의 효율적 관리의 문제는 일차적인 관심사에서 벗어나 있었다(김영종, 2001: 69).

한국의 사회복지 환경은 1980년대에 들어 급격히 변화하기 시작한다. 경제개발 위주의 정책들이 사회개발을 동시에 강조하는 정책으로 옮겨 가게 되었으며, 이는 사회복지에 투입되는 자원에 대한 우선순위를 높이고 사회복지에 투입되는 절대적인 자원량을 크게 증가시키는 결과로 나타났다(김영종, 2001: 70).

또한 1980년대 후반에 새로운 형태의 전문적인 사회복지조직들이 집중적으로 등장하기 시작하였다. 민간부문에서는 1985년도 종합사회복지관이 전국 시·도에 설립되면서 종합사회복지관 중심의 사회복지전문 서비스 기관들의 수가 급증하였고, 각종 상담 및 치료 전문 사회사업기관들도 나타나기 시작했다.

1980년대 후반에 들어서는 공공부문에서도 많은 변화가 있었다. 사회보장과 관련한 공공부조서비스의 전달 인력을 사회복지 전문인력으로 대체하기 시작하였다(최성재·남기민, 2006: 67). 1987년 사회복지 전문요원제도가 도입되면서 공공복지행정의 체계가 마련되었다. 1992년에는「사회사업법」개정을 통해 사회복지전담공무원과 복지사무전담기구(사회복지사무소)를 설치할 수 있는 법적 근거가 마련되었다. 현재까지도 진행되고 있는 이러한 노력은 공공부문에 있어서의 사회복지행정에 대한 새로운 필요성을 증가시키고 있다. 1995년부터 전국 4개 지역에서 보건소에 사회복지 기능을 통합하는 보건복지사무소 시범사업을 1999년까지 실시하였다. 1997년 IMF 경제위기로 인해 당시 우리나라는 사회복지욕구가 증대되었고, 재정지출도 급격히 증가하면서 공적자원의 효율적인 배분과 활용이 중요한 문제로 부각되었다. 1997년 이후「사회사업법」개정으로 1992년 사회복지시설 평가제도가 도입되고 사회복지시설이 허가제에서 신고제로 변경되었으며 시설운영위원회의 설치가 도입되었다. 1998년 사회복지공동모금회가 설립되어 기부금에 대한 체계적이고 투명한 관리를 위한 공동모금기관이 설립되었다.

한편, 1990년대의 중대한 정치질서의 변화 중 지방자치제의 전면적 실시는 사회복지서비스 전달이 보다 체계적으로 관리되어야 할 필요성을 높였다.

1980년대 말 이후 사회복지에 대한 투자 증대는 사회복지 인력에 대한 수요를 크게 증가시켰으며, 그 결과 1980년대에는 전국적으로 사회사업 혹은 사회복지학과가 신설되었다. 이러한 추세는 1990년대에 들어서도 계속되었으며, 사회복지 전문인력의 초과공급 현상을 초래할 것이라는 우려까지도 낳고 있다(김영종, 2001: 70). 많은 대학에서 사회복지행정을 필수과목으로 강의하였고 1999년 사회복지행정에 대한 교육 및 연구에 대한 관심의 증가로 '한국사회복지행정학회'가 창립되어『한국사회복지행정학』을 정기적으로 발간하기 시작했다(최성재·남기민, 2006: 67).

3) 사회복지행정의 확립(2000년대 이후)

사회복지행정의 필요성에 대한 인식은 2000년대에 더욱 확산되었다. 2000년에 「국민기초생활보장법」이 시행되었으며 2003년 사회복지사 1급 국가시험이 시행되었다. 2004년부터 2006년까지는 사회복지사무소 시범사업이 실시되었다. 2005년 시·군·구에 지역사회복지협의체가 설립되어 2007년부터 지역단위 지역사회복지계획을 수립하게 되었다. 2006년부터는 주민생활지원 서비스 전달체계가 실시되었으며, 이는 2009년부터 희망복지지원단으로 전환되어 시범사업 형태로 추진되었다. 그리고 같은 해에 사회복지통합관리망(사통망, 행복e음)이 개통되어 사회복지행정 정보를 통합하여 체계적으로 관리할 수 있는 ICT 기반이 확충되었다. 2012년에는 보건복지부 내에 희망복지지원이 출범하여 공공사회복지 전달체계 내에서 통합사례관리 업무를 수행하도록 하였다. 그리고 2013년에는 16개 부처 296개 복지사업의 정보를 연계하여 복지업무를 신속하고 효율적으로 처리할 수 있는 사회보장정보시스템이 개통되었다.

이러한 확산 추세는 향후에도 지속될 것인데 사회복지서비스에 대한 수요는 앞으로도 꾸준히 증가할 것이며, 그에 따라 이를 담당하는 인력과 서비스 조직들의 규모와 수도 증대될 것이다. 이에 비례하여 이들 서비스 조직을 적절히 관리하여 전체 사회의 사회복지적 목적 달성에 기여하기 위한 사회복지행정의 역할도 확대될 것이다(김영종, 2001: 73).

20세기 후반에 들어 서구사회에서는 복지국가의 퇴조론 또는 전화(轉化)에 관한 논의가 등장했다. 이에 따라 한국사회는 전 세계적으로 확산되고 있는 신자유주의적 사조의 영향에 의한 복지국가의 약화 압력을 받고 있는 반면, 신경제체제로의 이행에 따른 고실업, 빈부격차 확대, 의존 인구의 증가 등으로 복지국가의 강화와 압력도 동시에 받고 있다. 복지국가의 대안으로 제시되는 생산적 복지(workfare), 복지다원주의(welfare pluralism), 민영화(privatization), 지방분권화(decentralization) 등의 문제 역시 일차적으로 전 국가적인 기본구조(backbone)가 없는 상태에서는 본격적으로 거론되기 힘들다. 따라서 한국사회는 「국민기초생활보장법」의 제정, 사회보험의 통합, 중앙정부의 복지지출 확대 등을 통한 복지국가의 확대를 진행하면서 다른 한편으로는 시장기능의 강화,

정부의 규제 완화, 민간의 사회복지 참여 증대를 통한 자유경제체제로의 전환을 위한 시도를 병행할 수밖에 없다. 그리고 이러한 경향은 한동안 유지될 것이다(김영종, 2001: 74).

우리나라 사회복지행정 발달의 주요역사

시기	주요역사
1. 1900~1945년	• 1906년 반열방 설립, 1921년 태화여자관 설립 • 일제 강점기에는 조선총독부의 식민통치 전략의 일환으로 사회사업 전개 • 외국인들의 선교활동에 따른 민간 사회복지기관설립 • 1944년 조선구호령 제정
2. 1945~1970년대	• 해방 이후 미군정에 의한 긴급구호 차원의 공공복지 제공 • 6·25 전쟁 이후 외국 원조기관들에 의한 긴급구호 및 시설보호 활성화 • 1960년대 들어 사회복지행정에 관한 대학 강의 마련 • 1970년 사회복지사업법 제정
3. 1980~1990년대	• 1980년 각종 사회복지 관련 법률들의 제·개정 및 관련 시설 증가 • 1982년 사회복지사 윤리강령 제정(1988년 공포)으로 사회복지 전문직으로서의 책임과 연할 인식 • 1987년 사회복지 전문요원제도 시행 • 1992년 사회복지전담공무원 규정, 복지 사무전담기구 도입 규정 • 1997년 시설 평가제 도입, 시설의 설치를 신고제로 변경 • 1999년 사회복지행정학회 창립
4. 2000년대 이후	• 2005년 시·군·구 지역 사회복지협의체 운영 • 2006~2007년 주민생활지원 서비스 전달체계 실시 • 2010년 사회복지 통합관리망(행복e음) 마련 • 2012년 희망복지지원단[1] 출범 • 2013년 사회보장정보시스템[2] 완전 개통

1) 복합적 욕구를 가진 대상자에게 통합사례관리를 제공하고 지역 내 자원 및 방문형 서비스사업을 총괄관리함으로써 지역단위 통합서비스 제공의 중추적 역할을 수행하는 전담조직이다.

2) 2012년 8월 11개 부처 198개 복지사업을 대상으로 1단계 시스템을 개통한 이후 2013년 2월 전부처 293개 복지사업을 대상으로 완전개통하였다. 복지재정을 효율적으로 운영하여 누락이나 중복없이 꼭 필요한 국민들에게 맞춤형 서비스를 제공하고 정보의 공동활용으로 효율적인 복지행정 업무처리를 지원한다.

최근 우리나라 사회복지행정에서 강조 내용들

- **시설평가의 강화**
  기관의 효율성·효과성, 시설 및 서비스의 적정성, 재정의 투명성에 대한 요구 등으로 평가가 점점 강화됨
- **지역중심 강조**
  지방분권화 도입과 함께 사회복지영역도 지역사회만이 문제와 욕구를 담아내야 한다는 요구와 함께 지역사회 네트워크를 통한 자원 및 정보의 공유가 강조됨
- **경쟁조직들의 활성화**
  사회복지법인과 사단법인의 증가로 경쟁조직이 많아져 재정적인 어려움을 겪거나 클라이언트에게 부족한 역할들이 조직경쟁에서 밀려날 수밖에 없는 구조가 됨에 따라 다양한 홍보, 마케팅활동, 프로그램개발, 조직 간 네트워크 형성 및 합병 등 전략을 구상함
- **사회복지사의 전문성 강화**
  사회복지서비스를 제공하는 데에 있어서 사회복지사의 역량이 큰 변수가 되므로 사회복지사의 전문성이 강조됨
- **클라이언트 중심**
  조직 및 서비스는 결국 클라이언트의 욕구해결 및 위기를 방지하기 위해 돌봄강화를 위한 사각지대 발굴과 사회보장위원회 활동이 강화됨. 지역 동 중심의 서비스 활동이 기획, 제공, 홍보, 평가 등 모든 차원에서 클라이언트 중심의 관점이 강조됨

제3장

사회복지조직의 이론체계

1. 조직의 개념 및 이론체계

에치오니(Etzioni, 1964: 4)는 조직을 "특정 목표를 달성할 목적으로 의도적으로 구조화된 계획적 단위"라고 정의하였으며, 스콧(Scott, 1987: 15-20)은 조직의 구성요소를 조직구조, 참여자, 목표, 기술, 환경의 다섯 가지 요소로 설명하였다.

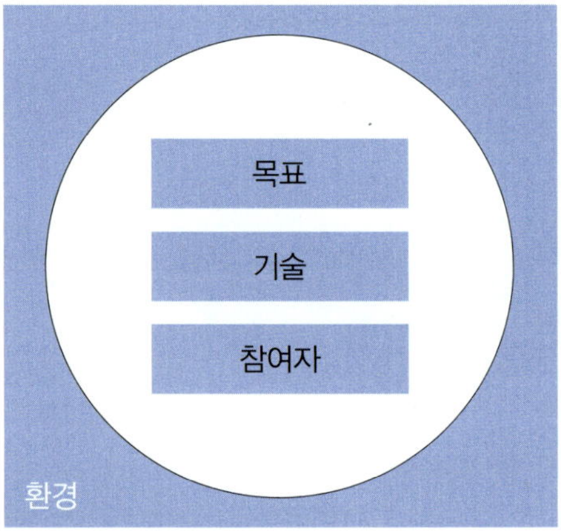

| 그림 3-1 | 조직의 구성요소

조직이론은 조직체 전체 그리고 내부구조와의 과정을 설명하기 위한 이론으로, 크게 미시조직이론과 거시조직이론으로 구분할 수 있다.

미시조직이론은 구성원의 동기, 관리자의 리더십 등에 대하여 관심을 갖는다. 거시조직이론은 조직의 구조, 조직의 문화, 조직의 기술, 조직의 환경 등에 대해 관심을 갖는다. 조직체의 동학(dynamic), 서비스 기술을 규정하고 형성하는 과정 설명, 조직체와 환경(갈등), 조직체와 클라이언트와의 관계 등(목표의 일치 여부)이 주요 관심대상이다.

| 표 3-1 | 미시조직이론과 거시조직이론

미시조직이론	구성원의 동기	• 동기부여의 원인 • 동기부여 인지과정
	관리자의 리더십	• 조직의 유지와 효과적인 관리를 위한 리더십 형태와 적용과정
거시조직이론	조직구조/조직문화	• 조직체의 동학 • 조직체와 클라이언트의 관계
	조직기술/조직환경	• 조직체와 환경 • 서비스 기술 형성과정

1) 사회복지행정이론의 핵심: 조직이론

- 조직이 중심적인 위치를 차지하여 정책을 서비스로 전환시키는 것이 행정
- 실제로 사회복지서비스는 개인 사회사업실천가를 제외하고는 거의 공공과 민간기관의 조직 내에서 행정과정을 통해 서비스 산출

2) 조직의 중요성

"우리의 선조들은 농사짓는 것을 배웠듯이 현대인은 조직을 배워야만 한다" (Drucker)

3) 조직이론 분류

① 고전이론: 관료제이론, 과학적 관리론

② 인간관계이론: 메이요의 인간관계이론, 맥그리거의 XY이론

③ 개방체계이론: 상황이론, 정치경제이론, 조직군생태학이론, 제도이론

④ 현대조직이론: 총체적 품질관리(TQM), 학습조직이론, 목표관리(MBO)

2. 사회복지조직의 구분

1) 사회조직의 구분

사회조직을 구분하는 방법은 크게 세 가지이다(Smith, 1984: 51-53).

첫째, 권력형태에 따라 강제적 권력(수용정신병원, 강제수용소, 형무소), 공리적 조직(산업조직) 그리고 규범적 권력(정치조직, 병원, 종교조직, 학교, 사회복지조직)으로 구분할 수 있다.

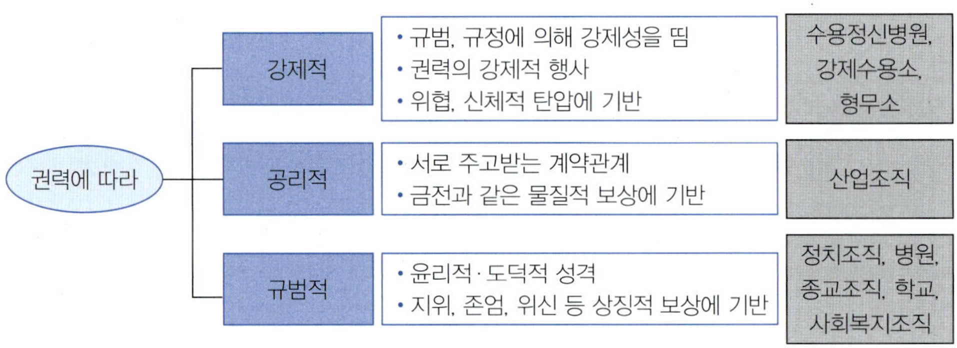

| 그림 3-2 | 권력에 따른 사회복지조직의 분류

둘째, 수혜자의 종류에 따라 상호수혜조직(정당, 종교단체), 사업조직(회사, 은행), 서비스조직(사회복지) 그리고 공공조직(행정기관, 군대)으로 구분할 수 있다(Blau & Scott, 1962: 장인협 · 이정호, 1992: 128에서 재인용).

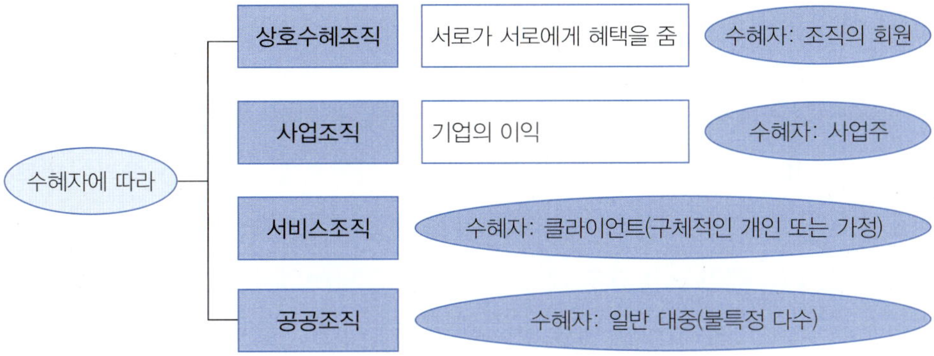

| 그림 3-3 | 수혜자에 따른 사회복지조직의 분류

출처: 장인협(1992)에서 재구성.

셋째, 업무의 통제성에 따라 관료조직, 일선조직, 전면통제조직 그리고 투과성조직으로 구분할 수 있다(장인협 역, 1984: 51-53).

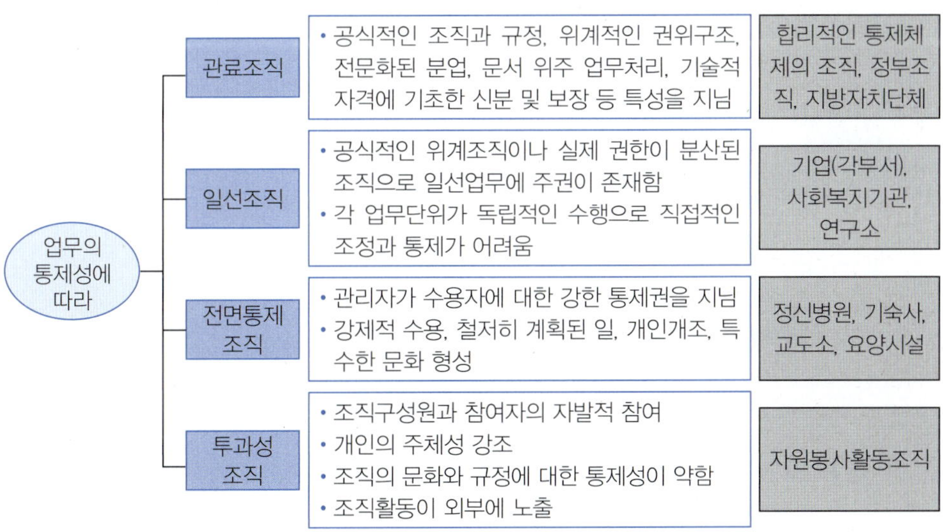

| 그림 3-4 | 업무의 통제성에 따른 사회복지조직의 분류

출처: 장인협 역(1984)에서 재구성.

2) 사회복지조직의 구분

하센펠트(Hasenfeld, 1983: 4-7)는 클라이언트에 대한 기술과 기능을 중심으로 여섯 가지 조직의 유형을 구분하였다. 클라이언트를 정상기능 클라이언트, 비정상기능 클라이언트로 구분하고, 클라이언트에게 사용하는 기술의 유형을 인간식별 기술, 인간유지 기술, 인간변화 기술로 나누었다. 인간식별 기술은 인간이 가진 자격이나 문제에 대해 판단하고 구분하는 기술이다. 인간유지 기술은 소득보장 등 정기적인 개입을 통해 일상적인 생활이 가능하도록 하는 기술이다. 인간변화 기술은 지식의 증가 또는 질병의 호전 등과 같이 기존의 상황보다 더 나은 상황으로 발전시키기 위해 개입하는 기술이다.

| 표 3-2 | 하센펠트의 사회복지(인간봉사)조직의 유형

	인간식별 기술	인간유지 기술	인간변화 기술
정상	대학 신용카드 회사	사회보험관리기구	공립학교
비정상	소년법원 진료소	공공부조사무소 요양시설	병원 수용치료시설

출처: 최성재 · 남기민(2006)에서 재구성.

3. 고전이론(clasical theory)

1) 관료제이론(bureaucracy theory)

- 베버(M. Weber)에 의해 확립된 이론
- 관료제(bureaucracy): 거대한 정부조직을 의미할 때도 있고 조직의 병폐를 의미하는 용어로 사용되는 경우도 있으나, 일반적으로 계층적 조직구조를

갖고 합리적인 지배가 제도화된 조직형태를 의미(합리적, 또는 합법적인 지배가 제도화된 조직)

- 베버는 "관료제는 자유와 권력을 합리적이고 합법적으로 사용하는 데 가장 효율적인 조직으로 산업사회에서는 관료제가 발달하고 가장 보편적인 사회조직으로 등장할 수밖에 없다"고 주장
- 베버의 관료제이론은 이념형(ideal type)

(1) 관료제의 주요 특성

① 권위의 위계구조

- 관료제는 일련의 권리와 책임을 수반하는 권위의 위계가 있어서 상급직위에 있는 사람은 합법적으로 하급직위에 있는 사람 통제

② 규칙과 규정

- 모든 관료제는 일관성 있는 규칙에 의해 직무의 배분과 인력배치가 이루어짐
- 이러한 규칙과 규정은 조직활동의 통일성과 안정성 보장

③ 사적 감정 배제

- 개인적인 생각이나 감정이 무시되고 공식적인 원칙과 절차가 중시됨
- 조직의 생산성은 조직구성원의 개인적 감정이 배제되고 합리성에 기초한 의사결정에 따라 집행되었을 때 확보될 수 있음

④ 분업과 전문화

- 조직에서 수행되는 모든 과업은 각 구성원에서 분담됨. 특정한 과정을 분업함으로써 전문화를 추구할 수 있음

⑤ 경력지향성

- 관료조직구성원은 전문적인 능력과 기술을 중요시하기 때문에 자신의 직업을 경력으로 생각함. 승진은 연공서열과 실적에 따라 이루어짐

⑥ 능률성 강조

- 합리적인 의사결정과 행정능률 극대화

⑦ 관료제에 대한 평가

호이와 미스켈(Hoy & Miskel)은 "관료제는 조직의 효율성 증진에 순기능도 있지만 역기능적으로 작용할 가능성도 존재한다"고 말했다.

| 표 3-3 | 베버의 관료제 특성에 따른 순기능과 역기능

관료제특성	순기능	역기능
권위의 위계구조	엄격한 지시이행과 조정	의사소통의 저해
규칙과 규정	지속성과 통일성	경직성과 목표전치
사적 감정 배제	합리성 확보	직원의 사기저하
분업	전문성 강화	직무에 대한 권태
경력 지향성	유인체계	연공과 업적 간의 갈등

목표전치(goal-displacement)

조직의 규칙과 규정이 전체목표 달성을 위한 수단으로 간주되지 않고 규칙과 규정 그 자체가 목적이 되거나 원래 목적이 다른 목적으로 변질되거나 대체되는 현상. 관료제하에서 규정에 너무 지나치게 얽매이다 보면 적절한 적응능력을 상실하여 원래의 조직목적 달성은 어려워지고 조직이 다른 방향으로 나갈 수 있다는 관료제의 대표적인 역기능이며 폐단 현상

(2) 사회복지행정조직에의 적용과 한계

① 유용성

- 사회복지조직은 규모에 상관없이 어느 정도 관료제화되어 있음
- 관료제는 전문가의 자율성이 강조되어 자칫하면 방만하거나 비체계적으로 운영될 수 있는 전문가집단의 성격을 갖는 사회복지조직에서, 추구하고자 하는 목표를 분명히 하고 그에 따른 조직구성원의 다양한 활동을 체계적으로 분화시켜 규칙에 의한 서비스의 질적 통제와 관리를 가능하게 해 주므로 사회복지조직의 활동을 합리화한다는 측면에서 유용한 이론

② 한계

- 관료제이론은 반복적이고 정형적인 업무를 수행하는 조직에는 효과적일 수 있으나 사회복지조직의 업무는 일률적인 업무가 아니므로 엄격한 규칙의 적용과 위계질서에 의한 업무 통제는 비효과적일 수 있으며, 사회복지서비스 전달을 경직화시킬 수 있음
- 사회복지조직과 같은 전문가조직은 자율적인 의사결정과 자율적인 통제를 선호하기 때문에 일방적 관료제에 의한 일방적 지시와 통제는 효과적이지 않을 수 있음
- 과도한 규칙준수에 따른 목표전치와 분업 및 전문화에 따른 부서할거주의
  → 서비스 대상자를 소외시킬 수 있음
  → 사회복지조직의 관료제화는 서비스의 합리화 효율성의 증대, 개선된 서비스 기술을 가져다주지만 서비스 대상자를 소외시키는 결과를 가져올 수 있으므로 적절한 균형 필요

2) 과학적 관리론(scientific management)

- 테일러(Taylor)가 과학적 관리론 창시: 엔지니어로서 공장에서 직원들이 주요업무를 효율적으로 수행하는 방안을 강구하는 과정에서 이론적 토대 마련. 즉, 조직 내 직원의 업무를 과학적으로 분석하며 이에 관한 지식을 적극적으로 활용한다면 조직의 능률성이 극대화될 수 있다고 봄

(1) 과학적 관리방법

① 목표설정

- 조직이 적정수준으로 달성하고자 하는 객관적인 기준과 목표 설정

② 직무의 과학적 분석

- 테일러는 조직의 직원들이 수행하는 업무를 시간과 동작(time and motion) 연구를 통해서 개개인이 특정 양의 직무를 수행하는 데 걸리는 시간과 동작을 체계적으로 분석. 이때 최고의 업무생산량을 달성한 직원을 모델로 시간과 동작을 분석하여 전체 직원이 평균적으로 달성할 수 있는 생산량을 상향조정해서 일정한 기준으로 설정하여 직무 평가
- 목표성취에 필요한 조직 내 활동의 분석과 측정에 기초한 모델 개발, 조직 내 목표 달성을 위한 활동을 수학적으로 분석

③ 관리의 원칙수립

- 과학적인 직무분석에 기초하여 모든 직무는 분업 원칙이 적용되고, 엄격한 기획과 통제의 관리원칙이 수립되어 시행
- 이때 관리자와 직원의 관계는 지시와 지도·감독의 주체와 대상이 됨

④ 경제적 보상

- 과업을 달성한 정도에 따라 임금과 다른 경제적 보상을 달리하여 전체적으로 조직의 생산성을 극대화하려는 경제적 보상체계 시행

■ 과학적 관리론에 대한 평가

- 장점: 20세기 초 산업사회에서 생산조직이 추구하는 목표를 분명히 인식케 하고 과학적이고 체계적인 지식을 활용하여 조직의 효율성과 생산성을 극대화
- 한계: 조직구성원을 단지 기계의 부품처럼 취급하며, 인간의 개성과 능력 등을 고려하지 않고 오직 조직의 생산성을 향상시키는 유일한 최고의 방법만을 추구하는 수단으로 봄

(2) 사회복지조직에의 적용과 한계

① 유용성

- 사회복지조직도 조직의 목표를 정하고 업무를 체계적으로 분화하며 특정 업무에 가장 적합한 인력을 모집, 훈련하여 배치한다는 점에서 과학적 관리의 원칙과 방법 적용
- 한정된 재원을 갖고 다양한 사업과 프로그램을 수행하는 사회복지조직은 조직관리의 능률성과 효율성을 향상시키기 위해 비용의 최소화와 낭비요소 제거 노력 필요. 특히 경영효율화가 중시되는 오늘날에는 더욱 필요

② 한계

- 사회복지조직과 경영조직이 근본적으로 추구하는 목표의 성격이 다르고 조직구성원을 단지 목표 달성을 위한 수단으로 간주
- 효율성의 정도보다 서비스의 질과 효과성이 강조되며, 인간을 다루는 데 있어서 윤리적 또는 규범적 문제가 도외시될 수 없는 특수한 형태의 사회복

지조직에서 수행되는 상담, 치료, 재활, 보호 등 본질적인 업무의 관리에는 적용 가능성이 낮음

→ 과학적 관리론은 사회복지기관의 전문가에 의한 본질적인 업무수행에는 적용되기 힘들며, 부수적이고 지원적인 업무의 효율화에는 어느 정도 설득력이 있는 것으로 평가

(3) 고전모형의 사회복지조직에의 적용과 한계

① 유용성

- 고전모형은 조직을 합리적으로 설계하여 직원을 분업과 전문화의 원리에 의해 배치하고, 그들에게 경제적 유인체계를 마련한다면 조직의 효율성은 달성될 수 있다는 기본적인 전제에서 출발 → 사회복지조직을 보다 체계적으로 관리하기 위해서는 이러한 조직 관리의 원칙이 당연히 적용될 수 있음

② 한계점

사회복지조직이 갖는 두 가지 특수성에서 한계를 가짐

가. 사회복지조직이 환경에 의존적이라는 점

- 아무리 조직내부를 과학화, 합리화하여 직무를 효율적으로 수행해도 매번 정부의 정책 변화에 따른 조직내부의 행정체계와 프로그램의 변화는 필연적
  → 매번 환경 및 정책변화에 따라 기존 프로그램 구조와 수행과정을 변경해야 하는 문제

나. 사회복지조직은 일종의 전문가 조직이라는 점

- 다양한 전문가 조직이며, 기관에 대한 충성심보다는 클라이언트와 전문가 집단에 대한 충성심을 강조하기 때문에 고전이론의 원리 및 지향하는 바와 정면으로 배치되는 경우 있음

• 합리성과 효율성의 추구는 양질의 서비스 제공과 전문가의 윤리 및 철학의 관점에서 갈등과 모순을 야기할 수 있음

4. 인간관계이론(human relations theory)

고전적 조직이론이 인간을 기계의 일부로 취급함으로써 조직의 구성요소인 인간을 통제의 대상으로 하고 통제의 궁극적 목적을 기계적 능률성과 생산성을 올리는 등의 비인간화 현상이 나타남에 따라 이러한 비인간화 현상을 해소하기 위하여 인간의 감정적 요소와 비합리적 요소 등을 중시하는 인간관계론이 나타나게 되었다. 인간관계론(human relations)은 "생산과정에서 인간의 사회·심리적 변인에 작용을 가하면 생산성은 증가될 것이다"라는 기본가정에서 출발하여 조직의 목적을 달성하기 위하여 조직구성원의 성취 지향적 행동을 유발시키는 것은 매우 효과적인 방법이며, 인간의 경제적인 욕구충족에 급급한 관리방법보다는 오히려 사회·심리적인 욕구의 충족에 의해 관리자와 종업원 간의 인간관계를 개선하고자 하였다.

1) 폴렛(Mary Parker Follet)의 접근

인간관계론에 대한 최초의 공헌자는 폴렛(M. P. Follet)이다. 그녀는 행정에 심리적인 측면을 다룬 최초의 학자로, 경직된 과학적 관리원칙과 정태적인 조직원리에 역동적(力動的)인 감정과 창의적인 민주정신을 도입시켰다. 폴렛은 조직관리에 대한 심리학·사회학적 측면을 강조하여 조직을 하나의 사회체제로, 관리를 하나의 사회화 과정으로 보고 권위의 수용, 조정의 중시, 조직구성원의 통합, 동적인 행정과정의 필요성 등을 강조하였고, 갈등이라는 용어를 처음으로 사용하기도 하였다.

또한 폴렛은 조직의 하급지도자(low level executive)들도 일반정책형성에 참여하여 책임감을 가져야 하고 구성원들도 조직경영에 참여하여 한몫을 하여야 한다고 주장하였다.

또한 갈등을 해소하는 방법으로 지배·타협·통합을 들고 있는데, 지배는 갈등해소과정에서 한쪽이 다른 한쪽을 이기는 것이고, 타협은 평화유지를 위해서 양쪽이 각각 무언가를 포기하는 것이며, 통합은 양쪽이 아무 희생 없이 각각의 요구대로 해결하는 가장 건설적인 방법이라고 하였다.

2) 호손(Hawthorne)실험

호손실험은 하버드대학 교수인 메이요(E. Mayo)와 뢰슬리스버거(F. J. Roethlisberger)를 중심으로 한 연구팀이 미국의 시카고 교외에 있는 서부전기회사의 호손공장(Hawthorne Plant of the Western Electric Company)에서 8년간(1924~1932) 실시된 일련의 연구를 말하며, 이 연구를 통해 조직 내에서 인간관계의 중요성을 규명하게 되었다.

이들이 행한 실험으로는 조명실험(1924~1927), 계전기 조립실험(1927~1929), 면접계획(1928~1930), 배전기권선작업 시찰실의 실험(1931~1932) 등이 있다.

(1) 조명실험(1924~1927)

이 실험은 작업환경의 조명도와 근로자의 작업능률 간의 관계를 분석하기 위한 실험으로서 "작업장의 물리적 조건(조명, 통증, 온도, 작업대 높이)을 높이면 생산능률이 올라갈 것"이라는 가설에서 출발하였다.

1924년 실험에서 메이요와 뢰슬리스버거는 실험집단에 물리적 조건을 높인 결과 실제로 생산량이 증가한 것을 확인하였다. 그런데 이 실험이 종결된 후 실험집단에 부여된 실험조건을 해제했음에도 불구하고 계속해서 생산량이 증가하는 현상이 나타났다. 이는 생산량의 증가가 물리적 환경 이외에 또 다른 요인에 의해 발생됨을 나타내 주는 것이었다.

이에 그들은 1927년 또 하나의 실험을 통해 생산량을 증가시키는 요인들을 분석하고자 하였으며, 이 실험결과 생산량을 좌우하는 요인은 종래 그다지 관심을 가지지 않았던 종업원의 사기(morale)와 같은 심리적 만족감이라는 사실을 밝혀내었다.

(2) 계전기 조립실험(1927~1929)

2차에 걸쳐 계전기 조립실험이 실시되었는 바, 제1차 실험에서는 서로 사이가 좋은 2명의 여공으로 하여금 그들이 좋아하는 4명의 여공을 선발하게 하여 6명 1조로 작업팀을 만들어 일반여공들이 일하는 작업현장 옆 별실에서 작업을 시켰다.

그리고 제2차 실험에서는 5팀의 여공을 선발하여 집단임금제도의 영향을 관찰하였다.

이 실험의 결과 작업능률에 크게 영향을 미치는 것은 노동시간, 급료, 휴식시간, 급식 등과 같은 작업조건보다는 작업에 대한 자부심, 자기표현의 기회 등의 변인이 크게 작용하고 있음이 밝혀졌다.

(3) 면접계획(1928~1930)

노동자 20,000명을 대상으로 그들이 중요시하는 것, 즉 자녀의 양육에 관한 것, 친구들이 자기 직업을 어떻게 보는가에 관한 것들을 말하게 하여 가능한 한 이러한 문제들을 해결해 주었다. 이 실험을 통해 공식조직 내에는 비공식조직이 있어 생산 활동에 크게 영향을 미치고 있다는 공장 내의 사회구조가 분석되었다.

(4) 배전기권선작업 시찰실의 실험(1931~1932)

장려임금제도가 생산량 증대를 위해 실시되었는데 별 효과를 얻지 못하였고, 이로써 비공식조직과 사회적 요인의 중요성이 인식되게 되었다. 즉, 노동자들은 더 많은 양을 생산해 낼 수 있고, 더 많이 생산하면 그만큼 임금을 더 받을 수 있는데도 일당 생산량을 고정시키고 있음을 알 수 있었다.

결과적으로 생산량과 지능, 손재주, 기타 기능과는 아무런 관계가 없고 비공식 조직에서 생산을 통제하기 위한 수법으로서 '일당 작업표준량'을 설정해 놓고 이를 지키지 않는 사람에게는 별명을 붙이거나 약간의 물리적 처벌을 가하는 등 일종의 배척행위를 가하고 있음이 밝혀졌다.

제4차의 마지막 실험에서는 종업원의 사회적 구조에의 통찰을 할 수 있었다. 다시 말하면 비공식집단에는 자연적으로 선발된 리더가 있고 몇 개의 행동규범, 가치체계, 지위관계 등이 형성되어 공식조직에 크게 영향을 미치고 있음을 알게 되었다. 호손실험연구를 통해서 얻어진 결론은 다음과 같다.

① 경제적 유인만이 중요한 동기는 아니다. 사실은 비경제적인 사회적 제재(sanctions)가 경제적 유인효과를 제한한다.

② 노동자는 개인으로서가 아니라 비공식 집단의 구성원으로서 관리층에 반응한다.

③ 생산수준은 생리적 능력에 의해서보다는 비공식적 조직의 사회적 규범에 의하여 더 제한된다.

④ 전문화가 반드시 작업집단의 가장 능률적인 조직을 만들어내는 것은 아니다.

⑤ 노동자는 관리자의 독단적 결정으로부터 자신을 보호하기 위하여 비공식적 조직을 이용한다.

⑥ 비공식적인 사회조직은 관리층과 상호작용한다.

⑦ 협소한 통솔범위는 효과적인 지도·감독의 전제조건이 아니다.

⑧ 비공식적 지도자들은 때로는 공식적 감독자만큼 중요하다.

⑨ 개인은 적극적인 인간존재이지, 수동적인 기계의 톱니바퀴가 아니다.

이 연구는 조직체 내에서의 인간관계의 중요성을 규명하는 데 커다란 기여를 하였다. 즉, 조직체에 있어서 물리적인 조건보다는 인정, 소속감, 사기 등과 같은 민간의 사회·심리적인 조건의 변화가 생산성을 높이는 데 매우 중요한 영향을 끼친다는 것을 발견하였다. 이와 같이 구성원들은 작업장을 하나의 사회적 공간으로 인식하게 되고, 구성원들의 사회적·심리적 욕구충족으로 인하여 생산성이 상승되는 효과가 나타나는 것을 호손효과라고 한다. 인간관계론이 행정에 미친 영향은 다음과 같다.

① 비공식집단의 중시: 비공식 조직이나 소집단은 감정 등 비합리적 요인에 의하여 형성·변화되며, 사기는 이러한 집단을 중심으로 형성되므로 이들 집단의 중요성이 인정되었다.

② 민주적 지도성의 중시: 구성원들 속에서 그들과 함께 일하는 지도자의 민주적 지도성이 조직효과를 확보하는 데 유효함을 인정하게 되었다.

③ 의사소통의 중시: 업무의 조정과 구성원의 사회적·심리적 욕구충족을 위하여 상, 하, 횡적인 의사소통이 중요시되었다.

④ 각종 인사제도의 창안: 인사행정에서 인사상담제도, 고충처리제도, 제안제도 등이 발달되어 구성원의 욕구충족에 기여하였다.

3) 비공식조직

비공식조직의 문제는 인간관계이론에서 특히 관심을 갖는 문제라고 할 수 있다. 비공식적 보상체계를 통해 작업의 동기와 업무성과에 영향을 줄 수 있기 때문이다. 공식적 권위가 법적 명령권에 기초하는 데 비해 비공식적 권위는 사실상의 영향력을 의미하는 것으로 실제적 권력에 기초한다고 볼 수 있다. 공식조직은 의도적으로 조직되며, 사회나 국가가 일정한 역할을 기대하는 조직으로 일반적으로 규모가 크고 안정성을 갖는다는 점이 특징이다. 그에 반하여 비공식조직은 혈연, 지연, 학연 등에 의해 자연적으로 생성된 소규모 조직으로, 의사소통이 원활하고 조직구성원의 소속감과 구성원 간의 유대감이 강하다고 할 수 있다. 하지만 파벌이나 정실 등의 부작용이 나타날 수 있다는 단점이 있다.

(1) 비공식조직의 특성

자연발생적(현실상의 조직)·내재적 존재이며, 문서화된 존재가 아닌 공식적인 조직 내에서 개인적 관심 또는 취미에 따라 형성된다. 공식조직에서는 능률의 논리가 지배하는 것과는 달리, 비공식조직에서는 감정의 논리가 중요한 역할을 하게 된다(유종해, 1992: 367-371). 공식조직은 전체 질서를 추구하지만 비공식조직은 부분 질서를 갖는다. 대부분의 비공식조직은 공식조직의 하부조직인 경우가 일반적이므로 규모가 상대적으로 작다고 할 수 있다.

(2) 비공식조직의 순기능

비공식조직의 순기능은 다음과 같다. 첫째, 공식조직에 비해 비공식조직에서는 구성원들이 소속감 및 안정감을 갖기 쉬워 조직의 응집력이 강하다. 이것은 조직구성원의 수가 적어 익명성(anonymity)이 높지 않고 상호 결속을 위한 통제가 용이하기 때문이다. 둘째, 공식적으로 거론될 수 없는 문제나 사안들에 대한 의사소통의 경로가 될 수 있으며 심리적 불만에 대한 배출구가 될 수 있다. 따라서 그러한 과정을 통해 조직이 안고 있는 문제점 등을 파악할 수 있을 것이다(성규탁, 1996: 44).

(3) 비공식조직의 역기능

비공식조직의 역기능은 파벌을 형성하게 되거나 업무의 처리나 인사 등에서 자신이 속한 비공식조직의 구성원에게 유리한 결정을 내리는 이른바 정실행위 등이 나타날 수 있다는 점이며, 이는 조직 내의 갈등을 고조시키고 결과적으로 조직의 해체를 초래할 수 있다.

- 비공식적 보상체계를 통해 직업의 동기와 업무성과에 영향
- 실제 권력에 기초한 사실상의 영향력(↔ 법적 명령에 기초한 공식적 권위)

비공식조직의 특성	비공식조직의 순기능
• 자연발생적(현실상의 조직) • 내재적 존재 • 개인 관심 또는 취미에 의해 생성된 소식 • 감정의 논리(↔ 능률의 논리) • 부분질서(↔ 전체질서) • 소규모 집단(↔ 대규모 집단) • 유형: 공식적 조직 내 각종 동호회	• 귀속감, 안정감(응집력) → 공식조직에서의 소외감 • 의사소통의 경로 • 심리적 불만에 대한 배출구 • 조직의 병리를 알려 줌 **비공식조직의 역기능** • 파벌 • 정실 • 조직 해체

| 그림 3-5 | 비공식조직

4) 의사소통

(1) 일반적 중요성

의사소통(communication)은 사회적 상호작용의 근간이며, 정보교환의 기본적 수단이다. 조직 내 구성원은 의사소통하는 데 가장 많은 시간을 할애하며(70~90%), 정보와 의사소통은 조직 내에서 권력을 상징한다.

(2) 사회복지에서의 중요성

사회복지에서도 의사소통은 매우 중요하며, 효과적 서비스의 전달을 위해 감정을 전달하거나 정보를 요구할 수 있다. 기관의 운영에 중요한 '사기'도 의사소통에 의하여 높아질 수 있다.

5) 사회복지조직에서 위원회와 이사회

(1) 위원회

자문기관으로 정보수집에 도움을 주거나 이해관계의 대표로 구성되기도 한다(최성재·남기민, 2006: 160-165). 자문기관은 조직의 정식 집행기관도 아니고 의결기관도 아니기 때문에 위원회의 결정은 구속력을 갖지 않는다.

(2) 이사회

사회복지기관들은 지역사회에 서비스를 제공하기 때문에 기관의 목표설정 그리고 실행방안의 수립 등에 관한 의사결정을 하기 위해 시민들로 구성된 이사회를 가진다(성규탁, 1996: 76). 의사회의 결정은 구속력을 갖게 된다.

위원회와 이사회

1. 위원회

- 조직의 목표 달성을 위해 전문가, 업무 관련자들로 구성된 활동기구
- 위원회 운영의 장단점

장점	단점
• 조직구성원 전반에 관계되는 문제에 관한 협조와 관련된 정보를 계속 제공하는 데 효율적임 • 제안을 평가하고 전문가의 의견을 듣는 방법 • 관련한 여러 사람의 의견 수렴 • 참여자 관리수단 • 관련자들의 헌신적인 참여	• 많은 비용 소모 • 문제의 처리 또는 해결에 많은 시간 소요 • 타협으로 결정 • 위원 간 책임성이 희박 • 이해관계가 얽힌 대표의 참여로 인해 위원회의 시야가 좁아짐

2. 이사회

- 조직의 목표 달성을 위한 책임을 지는 정책결정 기구
- 사회복지조직의 필요성과 존재에 대한 철학적·사회적 근거법인의 상설적 기구

  *위원회와 이사회는 비슷한 점도 많지만 구성원, 집행기관과의 관계, 영향력 등에 있어 차이가 있음

6) 멕그리거의 XY이론의 특징

- 대표적인 조직인간주의 학자인 멕그리거(Mcgregor)가 제시하여 인간관계 이론의 맥을 이어감
- XY이론은 조직의 관리자가 직원을 보는 기본적인 시각의 차이에 따라 전혀 다른 관리방법이 고안될 수 있다는 이론

(1) X이론

- 사람은 근본적으로 일을 싫어하고 이기적이며 변화에 저항적이다.
  → 이러한 속성 때문에 관리자의 엄격한 지시와 통제가 있어야 조직의 효과성 확보

(2) Y이론

- 사람은 본래 일하기 좋아하는 존재이다.
- 일을 자연스런 활동으로 받아들이고 자신의 책임하에 스스로 일의 방향을 정하고 창의적으로 활동하며 조직의 목표를 달성한다.
  → 관리자는 직원들의 능력과 가능성을 믿고 자율성을 부여하는 민주적 의사결정이 필요하다고 봄
- X이론에 따른 관리방법보다 Y이론에 의한 관리방법이 우수, 그러나 조직에서 수행하는 과업의 성격에 따라 이론의 적용 효과성이 달라짐, 즉 반복적이고 예측가능한 과업은 X이론에 따른 통제중심 관리가 효과적, 그러나 과업이 다양하고 직무의 성격이 전문성을 가질 때는 Y이론에 따른 민주적 의사결정이 더욱 효과적
- 사회복지기관에서 사회복지사의 직무는 과업이 명확히 설정될 수 없고 사회복지사의 자율적인 판단에 크게 의존하므로 Y이론에 의한 관리방법이 더욱 적합

7) 인간관계이론의 사회복지조직에의 적용과 한계

(1) 유용성

- 사회복지조직의 특수성에서 찾을 수 있으며 효과성이 극대화될 수 있음
- 전문직인 사회복지사의 활동은 엄격한 통제보다는 자율성을 인정하고 참여를 권장하는 리더십이 더욱 적합하기 때문에 인간관계이론의 적용범위가 넓음
- 클라이언트의 가치, 독특성, 강점 등을 강조하는 사회복지의 근본적 가치와 조화롭기 때문에 사회복지실천이 행해지는 조직관리 원칙으로도 일반적으로 수용될 수 있음
- 조직에서 인간을 보는 시각이 단순히 조직목표의 달성을 위한 수단이 아니라 인간 자체가 목적이 된다는 점에서 인도주의적 견해를 갖고 있어 사회복지의 철학과 이념에 부합

(2) 한계점

- 인간의 정서적 측면, 조직에서 인간관계인 사회적 측면을 지나치게 강조하여 조직의 효과성을 결정하는 목표, 자원, 기술, 구조적 특성 등을 소홀히 하는 경향
- 인간행동의 동인으로서 조직 내 경제적 보상이 전혀 고려되지 않았다는 점

8) 사회복지조직의 특성

인간봉사를 목적으로 하는 사회복지조직은 다음과 같은 특성이 있다(최성재·남기민, 2006: 22-25).

첫째, 사회복지조직의 원료는 사회적·도덕적 정체성을 지니고 있는 인간이

다. 또한 사회복지조직이 사용하는 서비스 기술은 그 사회의 지배적 가치에 의해 제약을 받을 뿐만 아니라 도덕적으로도 정당화되어야 한다. 사회복지조직의 클라이언트들은 분명한 사회적 배경을 가지고 있어 조직의 활동으로 인해 영향을 받을 수 있기 때문이다.

둘째, 사회복지조직의 목표는 불확실하며 애매모호하다. 사회복지조직은 목표와 관련한 과업환경 및 직원들의 합의를 찾기가 쉽지 않다. 과업환경은 사회복지조직의 클라이언트와 이해관계가 있는 다양한 조직으로 구성되어 있으며, 그들은 사회복지조직에 대한 다양한 기대를 가지고 있어 그들의 기대를 모두 수용하려다 보면 조직의 목표가 애매모호해지기 쉽다. 또한 내부적으로 각기 다른 전문적 사회적 배경을 가지고 있는 직원들 간의 합의를 이끌어 내기도 쉽지 않다.

셋째, 사회복지조직의 기술은 불확실하다. 이는 인간은 복잡하며 변화가 심하고 인간을 변화시키는 기술에 대한 지식이 불완전하며, 인간의 속성 중에 관찰 또는 측정이 불가능한 것이 많기 때문이다.

넷째, 사회복지조직에서의 핵심적 활동은 직원과 클라이언트의 관계로 구성되어 있다. 직원과 클라이언트의 관계는 조직이 클라이언트를 다루고 욕구를 평가하고 결정하며 클라이언트를 변화시키기 위해서 일하고 바람직한 결과를 달성하는 수단이 된다.

다섯째, 사회복지조직은 전문성을 가지고 있는 직원들에게 의존한다. 사회복지조직이 다루어야 할 인간문제들의 성격과 복잡성 때문에 과학적이고 이론적이고 실천적인 전문성이 필요하다. 또한 사회복지조직의 서비스 임무, 클라이언트의 복지증진을 위해 이상적인 서비스에 투철한 사명감과 책임감이 있는 직원이 필요하다.

여섯째, 사회복지조직에는 그 효과성을 측정할 신뢰성 있는 척도가 부족하다. 이는 조직의 목표가 다양하고 서비스 기술이 불확실하며 인간의 속성은 관찰과 측정이 어렵기 때문이다.

5. 구조주의이론

1) 갈등의 관리: 구조론

(1) 개요

조직 내의 갈등문제는 구조주의이론에서 관심을 가지는 문제다. 갈등은 여러 가지 차원에서 나타날 수 있는데 조직의 목표에 관한 것, 권한에 관한 것, 자원에 관한 것 그리고 클라이언트와 사회복지사 간의 관계 등에서 나타날 수 있다.

특히 조직이나 사회복지사는 자신들의 업무상 편의를 위하여 클라이언트에게 영향력을 행사하려고 하는데, 이것이 이른바 특정화(typification)의 문제를 야기할 수 있다(성규탁, 1996: 81). 즉, 클라이언트의 시설에서 제공하는 전문 프로그램의 유형별로 미리 구분하여 클라이언트의 의지와 상관없이 그 틀에 맞추려고 하는 것이다. 이러한 경우 클라이언트와 조직 간에 갈등이 발생하게 된다. 최근 전문가들의 권한 행사에 대하여 클라이언트의 권리를 강화하기 위해 어떻게 클라이언트의 역량을 강화(empowerment)할 것인가가 사회복지실천의 새로운 이슈로 떠오르고 있다.

(2) 갈등의 연속체

갈등의 조직을 위하여 좋을지 나쁠지를 간단히 결정할 수는 없다. 오히려 갈등을 하나의 연속체로 파악하면 좀 더 현실을 설명하는 데 적합하다고 할 수 있다(Ackoff, 1996: 성규탁, 1996: 48에서 재인용). 갈등이 지나치면 조직이 와해되는 상황이 발생되고, 조직이 완전히 고정되어 경직적이라면 갈등을 전혀 인정하지 않는 경우라고 할 수 있다. 선용(善用)의 경우는 갈등을 적절히 활용하는 경우라고 할 수 있다.

| 표 3-4 | 갈등의 연속체

고정화된 결정론적 조직	→	협동 질서적 기능적	→	선용 협동 선호	→	경쟁 규칙적 갈등	→	갈등 해결기제	→	악용 불평등한 결과	→	무질서 조직
갈등부재(조화)				▷			기능적		▷			완전갈등

출처: 성규탁(1996: 48).

(3) 사회복지조직 내의 갈등

다른 사회조직들과 마찬가지로 사회복지조직 내에도 다양한 형태의 갈등이 나타날 수 있다. 사회복지조직 내에서 발견되는 갈등 상황은 다음과 같다(Steiner, 1977: 성규탁, 1996: 50에서 재인용).

관념적 갈등은 설정한 목표와 실제로 수행하는 목표 간에 있을 수 있으며, 구조적 갈등은 직원에 대한 통제를 위주로 하는 질서와 직원의 자유권 및 선택권을 인정하려는 질서 간에 있을 수 있다. 기능적 갈등은 다양한 하위단위들 간에 나타날 수 있는 갈등이다. 마지막으로, 관할권 갈등은 서비스의 영역, 클라이언트 및 자원에 관하여 나타날 수 있는데, 예를 들면, 과거 보육업무를 둘러싼 여성부와 보건복지부의 관할권 갈등, 취약계층의 고용을 둘러싼 고용노동부와 보건복지부의 관할권 갈등이 있을 수 있다.

(4) 클라이언트와 사회복지조직의 관계

① 클라이언트

구조주의이론의 관점에서 보면 클라이언트는 일반적으로 서비스의 수혜자로 규정되지만 한편으로는 협조 및 순응해야 하는 조직체의 준구성원이다(성규탁, 1996: 79). 또 다른 한편으로 클라이언트는 조직의 생존과 효과성에 영향을 미치며, 이에 따라 조직에서 사용하는 서비스 기술을 변화시키며 조직의 자원을 동원하고 정당화하는 근거가 되기도 한다.

② 조직과의 관계

클라이언트는 조직과의 상호작용을 통해 지원과 서비스를 클라이언트의 욕구와 교환하는 관계를 맺게 되는데 클라이언트의 관심사는 조직의 관심사와 다를 수 있다.

③ 클라이언트가 우위를 확보하는 전략

클라이언트와 조직의 관계에서 클라이언트가 우위를 확보하기 위해 조직의 서비스에 대한 의존도를 감소시키거나(활동영역의 확대), 다른 서비스 제공자를 모색하거나, 그가 가진 자원(수수료)을 활용할 수 있다. 그리고 사회정의에 호소하는 방법도 있을 것이다(Hasenfeld, 1983). 그와는 반대로 조직은 클라이언트로부터 의존도를 감소시키기 위해 기준을 완화하거나, 인기 프로그램을 개발하고 수수료를 거부하거나, 서비스를 독점하는 방법 등을 시도할 수 있다(성규탁, 1996: 80).

④ 특정화

클라이언트와 조직의 관계에서 흔히 나타날 수 있는 문제로서 이른바 특정화(typification)가 있을 수 있다. 이는 클라이언트에 대한 진단적 낙인과 예측(labelling)으로서(Scheff, 1965: 성규탁, 1996: 81에서 재인용) 조직 내에 대기시키거나 서비스 수혜과정을 선별하는 전략이다. 다양하고 복합적인 클라이언트의 욕구를 조직의 서비스와 연계함으로써 불확실성을 감소시키고 예측능력을 증대시키는 효과가 있어 서비스 제공자의 작업조건 조정 및 결과에는 긍정적일 수 있다. 이는 결국 질 높은 서비스를 가능케 한다. 그러나 이러한 특정화가 경우에 따라서는 조직의 이익을 위해 선택되거나 구분됨으로써 불공평하고 비윤리적인 서비스를 제공(cream skimming)하게 되거나 클라이언트를 예속 또는 통제하는 결과를 초래하게 될 수도 있다.

2) 사회복지조직과 환경

(1) 이론적 관점

사회복지조직과 환경의 관계에 관한 이론은 사회체계이론과 교환이론의 두 가지로 구분할 수 있다. 사회체계이론의 관점에서 사회복지조직은 개방체계로서 환경과의 끊임없는 상호작용이 불가피하다는 것이며, 교환이론의 관점은 교환관계는 반드시 균형적인 교환(대등한 교환)이 되지 못함으로써 권력과 의존관계가 형성된다는 것이다.

(2) 환경적 요인

다른 사회조직과 마찬가지로 사회복지조직이 처한 환경은 크게 일반환경과 과업환경으로 구분할 수 있다(최성재 · 남기민, 2006: 171-176). 일반환경은 조직의 활동으로는 변화시킬 수 없는 환경으로 경제적 조건, 사회 · 인구통계학적 조건, 문화적 조건, 정치적 조건, 법적 조건 및 기술적 조건 등이 이에 속한다. 조직의 활동을 통해 환경에 영향을 미칠 수 있는 환경을 과업환경 또는 업무수행 환경(Lauffer, 1978)이라고 한다. 과업환경에는 재정자원 제공자, 정당성과 권위의 제공자, 클라이언트 및 클라이언트 제공자, 보충적 서비스 제공자, 조직 산출물의 소비 · 인수자 그리고 관련된 조직들이 속한다.

(3) 환경 의존성 탈피를 위한 전략

조직은 환경에 대한 의존성을 탈피하기 위해 여러 전략을 사용할 수 있다(최성재 · 남기민, 2006: 177-183). 전략으로는 보상하지 않고 권력을 사용하는 권위주의 전략, 경쟁으로 세력의 증가를 시도하는 경쟁적 전략, 계약, 연합 및 제휴 등을 통해 서비스에 대한 보답으로 권력을 부여하는 협동적 전략, 방해전략 등이 있다.

| 표 3-5 | 환경의존에 대한 대응전략

의존강화 조건	의존상쇄 조건
• 외부에서의 정책적 강요 • 조직의 서비스 사용 시 외부의 재량권 행사 • 외부조직 서비스가 크게 필요 • 필요목표를 외부에서 인가 • 대안에 대한 부정확한 정보	• 외부 세력에 의해 허용된 자유 • 주요 자원의 소유 • 대체적 서비스의 가용성 • 자체승인의 이념 개발 • 대안에 대한 효과적인 정보

의존-권력관계를 변화시키기 위한 전략

- 권위주의 전략: 사회복지조직이 자금과 권위를 관장, 우세한 위치에 있음
- 경쟁적 전략: 다른 사회복지조직과 경쟁을 통하여 세력을 증가
- 협동적 전략: 조직이 과업환경 내의 다른 조직에 필요한 서비스를 제공하여 그 조직이 그러한 서비스를 획득하는 데 대한 불안감을 해소시키는 전략

6. 체계이론

체계이론에서는 조직(개인)이 목적달성에 가장 효과적인 방안을 선택한다고 전제하며 조직(개인)의 문제해결(불만족 해소)을 위한 대안을 모색한다.

조직(개인)의 문제해결(불만족 해소) 대안을 모색하기 위한 의사결정의 단계는 일반적으로 다음과 같이 구분한다.

① 문제점 및 요구 확인: 목표와 현황(격차), 문제의 심각성, 피해계층, 원인과 결과

② 관련 정보의 확보: 과거의 결정, 타 조직의 정보 및 기록, 자료의 분류 및 정리, 대안선택의 기준 마련, 제약요인 파악(시간, 인력, 자금)

③ 대안의 개발 및 평가: 대안적 행동 방침 개발, 영역별 분류, 장단점 파악, 성공 가능성 예측

④ 최적의 선택

⑤ 대안의 실행: 이용 가능한 자원의 배분, 자원의 조직화, 성공적 해결에 필요한 활동

⑥ 환류(feedback): 평가 → 과정에 대한 평가(자원의 효율적 사용) → 결과에 대한 평가(선택된 행동 방침과 목표 달성도)

하지만 합리적 의사결정을 위한 제약이 있을 수 있으며, 제약의 요인은 다양하다. 결정자의 주관, 결과 예측의 곤란성, 자원의 제한성, 정보부족, 기술의 종류 및 발달 정도 등이 합리적 의사결정의 제약요인으로 작용한다.

1) 체계이론의 개요

체계이론은 본래 생물학과 같은 자연과학 분야에서 연구하는 체계에 대한 개념을 사회에 적용하면서 발달된 이론이다. 이 이론에 따르면 사회도 하나의 체계로 볼 수 있으며 체계는 다시 다수의 하위체계로 구성된다. 하위체계들은 전체 체계가 필요로 하는 다양한 기능을 수행하는데 이들이 상호 의존적인 관계에 있다고 본다. 하나의 체계가 다수의 하위체계로 구성된다는 생각은 여러 가지 서로 다른 목표나 접근방식을 하나의 틀에 통합하려는 시도에 매우 적절하게 적용될 수 있다.

앞에서 소개된 조직이론들은 각각 장점도 있지만 단점도 있다. 그것은 각 이론들이 발전될 당시의 시대 상황을 반영한 결과로 조직히 처한 상황이 시대마다 달랐기 때문일 것이다. 이와 같이 다양한 조직의 상이한 여건을 모두 포괄적으로 설명할 수 있는 모형이 바로 체계이론이라고 할 수 있다.

본래 체계이론은 어떤 특수한 인과관계를 밝혀 주는 내용에 관한 이론이라기보다는 다양한 내용을 다루기 위한 틀에 관한 이론이라고 할 수 있다. 그러므로 여러 학문분야에서 갖고 있는 고유한 내용을 체계이론의 틀에 입각하여 설명하려는 시도가 있어 왔다. 처음에는 생물학적 체계이론에서 시작하여 공학적 체계이론, 사회학적 체계이론 그리고 정치학적 체계이론 등으로 발전하였다.

2) 체계이론의 특성

체계이론은 조직의 다양한 역동성과 기제를 기초로 두고 구체적 기능을 수행하는 많은 하위체계로 구성된 복합체로 보고 있다(Katz & Kahn, 1978: 69-120). 체계이론은 관리자에게 조직의 문제를 분석하고 진단하기 위한 방법을 제공해 준다. 이 모형은 조직의 어느 부분이 잘못 기능하고 있는가를 찾아내어 개선할 때 활용될 수 있다. 즉, 조직 내 각각의 하위체계들의 기능과 역동성 및 기제를 수행하는가의 표준을 제시하여 특정한 조직의 성과를 그 표준과 비교하거나 평가해 볼 수 있다.

3) 각 하위체계의 특성

체계이론은 앞에서 논의한 고전이론, 인간관계이론 그리고 구조주의이론의 세 가지 이론이 하나의 이론으로 통합될 수 있다는 가정에 기초하고 있다(최성재·남기민, 2006: 87). 체계이론에 따르면 조직은 다섯 가지의 하위체계를 갖는다. 생산 하위체계, 유지 하위체계, 경계 하위체계, 적응 하위체계 그리고 관리 하위체계로 체계이론은 이루어져 있다. 각각의 하위체계는 생존과 발전을 위한 경쟁의 역동성 때문에 부단히 활동하고 있는 한편, 하위체계 간에 갈등과 모순은 불가피하다는 것을 가정한다. 사회복지조직을 관리하는 데 있어 체계이론을 적용할 때 사회복지조직의 문제점을 진단하는 포괄적인 도구를 제공한다는 점에서 한때 이 이론은 사회복지학계에서 관심의 대상이 되었다.

체계이론은 조직이 처한 다양한 상황과 조직이 수행하는 여러 기능을 다수의 하위체계로 설명하고 있어 가장 현실에 가까운 조직이론이라고 할 수 있다. 이러한 이론들을 종합해 볼 때 인간봉사조직에서 부서와 업무를 어떠한 이론적 관점에서 관리할 것인지에 대한 새로운 문제를 생각해 볼 수 있다. 예를 들면, 어떤 부서나 과업에서 관료제를 적용할 것인지 또는 인간관계이론을 적용할 것인지를 결정하는 것이다.

(1) 생산 하위체계

생산 하위체계(production subsystem)의 기본적인 특징은 고전이론의 가정에 기초를 두고 있다. 생산 하위체계는 주어진 목표에 따라 생산하는 체계다. 생산 하위체계의 핵심은 효율적인 산출이며, 과학적 관리나 관료제적 조직의 운영방식이 적용될 수 있다. 따라서 이 하위체계는 고전이론에 부합한다고 볼 수 있다.

모든 조직은 그 조직의 생산과 관련된 과업을 수행해야 하는데, 이 과업은 생산 하위체계 안에서 달성한다. 또한 조직의 역할과 과업을 설계하는 데 있어 숙련과 합리성의 중요성을 강조한다.

사회복지조직에서의 생산 하위체계의 기능은 클라이언트에게 서비스를 제공하는 것이다. 즉, 재원이나 인력과 같은 자원을 투입하여 서비스로 변형한다. 서비스의 전달과업은 직무기술과 분업의 확립을 통하여 이루어진다(최성재·남기민, 2006: 89). 생산 하위체계는 숙련과 기술을 강조하는데, 따라서 전문화의 원리가 중요하다. 그러나 전문화를 추구하는 과정에서 기술을 지나치게 강조하여 기술이 클라이언트의 욕구를 대치하면 수단과 목적이 바뀌는 부정적인 결과가 초래될 수 있다(Neugeboren, 1985: 75-76).

(2) 유지 하위체계

유지 하위체계(maintenance subsystem)의 기본철학은 조직의 목표와 개인의 욕구를 일치시키는 것을 강조한 인간관계이론으로부터 나온 것이다(Neugeboren, 1985: 50). 유지 하위체계의 주요 목표는 조직을 현재 상태로 유지하여 계속성을 확보하는 것이다. 유지 하위체계의 주요한 기능은 조직 내 안정상태의 유지이다(Cameron, 1996: 39). 목표를 달성하기 위해 사용하는 메커니즘은 활동의 공식화, 보상체계의 확립, 새로운 구성원의 사회화, 직원 선발과 훈련

등이다. 이를 위해 구성원을 적절히 보상하고 구성원 간의 유대감과 소속감을 강화하는 것이 중요한 기능이 된다.

사회복지조직에서 유지 하위체계의 기능은 직원 개개인의 목표를 조직의 목표에 통합되도록 촉진해 주는 것이다. 유지 하위체계는 직원을 선발하고 훈련하며 보상하는 체계를 확립함으로써 개별 직원들의 목표를 조직의 목표에 통합시키는 기능을 수행한다.

한편, 유지 하위체계가 그 주요한 목적으로서 현재 상태의 계속성을 확보하고 안정 상태를 유지하는 과정에서 클라이언트의 욕구보다는 직원들의 욕구충족을 더 강조한다면, 이는 인간봉사조직에 대하여 역기능적이 될 것이다(최성재·남기민, 2006: 90).

(3) 경계 하위체계

경계 하위체계(boundary subsystem)는 조직의 존립을 위하여 환경과의 관계를 맺는 것과 관련된다. 따라서 경계 하위체계의 주요 기능은 환경으로부터 지지를 받고 다른 조직들과의 관계를 유지하는 것이다. 경계 하위체계는 구조주의이론의 기본과정에 기초를 두고 있다.

여기에서는 조직을 둘러싼 환경과 조직에서 환경에 영향을 미치기 위한 장치를 마련하는 것을 강조하고 있다. 사회복지조직에서 경계 하위체제의 기본적인 목적은 조직 외부 환경에 영향을 미치는 것이다. 사회복지조직이 생존하고 발전하기 위해서는 부단히 외부 환경에서 일어나는 변화를 알 필요가 있고 반응할 수 있어야 한다(Hasenfeld & English, 1973: 98-101). 이와 같은 필요성은 오늘날 사회복지분야가 정치·경제적 환경으로부터 그 압력을 더욱 크게 받고 있기 때문에 중요하다고 할 수 있다. 사회복지조직의 경계 하위체계는 생산 지지체계와 제도적 체계라는 두 가지 구성요소를 통해 외부 환경에 반응한다(최성재·남기민, 2006: 91).

(4) 적응 하위체계

적응 하위체계(adaptive subsystem)는 환경의 변화에 대응하여 조직의 변화를 추구하는 것이 주요 기능이라고 할 수 있다. 조직에서 이루어지는 과업들이 조직의 목표를 제대로 추구하고 있는지 그리고 환경의 변화를 제대로 반영하고 있는지를 판단하고 변화를 모색하는 것이다.

적응 하위체계는 연구와 계획을 강조한다는 점에서는 합리성과 숙련을 강조하는 고전이론에 기초를 두고 있으며, 환경을 강조한다는 점에서는 구조주의이론에 기초를 둔다(Neugeboren, 1985: 51). 산업조직체와 대조하여 볼 때, 사회복지조직은 일반적으로 연구와 계획에 자원을 할당하는 것을 핵심적인 것으로 여기지 않기 때문에 예산이 부족할 때 가장 먼저 이 부분을 삭감하게 된다. 그러나 사회복지조직에 대한 책임성이 요구되면서 사회복지조직들은 자신들의 프로그램의 효율성과 효과성을 체계적으로 평가할 수밖에 없었다. 효과적인 적응 하위체계의 확립과 관련된 문제 중의 하나가 내부 평가의 객관성 결여인데 객관적인 평가를 위해 외부의 전문가가 필요할 수도 있다(최성재 · 남기민, 2006: 92).

(5) 관리 하위체계

앞서 소개한 체계이론의 여러 하위체계는 서로 상이한 기능을 하고 있기 때문에 갈등관계에 놓일 수 있다. 이러한 다수의 하위체계 간의 갈등을 관리하기 위한 하위체계가 '관리 하위체계(managerial subsystem)'이다. 관리 하위체계에서는 조직의 통제를 위해 타협과 조정을 통하여 갈등의 해결을 시도하게 되므로 고전이론, 인간관계이론, 구조주의이론 등을 모두 포괄하고 있다고 볼 수 있다.

관리 하위체계는 통제를 강조한다는 점에서 고전이론의 특징을 가지며, 외부 환경을 강조한다는 점에서 구조주의이론의 특징을 가지고, 타협을 강조한다는 점에서는 인간관계이론의 특징을 가지고 있다(Neugeboren, 1985: 51). 관리

하위체계의 목적은 다른 네 가지 하위체계를 조정하고 통합하기 위해 리더십을 제공하는 것이다. 주요 기능으로는 권한의 활용을 통해 계층 간에 생겨나는 갈등을 해결하며, 타협과 심의를 통해 하위체계를 조정하는 것이다(최성재·남기민, 2006: 95). 또한 자원을 증진시키고 필요한 경우 조직을 재구조화하기 위해 체계적인 관점을 제공하는 것이다.

체계이론

- 세 이론(고전이론, 인간관계이론, 구조주의이론)이 하나로 통합될 수 있다는 가정에 기초
  → 다양한 하위체계(생산·유지·경계·적응·관리체계)로 구성된 복합체(기능적)
- 조직의 문제를 분석, 진단방법을 제공, 하위체계의 기능, 역동성, 기제의 표준을 제시
  → 특정한 조직의 성과를 표준과 비교·평가
- 하위체계 간의 갈등과 모순은 불가피
  - 조직의 최적기능: 목표에 따른 하위체계 적용 가능
- 조직에 대한 포괄적 이해, 현실 적용에 유용

7. 조직이론의 종합

조직이론은 각 이론들이 서로 대립하고, 인정하며 발전을 이루어 왔다.

우선 고전이론과 인간관계이론(신고전이론)은 인간에 대해서 수동적인 인간으로 가정하고 환경의 존재를 고려하지 않는다는 점에서 공통점을 갖는다. 수동적 인간이란 조직의 목표가 주어지고 적절한 동기부여가 있다면 조직의 목표 수행을 위해 헌신할 수 있다는 것이다. 다만 고전이론에서는 인간을 경제적이고 타산적인 것으로 보기 때문에 물질적인 보상을 통해 동기를 부여할 수 있다고 보는 반면에, 인간관계이론(신고전이론)에서는 인간을 정서적이고 감정적인 것으로 보기 때문에 정서적 보상을 통해 동기부여가 가능하다고 보는 점에서 차이가 있다.

환경을 고려하지 않는다는 것은 조직의 목표를 이미 주어진 것으로 전제하는 것이다. 시간의 흐름에 따라 환경이 변하고 조직의 목표도 달라질 수 있다는 점은 고려되지 않는다. 즉, 정태적이고 폐쇄적인 관점을 갖는다.

고전이론과 인간관계이론이 공통점으로 가정하고 있는 수동적 인간과 폐쇄적인 관점에 대한 비판이 구조주의이론에서 이루어졌다. 즉, 구조주의이론은 능동적 인간을 가정하고 환경에 대해 고려한다. 따라서 구조주의이론은 동태적이고 개방적인 관점을 갖는다. 능동적 인간이란 자신의 주체적인 생각을 가지고 있어 경우에 따라서는 조직의 목표와 다른 목표를 가질 수도 있기에 어떤 동기부여를 통해서 구성원이 조직의 목표에 헌신하게 할 수 없고 조직과 구성원 간에 갈등관계가 발생할 수도 있다는 것을 의미한다.

제4장

사회복지서비스 전달체계의 개념 및 구분과 원칙

1. 사회복지서비스 전달체계의 개념

- 사회복지행정은 사회복지정책이 구체적인 서비스로 전환되어 서비스를 필요로 하는 클라이언트에게 전달되어야 정책이 의도하는 바가 달성될 수 있다. 즉 사회복지행정에서 전달체계는 매우 중요하다.
- 사회복지서비스 전달체계란 사회복지서비스 공급자와 소비자 간을 연결시키기 위한 조직적 장치(organizational arangements)를 말한다(Gilbert & Specht, 1974: 108). 즉, 사회복지서비스 공급자 간을 연결시키기 위하여 또는 사회복지서비스 공급자와 소비자 간을 연결시키기 위하여 만들어진 조직적 체계이다.
- 전달체계는 협의의 개념으로는 사회복지사(서비스 전달자)와 서비스를 받는 이용자 사이의 상호관계를 통한 사회복지의 장(場)에서 서비스를 전달하는 것 즉, 서비스 전달업무를 실제로 '집행'하는 사회적 체계를 말한다.
- 광의의 의미에서 사회복지전달의 집행체계는 상부의 행정체계로부터 규제, 지원 및 감독을 받으며 서비스를 전달한다. → 사회복지 전달체계는 행정체계와 집행체계를 모두 이해해야 한다.

  ① 서비스 전달을 위한 행정체계: 서비스의 기획, 지시, 지원, 관리

  ② 서비스 전달을 위한 집행체계: 서비스의 직접 전달기능 수행

2. 사회복지서비스 전달체계의 구분

1) 구조 기능적 구분

- 구조 기능적 분석이란 서비스를 공급하는 자(정부, 기관, 시설, 단체, 개인 등) 상호 간에 구조와 기능이 어떻게 나누어져 있는가를 보는 것

- 서비스 전달체계는 구조기능상 행정체계와 집행체계로 구분될 수 있음
  ① 행정체계: 서비스 전달을 기획, 지원 및 관리하는 것. 지원기능
  ② 집행체계: 전달자가 소비자와 상호접촉을 가지면서 서비스를 직접 전달하는 과정

2) 운영주체별 구분

사회복지서비스 전달체계는 운영주체에 따라 공적 전달체계와 민간 전달체계로 구분

(1) 공적 전달체계

- 정부(중앙 및 지방)나 공공기관이 직접 관리·운영하는 것
- 보건복지부를 중심으로 한 정부조직의 위계망으로 구성

(2) 민간 전달체계

- 민간(또는 민간 단체)이 직접 관리·운영하는 것
- 사회복지시설, 자원봉사단체, 사회복지협의회 등
- 민간이 위탁형태로 운영하고 있어도 공공기관의 일부 지원과 통제를 받기 때문에 운영 주체의 엄격한 구분은 어려우며, 장단점도 비교하기 어려움
- 공적 전달체계의 장단점
  - 장점: 재정적으로 안정적, 서비스의 통일성
  - 단점: 관료적, 경직성, 복잡한 체계, 외적 요인에 다소 둔감
- 민간전달체계의 장단점
  - 장점: 융통성, 창의적, 유연성, 사회변화와 요구에 민감
  - 단점: 재정적 취약성

3) 서비스별 네트워크에 의한 구분

- 서비스 전달체계는 서비스의 종류와 성격들에 의해 분류될 수도 있음
- 구조 기능적 구분이나 운영주체별 구분들은 서비스 제공자들을 중심으로 한 분류이나, 서비스 네트워크별로 구분하는 것은 서비스 수급자들의 관점을 보다 직접적으로, 명백하게 지역사회적인 관점에서 반영할 수 있게 함
- 지역사회 서비스 네트워크의 예

① 아동복지서비스 네트워크: 관련 공공기관, 보육시설, 학교급식프로그램, 그룹홈 등

② 노인복지서비스 네트워크: 관련 공공기관, 주간보호소, 양로원, 요양원, 종합복지관

③ 정신보건서비스 네트워크: 관련 공공기관, 정신병원, 요양시설, 낮병원, 그룹홈 등

④ 국민기초생활보장서비스 네트워크: 관련 공공기관, 종합사회복지관, 직업재활시설, 자활후견기관 등

⑤ 기타 네트워크들: 교정서비스, 장애인복지서비스 등

4) 사회복지서비스 전달체계 원칙

사회복지서비스 전달체계 구축의 주요 원칙은 다음과 같다(최성재·남기민, 2006: 102-103).

① 전문성: 사회복지서비스의 핵심적인 업무는 반드시 전문가가 담당

② 적절성: 사회복지서비스의 양과 질과 제공하는 기간이 클라이언트의 욕구충족(문제해결)과 서비스 목표 달성에 충분

③ 포괄성: 다양한 욕구나 문제에 대해 다양한 서비스 제공

④ 지속성: 지역사회 내에서 다양한 서비스를 계속적으로 받을 수 있도록 서

비스들이 상호 연계되어야 함

⑤ 통합성: 클라이언트의 문제해결을 위한 서비스들이 서로 연관되어야 함

⑥ 평등성: 성별, 연령, 소득, 지역, 종교, 지위에 관계없이 모든 국민들에게 서비스 제공

⑦ 책임성: 사회복지조직은 사회복지서비스를 전달하도록 위임받은 조직이므로 이에 대해 책임

⑧ 접근 용이성: 사회복지서비스를 필요로 하는 사람들이 누구나 쉽게 서비스를 받을 수 있어야 함

3. 공공과 민간의 역할 분담

- 사회복지실천 주체들 간의 역할분담이 설정되어야 함: 중앙정부와 지방정부, 광역지방정부와 기초지방정부, 공공과 민간의 역할분담이 이루어져야 자원의 효율적이고 효과적인 배분이 가능해지며, 궁극적으로 지역주민의 복지욕구가 원활하게 충족될 수 있음

1) 사회복지역할 분담의 필요성

(1) 국가부문의 필요성

- 전통적으로 시장이 초래하는 비효율적 자원배분과 분배상의 불평등, 즉 시장실패와 관련하여 강조되어 옴, 특히 공공재와 외부효과의 문제는 국가를 통한 자원배분, 즉 공공복지의 필요성을 옹호하는 기반이 되어 옴
  - 공공재의 제공, 또는 특정한 재화나 서비스가 외부효과(external efect)를 가질 경우 시장은 그 재화나 서비스를 효율적으로 배분할 수 없으므로 국가를 통해 이루어지는 것이 더 효율적

* 외부효과: 어떤 사람의 행위가 시장기제 외부에서 다른 사람의 복지에 영향을 주는 것

- 국가의 역할
  - 중개자의 역할: 다양한 제공 주체들과 복지욕구를 가진 사회구성원 간의 연계 중재
  - 조정자의 역할: 여러 제공 주체들이 가진 갈등구조의 문제 조정
  - 제공자의 역할: 정부가 중개자와 조정자의 역할을 충실하게 수행한다 하더라도 복지욕구를 충족시킬 수 없는 취약계층에 대해 국가주도의 사회복지를 통해 대응

(2) 사적 전달체계의 필요성

- 정부가 제공하는 서비스가 미치지 못하는 자에 대한 서비스 제공
  - 서비스가 필요함에도 불구하고 자격기준 심사에서 누락되는 경우
- 정부가 제공할 수 없는 서비스 제공
  - 정부의 서비스는 주로 1차적인 욕구충족 수준이므로 보다 다양하고 질 높은 서비스 제공
- 동일 종류의 서비스에 대한 선택 기회 제공
- 사회복지서비스의 선도적 개발 및 보급
  - 민간체계는 행정적으로 융통성이 있고 의사결정이 신속하므로 환경의 변화와 클라이언트의 새로운 욕구를 민감하게 파악하여 새로운 프로그램을 개발, 보급하는 데 유리
- 정부의 사회복지활동에 대한 압력단체 역할
  - 정부의 서비스를 감시하거나 건의. 새로운 서비스를 위한 영향력 행사
- 국가의 사회복지 비용 절약
  - 복지재정이 한정되어 있는 실정에서 민간사회복지전달체계를 통한 비용의 절약

- 민간의 사회복지 참여 욕구 수렴
  - 지역사회 내 인적, 물적 자원을 쉽게 동원할 수 있고, 자원봉사자, 후원자의 형태로 민간 사회복지 참여 유도

2) 사회복지역할 분담의 유형

(1) 병행보완 모형(parallel supplement model)

- 공공과 민간이 각각 재원을 조달하고 급여대상은 다른 경우
  → 공공과 민간의 파트너십은 결국 급여 대상자를 결정하는 과정에서 이루어짐

(2) 병행보충 모형(parallel complement model)

- 공공과 민간이 각각 재원을 조달하고 급여 대상도 같지만, 서로 상이한 급여 제공
  → 공공과 민간의 파트너십은 결국 급여 내용을 결정하는 과정에서 이루어짐

(3) 협동대리 모형(collaborative vendor model)

- 공공은 재원조달, 민간은 급여 책임을 맡음
- 다만, 공공과 민간의 관계가 일방적이라는 특징 → 민간은 정부의 대리인으로서 기능하고, 정부는 민간의 역할을 세세히 평가, 감독
  → 정부와 민간의 파트너십은 재원을 배분하는 과정에서 이루어짐

(4) 협동동반 모형(collaborative partnership model)

- 공공이 재원조달의 책임, 민간은 급여 책임을 맡는다는 점에서 협동대리모형과 동일하지만, 공공과 민간의 관계는 쌍방적이라는 점에서 다름
- 민간은 프로그램 관리와 정책개발에 상당한 재량권을 가질 뿐 아니라, 공공의 정책결정 과정에도 영향을 미침

3) 전달체계 현황

(1) 전달체계의 구조

① 공적 사회복지 전달체계의 구조

- 정부가 주체인 공적 서비스 전달체계는 주로 공공부조와 사회복지서비스 부문과 관련된 전달체계
- 현재 공적 서비스 전달체계
  - 횡적으로는 문제영역별로 국민기초생활보장업무, 노인복지, 장애인복지, 아동복지, 여성 복지, 청소년복지 등을 포함
  - 종적으로는 중앙정부에서 주로 보건복지부가 정책개발과 정책시행의 조정, 감독, 평가 담당하고 정책사항의 집행은 광역 자치단체(시 · 도), 기초자치단체(시 · 군 · 구), 읍 · 면 · 동사무소의 행정체계를 통해 이루어지고 있음

    → 공공부조 및 복지서비스는 별도의 전담기구가 설치되지 않고 보건복지부 – 시 · 도 – 시 · 군 · 구 – 읍 · 면 · 동사무소의 지방행정조직에서 행정업무와 서비스 일선업무 담당 → 정책 결정기관(보건복지부)과 집행기관(행정자치부 소관)의 분리
- 상의하달식 수직체계로서 지역특성과 욕구를 반영한 복지서비스를 제공하기 어려움

- 대체로 사회복지서비스 공급은 시·군·구 수준에서 이루어지는데, 시·군·구는 서비스를 직접 공급하기보다는 비영리민간기관과의 계약이나 보조금 지급을 통하여 민간이 서비스를 대행하고 있음
- 대체로 기초자치단체는 재정자립도가 낮아 국고보조금에 크게 의존하고 있는데, 그동안 국고보조금제도가 경직적으로 운영되어 지방정부가 지역 실정에 알맞은 사회복지서비스 계획 수립, 집행에 어려움이 많았음
- 공공사회복지전달체계 개편 논의
  - 1980년대 후반 사회복지전담공무원 제도 도입
  - 1990년대 중반 보건복지사무소 시범사업 시행(1995~1999)
  - 2004년 사회복지사무소 시범사업 추진 등
  - 2005년 사회복지서비스 분권화 추진으로 국고보조사업 지방 이양
  - 2006년 7월부터 시·군·구에 주민생활지원 담당부서 설치, 읍·면·동사무소를 주민복지, 문화센터로 전환하는 행정체계 개편 추진

※ 사회복지서비스 분권화 강화: 국고보조사업의 지방이양과 분권교부세 도입

- 분권화: 중앙의 권한이 지역으로, 중앙정부의 권한이 지방정부로 이전되는 것
- 사회복지부분에서의 국고보조사업에 대한 재정권의 지방이양은 크게 두 가지 방법으로이루어짐
  ① 지방이양 사업: 중앙정부의 국고보조사업을 지방사무로 이양하고 해당 국가보조금을 지방교부세의 재원으로 이전함으로써, 이양사업에 대해 지방정부의 책임으로 예산을 편성하고 실행하도록 하는 것으로 관련 기능과 재원을 완전 지방으로 이양하는 것
  ② 포괄보조사업: 기존의 범주별 보조사업을 가진 사업예산의 경직성을 완화하기 위하여 마련된 제도로, 국가사무의 범주 안에 있는 사업이라도 이것을 세부 항목별로 나누지 않고 보조금을 총액 형태로 지방에 넘기면

그 용도를 세부 항목별로 지정해서 예산을 편성하는 방식

• 2005년 보건복지부 지방이양사업 대상: 총 67개 사업 5,959억 원

② 사적 전달체계의 구조

• 영리를 목적으로 하지 않는 사회복지법인, 재단법인 및 사단법인, 종교단체 등 사회복지 사업을 목적으로 운영하는 시설과 기관을 말함

• 사적 사회복지조직은 공적 사회복지조직처럼 특별한 상의하달식의 전달체계를 구축하지 않고 있음. 단지 행정당국의 지도·감독을 받아 서비스를 전달하는 사회복지기관 및 시설과, 행정당국의 지도·감독을 받지 않고 독자적으로 운영되는 민간 사회단체나 기타 법인 단체 등에 의해 사회복지서비스 전달됨

• 우리나라의 사회복지서비스 공급 특성은 정부가 직접 생산하여 공급하는 방식이 아니라 주로 비영리민간기관 등과의 서비스 계약이나 국고보조금 지급을 통하여 서비스 공급 즉, 민간이 사회복지서비스 공급자로서 정부의 역할을 대행하는 대행자 역할을 주로 하고 있음. 그러나 비영리기관이 사회복지서비스 공급을 담당하는 일선기관이지만 민간은 그들이 생산하여 공급하는 서비스에 관한 중요한 결정권한은 없음

※공공과 민간과의 관계: 종속적인 대행자 관계. 이는 민간이 정부 재정의 엄격한 통제하에 정부의 서비스를 타율적으로 대행하는 관계

4) 전달체계의 문제점

(1) 공적 서비스 전달체계의 문제점

• 정책 결정기관과 집행기관의 분리로 전달체계 구조상의 문제와 서비스 제공의 책임성, 효율성, 효과성 미흡의 문제

- 보건복지부에서 수립하는 사회복지서비스 사업계획과 지침이 그 집행에

있어서는 행정 자치부의 지방행정체계를 통하여 수행됨으로써 서비스 전달체계의 일관성과 전문성이 확보되어 있지 못함

• 현재의 전달체계는 각기 다른 욕구를 가진 인구 층에 따라 극히 범주화된 서비스 체계로 구성되어 통합적인 서비스 전달이 어려움이 있음
  - 분야별로 별도 관리가 이루어져 이러한 범주화된 서비스 간의 단절성과 중복성의 문제도 심각하여 서비스 간의 역할분담과 조정, 상호연계가 원활히 이루어져 있지 않음
  - 문제는 중앙정부 차원에서 각기 독자적으로 범주화된 정책들을 제시하는 것이고, 이러한 정책들은 모두 일선 집행전달기관인 시·군·구 혹은 읍·면·동으로 몰리게 되어 상당 부분은 클라이언트와 대면적 관계에서 서비스를 전달하는 사회복지전담공무원이 처리해야 한다는 것 → 업무 폭주, 업무자의 소진, 업무의 통합적 처리는 더욱 요원

• 공적 전달체계에서 전문 인력의 수가 절대적으로 부족하고, 전문인력의 관리도 미흡
  - 1987년 사회복지 전문요원제도가 시작되어 사회복지전담공무원 수는 1999년 「국민기초 생활보장법」의 시행을 계기로 급격히 증가하였으나 인원의 보충은 부족한 상태. 전문인력의 부족으로 결국 서비스 질 저하 및 효과성을 약화시킬 가능성이 높음
  - 2001년에는 별정직 신분이었던 사회복지 전문요원이 일반직 공무원으로 전환됨
  - 특히 읍·면·동의 사회복지전담공무원은 거의 모든 분야의 업무 담당
  - 공공사회복지의 행정을 담당하는 인력 중 사회복지 전문 및 교육훈련을 받은 인력보다 일반행정 경험만을 가진 인력이 높은 비율을 차지, 잦은 인사이동 → 전문적인 서비스 제공의 어려움이 있음
  - 지방분권화의 문제: 현재 우리나라의 지역 간 재정력과 이에 따른 복지사업 추진 역량의 격차가 크기 때문에 분권화에 따른 복지수준의 확대와 축

소 경향, 불평등 심화 현상이 나타날 우려가 있음

(2) 민간 서비스 전달체계의 문제점

① 조직 구조상의 문제점

- 대부분의 조직이 운영에 필요한 자원의 대부분을 정부보조금에 의존하고, 정부의 지도·감독을 받아야 함 → 지역사회나 클라이언트의 요구보다는 정부의 지시에 따르는 경향이 많아 민간부분의 장점인 자율성과 창의성 크게 제약
- 상당수의 시설들은 정부지원이 매우 낮음
- 시설의 종별/지역별 불균형(도시지역 편중), 전문인력 확보 미흡
- 지역주민의 참여 미흡, 시설의 개방화 미흡
- 요보호 대상층 위주의 범주화된 재정체계와 행정체계를 통하여 이루어지고 있어서 지역사회 내에서 네트워크를 통한 통합적 서비스를 제공하지 못하고 극히 단절된 서비스 전달체계를 보여 줌

② 관리운영상의 문제점

- 사회복지조직의 협의기구들이 조정자로서의 역할과 기능이 미흡. 즉, 정부나 국민에게 사실을 홍보하고 정책건의를 하는 데 한계가 있음
- 예산 부족으로 양질의 서비스 제공의 어려움

③ 전달인력상의 문제점

- 직원 처우가 열악하여 전문성과 책임성 추구에 한계
- 부족한 운영비 때문에 적합한 전문인력을 배치하지 못하는 경우가 많음

5) 사회복지서비스 전달체계 발전방향

(1) 전망

① 지방분권 가속화

- 지방화의 정책 지향과 지역사회로의 사회복지중심 이동은 사회복지의 책임을 갖는 지방자치단체와 지역 일선의 민간 사회복지 공급주체들에게 새로운 역할과 관계 설정 요구
- 사회복지서비스 분야에서의 지방분권은 두 가지 갈래로 전개

  ① 사회복지서비스 사무의 지방이양과 그에 따른 재정분권

  ② 지역사회보장계획수립 및 지역사회보장협의체 신설

  → 이러한 사회복지서비스 공공전달체계의 개편방향은 민간전달체계의 관계설정에도 큰 영향을 미칠 것으로 예상

② 공공과 민간 사회복지 역할 비중의 변화

- 국가의 복지확대와 민간 부분의 성장이 동시에 추구되는 후발 복지국가로서 복지확충을 위한 정부의 주도적 역할의 필요성과 민간을 중심으로 하는 복지공급상의 변화가 모두 요청되는 현실

  → 중앙정부-지방정부-민간의 구도를 본격적으로 재편하기 위한 준비 필요
- 앞으로 현대사회에서 사회복지 증진의 일차적인 책임은 국가에 있지만, 클라이언트의 문제가 복잡성을 띠어 가고 욕구가 다양해질수록 보다 전문적인 서비스의 중요성은 증대될 것이므로 민간부문의 역할과 기대는 더욱 커질 것임

(2) 발전 방향

① 수요자인 클라이언트 중심의 서비스 전달체계 구축

- 사회복지서비스 전달체계의 기본방향은 클라이언트에 대한 클라이언트를 위한 복지서비스의 제공이라는 관점에서 전달체계 마련. 나아가 서비스의 이용과정에서 클라이언트의 자기결정권 선택권이 주어지는 서비스 전달체계가 구축되어야 할 것임

② 통합적 서비스 전달체계 마련

- 포괄적이고 체계적인 서비스를 제공할 수 있는 일원화된 전달체계를 통하여 클라이언트에 대한 경제적 원조뿐만 아니라 보건의료서비스, 심리적 서비스, 재활서비스 등 다양한 서비스를 통합하여 제공

③ 사회복지행정 전달인력의 전문화

- 앞으로 클라이언트의 욕구가 고도화, 다양화됨에 따라 클라이언트의 복지욕구 파악이나 진단, 욕구충족에 필요한 서비스의 종류 및 범위의 결정에 과학적이고 전문적인 지식과 기술을 지닌 인력이 서비스로 제공되어야 할 것임

④ 지방자치단체 책임 강화

- 중앙정부의 정책집행을 중심으로 하던 지방자치단체는 사회복지사업의 기획과 자원관리 기능을 시급히 확충하고 개별사회복지시설 단위로 분절적으로 이루어지던 사회복지서비스 제공방식도 다양한 복지수요를 감안하여 실시
- 지방정부가 강화된 권한과 책임을 제대로 행사하기 위해서는 관련 복지서비스 재정을 확보하고 주민들의 복지 욕구에 잘 반응하는 서비스를 생산, 공급하는 전달체계를 구축해야 함

⑤ 중앙정부의 역할 변화 특히 중요

- 분권화가 추진된 상황 속에서 중앙정부의 책임성을 유지하기 위한 적절한 방안이 검토되어야 함
- 다양한 지방자치 단체별 특성이 반영되도록 하되, 전국적으로 기초-적정 수준의 사회복지가 유지되도록 가이드라인 제시, 시행상황을 지속적으로 모니터하고 평가, 개선하는 등 전달체계 정비 필요
- 지방정부 간 사회복지서비스 인프라의 격차가 큰 현실을 고려할 때 특히 민간부문의 사회복지서비스 인프라가 낙후된 지역에 대해서는 지역균형 발전이라는 관점에서 중앙정부가 낙후지역의 사회복지서비스 인프라를 확충하는 데 역할을 집중해야 할 것임

⑥ 공공과 민간이 협력적 파트너 시스템을 구축해야 함

- 공공과 민간 간의 역할분담은 상호협력을 기반으로 하고, 공공과 민간 간의 역할분담에 대한 보다 분명한 정책방향 수립
- 공공, 민간의 사회복지 제공 주체들이 급속하게 변화하는 정보를 공유하고 증가하는 복지수요에 효율적으로 대처하기 위한 의사소통구조를 마련
- 서비스 공급주체의 다원화 예상과 함께 협력구조와 기제(네트워킹)의 중요성 부각
- 사회복지행정의 접근 용이성과 효율성을 위하여 정보관리체계 구축

6) 외국의 사회복지행정 전달체계

일본, 미국, 영국, 프랑스, 독일의 지역단위 복지행정 전달체계를 살펴보면 다음과 같다.

(1) 일본의 사회복지서비스 전달체계

① 사회복지제도의 특징

1929년 세계대공황에 의해 빈곤자가 증대하자, 같은 해 구호법이 제정되어 처음으로 구호가 국가의 책무로 인정받게 되었다. 그러나 빈곤자 중에서 게으르거나 소행이 불량한 자는 구제대상에서 제외하는 등 권리성은 인정받지 못했다.

일본의 근대적인 사회복지체제가 구축된 것은 제2차 세계대전 이후로서 연합 군총사령부의 지도·감독 아래 만들어진 헌법에서 사회복지를 국민의 권리로 인정하게 되면서부터이다. 그리고 전쟁 후 급증한 빈곤자를 구제하기 위한 대책으로 만들어진 법률이 1946년의 「생활보호법」, 1947년의 「아동복지법」, 1949년의 「신체장애자복지법」 등 복지 3법이다. 그리고 1951년에는 「사회복지사업법」이 제정되었다. 또한 1960년에는 「정신박약자복지법」, 1963년에는 「노인복지법」, 1964년에는 「모자복지법」이 제정되어 복지 6법체제가 구축되었다.

이와 같이 일본의 사회복지서비스법 체계는 아동, 고령자, 신체장애인 등 각 대상 분야별 개별서비스법 체계로 구축되어 있으며 현재에도 개별 법률들이 제·개정되고 있긴 하지만 큰 흐름에는 변함이 없다.

제2차 세계대전 이전 일본의 사회복지는 국민의 권리라기보다는 은혜적·시혜적인 차원으로 인식되어 행정의 책임은 강조되지 않았다. 즉, 1874년에 휼구규칙이 제정되었으나 가족, 이웃 등에 의한 사적구제를 중심으로 '선량인구 10만 명을 기준으로 이보다 인구가 많은 지방공공단체에 대해서는 지방교부세를 삭감하고 더 적은 지방공공단체에 대해서는 후반 지방교부금을 주는 것이다.

일본은 메이지시대 이래 유지되어 온 중앙집권적인 행정제도를 개혁하여 국가와 지방공공단체의 역할분담을 명확하게 하고, 지방공공단체의 자주성과 자립성을 높여 개성과 활력이 넘치는 지역사회를 만들기 위해 이른바, 지방분권일괄법을 제정하여 2000년 4월부터 시행에 들어갔다.

「지방분권의 추진을 도모하기 위한 관계 법률의 정비 등에 관한 법률」은 총14장으로 구성되어 있는데 제1장은 지방자치법, 국가행정조직법 등 공통사항에 대한 규정을 하고 있으며 제2장부터는 총리로부터 자치성에 이르기까지 각 성청의 개별법을 일괄하여 개정하는 475조의 조항으로 구성되었다. 이 법에 의해 개정된 개별 법률은 848개에 이른다.

이 법률의 시행에 따라 취해진 지방분권 관련 주요 내용으로는 국가와 지방공공단체의 역할분담 명확화, 기관위임사무제도의 폐지와 사무 재설정, 지방 사무관제도 폐지, 중앙성부의 관여개선, 권한 위임의 강력 추진, 필지 규제의 개선, 지방공공단체의 수수료 규정정비, 지방공공단체의 자치행정체제의 재정비 등이다. 이는 중앙성청 주도의 수직적이고 획일적인 행정제도를 개혁하여 저출산·고령사회에 대처하고, 지역주민의 다양한 욕구에 신속하고 정확하게 대처할 수 있는 특색 있고 종합적 행정제도를 만들겠다는 의도로 해석할 수 있다.

② 사회복지서비스 전달체계

사회복지에 관한 국가 행정조직의 중심은 후생노동성이다. 그리고 하부조직체계인 사회·원호국에서는 일반 사회복지의 향상과 생활 보호, 장애인복지를 담당하고 있으며, 노인건강국은 고령자의 보건·복지, 개호보험을 담당하고, 고용균등·아동가정국은 아동복지, 모자 및 과부복지를 담당하고 있다.

지방공공단체의 집행기관은 도·도·부·현지사와 시정촌장이다. 1980년대부터 진행된 밀접한 관계를 맺고 있는 도·도·부·현이나 시정촌 등에 이양되어 실시되고 있다.

공공사회복지의 실시주체는 복지사무소, 보건소, 아동상담소, 신체장애자 갱생상담소, 지적장애자 갱생상담소 등이다. 지방공공단체는 복지사무소를 설치하고 여기에 전문적인 지식·기술을 갖추고 있는 '사회복지사'를 배치하여 최일선 행정을 담당하도록 하고 있다. 주민의 복지욕구에 대한 대체는 먼저 복지사무소를 통해서 행정적인 절차가 진행된다고 보면 된다.

사회복지사업은 사회복지서비스 대상자에게 미치는 영향정도에 따라 '제1종 사회복지사업'과 '제2종 사회복지사업'으로 구분된다. 예를 들면 대상자의 인격·생명에 많은 영향을 미칠 수 있고, 행정적인 관여가 많은 특별양호 노인홈이나 신체장애자 요양시설 등은 제1종 사회복지사업에 속하며, 경영주체도 원칙적으로는 국가, 지방공공단체, 사회복지법인에 한정되어 있다. 이에 반해서 보육소, 노인복지센터 등은 제2종 사회복지사업으로 분류되어 민간의 자주성과 창의성이 존중되도록 행정적인 규제도 약하며 경영주체에 대해서도 특별한 제한을 두지 않고 있다.

사회복지행정을 수행하는 데 소요되는 비용부담구조는 최근 20여 년간 제도의 변화에 따라 복잡하게 변화되어 왔다. 소요되는 비용구조를 보면 국민들이 납부한 세금에 전적으로 의존하는 조치제도가 있는가 하면, 이용자의 선택권이 존중되는 이용제도, 그리고 개호보험제도와 같이 보험료와 세금이 절반씩 부담되는 형태도 존재한다.

사회복지 재정을 보면 인구의 고령화에 따라 예산도 연차 증가하는 경향을 보이고 있다. 국가의 사회보장 예산 규모를 보면, 2005년도 일반회계 세출에서 차지하는 사회보장관계비는 약 20조 6천억 엔으로 전체 예산의 24.09%이다. 사회보장관계비의 내역은 사회보험 78.01%, 생활보호 9.59%, 사회복지 8.07%, 보건위생대책2.4%, 실업대책 1.85%이다.

조치제도란, 각각의 사회복지 법률에 근거하여 국민에게 사회복지서비스를 적용할 것인가에 대한 타당성을 판정하고, 그 적용사무를 수행하는 것이다. 즉, 서비스 필요성의 유무, 제공주체의 결정, 공급량 등을 조치권자인 행정청이 결정하는 구조이다. 조치비의 기능으로서는 시설 처우 내용과 수준의 통제, 지방공공단체의 재정부담비율의 통제, 시설 이용자의 비용부담 수준의 통제, 민간 사회복지법인의 재정적 운영기반의 통제 등이 있다.

일본에서 복지사무소는 도·도·부·현(都·道·府·縣), 시 및 특별구에 설치하며, 정·촌의 경우 임의로 설치할 수 있다. 이와 같은 설치단위를 결정하는 데에는 사무 배분, 지방자치단체의 인구수, 전문인력의 배출 가능성, 정부의 재정적 상황이 고려되었다. 그 이유는 사회복지가 단체위임 사무에서 도·도·부·

현의 기관위임 사무로 전환되었고, 인구 10만 명당 복지기구의 설치가능 조건에 비해 시·정·촌이 훨씬 적은 인구수를 가졌기 때문이었다. 시·정·촌 단위로 복지사무소를 설치할 경우 복지사무소 수가 많아져야 하는데, 복지사무소 도입 당시 패전으로 인해 담당기구 신설이나 신규 인원은 억제되어야 할 상황이었다. 따라서 배출된 전문인력의 수는 물론 전문인력의 배출 가능성도 적은 상황이었기 때문에 시·정·촌보다 도·도·부·현이 설치단위가 될 수밖에 없었다(정영순, 1995: 229).

복지사무소는 공적부조인 「생활보호법」 그리고 관련 법인 「아동복지법」과 「신체장애자복지법」을 취급하는 기관이 되었다. 사회복지서비스가 공적부조에서 분화될 만큼 발전되지 못하여 아동복지서비스 또는 신체장애자복지 대상자도 생활보호대상자과 큰 차이가 없었으며 서비스 내용도 주로 시설보호뿐이었다. 복지사무소는 생활보호대상자의 결정과 실시에 관한 업무 그리고 사회복지시설에의 입소 조치와 그를 위한 조사 등에 국한된 업무만을 수행하였다(정영순, 1995: 230).

복지사무소는 도·도·부·현 혹은 시의 민생국 사회부에 위치하게 되었고, 복지사무소의 지도·감독은 후생성의 사회국 내 서무과가 담당하였다. 복지사무소의 내부조직을 보면 생활보호 업무와 아동복지 및 신체장애자 업무 간에 큰 차이가 없어 업무를 분리할 필요성이 적었기 때문에 복지사무소의 내부구조는 1과(보호과)치제로 조직되었다. 따라서 보호과에서는 「생활보호법」에 근거한 업무와 「아동복지법」에 근거한 사회복지서비스 업무를 함께 수행하게 되었다.

앞서 설명한 일본의 복지사무소와 관련하여 몇 가지 문제점이 지적되었다(정영준, 1995: 230),

첫째, 복지사무소가 현업기관이면서도 주민과 직결되는 제일선 행정단위인 시·정·촌에 설치되지 않고 도·도·부·현에 위치하기 때문에 각 지역의 특성을 살리기 어려워 서비스의 접근성이 저해되었다.

둘째, 사회복지서비스가 생활보호로부터 분화되지 않은 상황에서 복지사무소가 설치되었기 때문에 복지사무소가 생활보호사무소화되었는데, 이러한 역할이 오랫동안 지속되어 사회복지서비스의 발전을 저해하였다.

셋째, 복지업무가 분화되지 않아 1과체제로 업무를 처리했기 때문에 사회복지서비스 업무에 주력하기 어려웠고, 그 전문성을 높이기도 어려웠다. 더욱이 자격을 갖춘 전문인력을 채용하지 못한 것은 후에 종사자의 전문성을 향상시키는 데 제약요인으로 작용하게 되었다.

이를 종합해 볼 때 일본의 경우 복지사무소가 서비스의 접근성, 포괄성, 전문성 등에서 약점을 가졌다고 볼 수 있다. 최근 일본에서는 지역행정 단위의 변화가 있었는데, 복지 및 보건 행정기구를 통합 일원화한 후 네트워크화, 시스템화하여 운영을 공동으로 추진하고 있다(선우덕, 1998: 129).

(2) 미국의 사회복지전달체계

미국의 사회복지제도는 1935년 「사회보장법」을 기초로 시작되었다고 할 수 있다. 사회보장법의 제정은 국민들의 사회복지에 대한 책임을 연방정부가 담당하게 된 계기가 됨으로써 미국의 전반적인 복지체계를 구성하는 시발점이 된 것이다. 미국의 사회복지 프로그램은 크게 사회보험과 공공부조 및 사회복지서비스로 구분할 수 있다.

프로그램은 성격에 따라서 연방정부가 직접 운영하기도 하지만 대개의 경우 중앙정부와 주정부가 재정 및 기능 측면에서 연계하여 운영한다. 예를 들어, 사회보험, 퇴역군인을 위한 프로그램은 관리운영과 재정에 관한 권한을 전적으로 연방정부가 가진 반면, 일반부조와 교육프로그램은 거의 주정부와 지방정부가 권한을 가지며 이외의 프로그램들은 두 가지 차원 이상의 정부가 복합적으로 운영한다. 또한 정부에서 담당하고 있는 사회보험 및 공공부조와 달리 사회복지서비스의 경우에는 정부기관이 주체인 공공복지와 민간기관에서 제공하는 민간복지로 분화되었다.

미국의 사회복지전달체계는 주로 연방정부의 보건복지부를 중심으로 살펴본

단면에 불과하다. 실제로 보건복지부에서 관할하고 있는 복지프로그램에 대한 구체적인 계획을 수립하고 이들을 집행하는 것은 주정부와 지방정부이며, 매우 다양한 형태로 운영되기 때문에 미국의 사회복지전달체계를 하나의 일관된 체계로 정리하기는 어렵다고 할 수 있다. 그 이유는 다음과 같은 측면에서 살펴볼 수 있다.

첫 번째로는 미국은 연방주의와 지방자치의 강력한 전통을 가지고 있어 국가적 수준에서 통일된 전달체계를 가지고 있지 않다는 점이다. 사회복지분야의 재정지원은 주로 연방정부가 담당하나, 주정부 혹은 카운티나 시 치원에서 자율권을 가지고 프로그램의 운영을 담당하기 때문이다.

두 번째 이유는 미국의 사회복지 프로그램이 시기별로 제정된 관련 법령들의 누적된 집합체로 구성되어 있다는 점이다. 즉, 사회복지 프로그램의 집행체계와 내용을 일괄적으로 다루는 제도나 법령 없이 다양한 프로그램들이 각기 근거 법령에 따라 생겨나고 그렇게 역사적으로 누적된 집합체로 서비스 체계가 작동한다는 점이다.

세 번째 이유는 미국은 사회복지 프로그램에 대한 재정지원은 국가가 담당하되, 서비스 제공의 상당 부분을 민간기관이 담당하는 서비스 민영화 방식을 채택하고 있는 대표적인 국가라서 몇 가지 현금급여 프로그램을 제외한 사회복지서비스의 전달체계 자체가 다양한 비영리 혹은 영리 민간기관들의 집합체로 이루어져 있기 때문이다. 따라서 사회복지전달체계를 직접적으로 이해하려 하기보다는 재정지원 체계, 즉 재원의 흐름을 파악함으로써 이해하는 것이 효과적이다.

한편, 중앙정부와 지방부의 역할분담, 특히 위에서 언급한 재정지원 체계와 관련된 연방정부와 주정부의 재정분담 차원에서 1996년 복지개혁 이후 중요한 이슈들이 제기되고 있는 상황이다. 1996년 단행된 복지개혁은 미국의 대표적 공공부조 프로그램이었던 AFDC를 TANF로 대체 시행하였다는 사실 이상의 중요한 의미를 지니고 있었다. 전 세계적으로 저소득층에 대한 복지프로그램에 있어서 Workfare의 열풍을 확신시켰을 뿐만 아니라 프로그램 운영에 필요한 재원을 기존의 매칭 방식에서 포괄보조금 방식으로 전환시킴으로써 재정부담의 책임 측면에서 많은 변화를 가져왔다. 포괄보조금이 처음 도입된 것은 아니지만, 기존에 수급규모를 기준으로 지원했던 방식에서 주정부별로 일정수준의 예산을 총괄적으로 지원하고 그 예산의 운영을 전적으로 주정부에 맡겼다. 이와 같이 주정부의 프로그램 운영상의 자율성을 확대함으로써 분권화를 강조함과 동시에 프로그램 운영에 대한 성과관리 측면을 강화함으로써 주정부의 책임성을 강화하는 결과를 가져왔다.

이러한 변화는 과거 사회복지의 확대과정에서 효과성과 효율성에 대한 사회적 검증의 필요성과 관련하여 나타났던 현상과 달리, 사회복지에 대한 국가 또는 중앙정부의 책임이 감소하는 상황에서 복지축소를 지향하는 분위기와 관련된 것이라고 할 수 있다. 특히, 사회복지 프로그램에 대한 중앙정부의 재정분담에 있어서는 제한된 포괄보조금만을 지원하는 한편, 재정지원을 받기 위해 준수해야 하는 다양한 조건을 제시하고 각종 계획 및 성과에 대한 보고의무를 부과하는 등 관리감독과 규제를 더욱 강화하고 있다. 이러한 경향은 비록 과거에 없었던 새로운 방식은 아닐지라도 주정부의 자율성 확대라는 구호 아래에서 다양한 기제를 통해 주정부를 통제하고 책임성을 강조하는 결과를 가져오게 되었으며, 이로 인한 주정부의 엄격한 프로그램 운영은 해당 프로그램의 수급자인 저소득층의 삶의 질에 중대한 영향을 미친다고 할 수 있다. 또한, 변화되고 있는 미국의 사회복지 환경에서 이와 같은 자율성과 책임성의 강조를 통한 효율성의 추구는 복지프로그램의 존립을 위해 불가피한 선택이라는 평가를 내릴 수도 있다.

(3) 영국 사회복지전달체계

영국의 경우 1970년에 사회복지서비스가 다른 제도에서 분화되면서 독립적인 제도로서 위치를 확보하였고 또한 서비스 대상이 모든 국민으로 확대되면서 지역사회보호와 가족중심으로 서비스를 통합할 수 있도록 사회복지서비스 행정체계가 대폭 개편되었다.

대처 수상이 집권한 후 1970년대부터 추구해 온 '지역자회의 소외계층 보호(community care)' 제도가 강화되었다. 영국은 이미 1970년도부터 사회복지서비스의 탈시설화와 지방화를 추구하여 대형시설에 수용했던 노인, 장애인, 환자를 가족, 친지, 자원봉사자가 가정에서 돌보게 했다. 1980년에 버클레이 위원회의 건의로 복지전담공무원을 지역사회에 더욱 밀착시켜 가족지원체계를 마련하고 자원봉사자를 육성하였으며 수용시설 대신 주간보호시설(daycare center), 그룹홈, 아동의 집 등을 늘려 사회복지대상자들에 대한 지역사회보호를 강화했다.

영국의 사회복지서비스 예산의 75%는 주로 노인과 장애인을 위하여 지출되고 있으며 나머지는 아동복지를 위하여 쓰이고 있다. 약 150만 명의 노인과 40만 명의 아동이 언제든지 지방사회서비스국(Local Authority Social Service Department, LASSD)의 지원을 받을 수 있도록 되어 있다.

1993년 이후로 지방사회서비스국은 지역사회보호의 중심 기관의 기능을 살려 건강 및 주택 관련기관과 협력하여 주민의 개별적 욕구를 파악하였다. 그리고 파악한 욕구의 충족을 위한 서비스 및 재원 조달방안을 수립하였으며 마련된 방안이 적절하고 효과적으로 추진될 수 있도록 관련규정들을 재검토하고 정비하였다.

이러한 업무들이 지방사회서비스국에 의하여 지역사회보호계획(community care plan)으로 입안되고 공포되었다. 계획의 실시를 위해 지방사회서비스국(LASSD)은 건강 및 주택 관청, 자원봉사조직 그리고 사회복지시설 대표자들과 긴밀하게 협력하게 되었다.

지역사회보호계획에는 급식과 레크리에이션, 서비스 안내, 서비스 간의 이송, 소셜 워크, 방문과 상담, 가정지원, 보호서비스 그리고 적절한 주거마련 등이 포함되어 있었다.

1998년 초에는 약 149개의 지방사회서비스국(LASSD)이 설치되었다. 지방사회서비스국에는 약 31만 2천 명이 종사하고 있으며, 이들 중 약 3만 명이 제대로 교육받은 사회복지사다.

최근에는 지역사회보호와 아동복지계획 등의 분야에서 지방사회서비스국(LASS)과 국가의료서비스(NHS)의 연계 및 협력을 더욱 강화하려는 여러 가지 시도가 이루어지고 있다.

영국의 경우는 사회복지서비스가 독자적인 제도로 운영되어 전문성을 기할 수 있었고, 지역사회와 긴밀하게 연계되어 접근성을 높일 수 있었다. 또한 보건과 복지를 긴밀하게 연계시키려는 시도를 하고 있는데 이를 통하여 전달체계의 지속성 및 통합성이 제고될 수 있었다.

(4) 프랑스 사회복지전달체계

프랑스의 행정구조는 3,600개의 코뮌(commune), 95개의 도(department), 22개의 지방(region)으로 구성되어 있다. 중앙정부인 사회보호부는 사회보호 관계법령을 제정하고 전국수준의 사회보호행정을 통제하고 균형을 취하는 업무를 관장한다. 도와 지방행정은 사회보호에 관련된 보건·복지시설의 조직과 활동, 각종 사회복지서비스와 사회부조, 사회복지 급여 등을 감독하고 통합·조정하여 중복을 피하고자 하며 조화를 추구한다.

1883년에 조직된 코뮌 단위의 공적부조사무소는 공·사 복지활동을 병행 실시하는 프랑스 사회복지의 일선기관으로서 사회복지사무소로 이어지고 있다.

사회부조와 사회복지서비스 행정은 도단위가 중추적 역할을 담당하며 중앙정부의 개입으로 지역 간의 통일성이 이루어지고 있다. 1953년의 사회부조법령은 오늘날 프랑스 사회부조제도의 기본구조를 규정하고 있으며 영역별로는 아동부조서비스, 노인부조서비스, 의료부조서비스, 수용보호서비스, 장애인부조서비스 그리고 가족부조서비스로 분류된다. 아동복지서비스는 도 보건사회복지청에서 주관하여 사회부조급여에 대한 결정권도 도에 부여되는 등 지방행정의 자율권이 강화된 특성을 가진다.

(5) 독일 사회복지 전달체계

독일 복지행정은 일반행정조직이 아니라 청소년복지사무소와 같은 별도의 전담조직(Fachverwaltung)에 의해 운영되는 전통이 유지되고 있다(Dahme & Wohlfart, 2013: 60). 지방정부 사회복지행정은 국(Dezernat), 사무소(Amt) 그리고 과(Abteilung)의 3차원으로 이루어진다. 국은 지방정부 복지행정의 최고 기관이며 다양한 사무소로 구성된다. 사무소는 지방복지 전달체계의 핵심으로 최일선 행정기관이라고 할 수 있다(이준영, 2014: 223-248).

청소년복지사무소(Jugendamt)는 아동 및 청소년 보호 및 지원 업무가 전체의 80% 이상을 차지한다. 그리고 이 외에도 성인, 노인 그리고 의료 등과 관련된 업무를 수행한다(김주일, 2004: 116). 사회복지사무소(Sozialamt)는 생계비 지원 및 의료지원을 포함하는 기초보장업무를 담당한다(이정우, 2012: 447). 또한 양로원, 주간보호시설 및 경로당 등을 관할하며 시설운영자들을 조정하고 사회복지 인프라 확충 계획을 수립한다. 독일의 기초보장제도는 우리나라의 공공부조와 복지서비스에 해당하는 제도들을 포함한다(원소연, 2012: 456). 보건소(Gesundheitsamt)는 공중보건서비스의 중요한 요소다. 보건소는 주민의 건강 상태를 직접 조사하여 지속적으로 관리하며 건강 위해요소를 확인하고 제거하는 등 전반적인 건강증진을 위해 노력한다. 일반복지서비스(Allgemeiner Sozialer Dienst, ASD)는 지방정부의 가장 광범위한 복지서비스인데, 업무범위가 가정의 모든 문제와 그 주변까지 관련되어 있기 때문이다. 또한 모든 청소년복지사무소에는 일반복지서비스(ASD) 업무부서를 두고 있다. 복지서비스는 사회복지행정의 외근업무로서 청소년 지원 및 사회부조 분야에서 문제 및 위기 상황에 대한 첫 번째 접촉창구가 된다. 일자리센터(jobcenter)는 이른바 하르츠 개혁으로 2005년 사회부조와 실업부조가 통합되자 기존 노동사무소(Arbeitsamt)의 운영형태가 전환되었다(정재훈, 2013: 60). 이 개혁의 목표는 실업자에게 일자리를 알선하여 자활할 수 있도록 하는 것이었다. 일자리센터의 업무는 고용서비스(Arbeitsagentur)와 지방정부가 구성한 업무공동체(Arbeitsgemeinschaften,

ARGE)가 수행하도록 되어 있다(김상철, 2011: 212).

독일의 경우 분권화 및 전문성 강화를 목표로 지방정부 복지행정개혁이 추진되었다. 일반복지서비스(ASD)의 전단계로서, 가정보호와 유사한 분권화된 팀이 지역별로 여러 분야를 연계하여 조사에서 결정까지 통합적으로 업무를 처리했다. 지방행정간소화협의체(Kommunale Gemeinschaftsstelle für Verwaltungsmanagement, KGSt)의 권고 및 사회교육 강화 경향으로 인해 일반복지서비스(ASD) 업무의 약 80%가 청소년복지사무소를 통해 수행되었다(Kreft & Weigel, 2011: 16). 그와 함께 복지 관련 사무소들의 분화와 전문화가 진행되었다.

외국의 사례를 통하여 본 바와 같이 각 나라마다 지역의 일선행정조직의 사회복지 기능이 상당히 큰 비중을 차지하고 있음을 알 수 있다. 조직의 구성 및 운영에 있어서 각 나라마다 중점을 두는 원칙은 차이를 보인다.

이러한 전략이 실행되기 위해서는 먼저 수많은 현실적인 문제가 해결되어야 한다. 조직의 개편에는 그 조직에 속한 사람들의 이해관계가 반드시 관련된다. 이러한 이해당사자들이 새로운 변화에 대하여 개인적·집단적 차원에서 협력하지 않으면 원하는 결과를 얻기 어렵다.

농촌지역의 읍·면과 도시지역의 동은 그 기본여건이 서로 다를 수 있는데, 이를 반영하여 현실에서 나타나는 차이를 비교 검토해야 할 것이다.

제5장

사회복지 인사관리

1. 인사관리에 대한 기본 이해

1) 인사관리의 개념

조직구성원들이 조직의 목적을 효과적이고 효율적으로 달성할 수 있게 관리하는 것을 뜻하며 조직의 직무수행에 필요한 인적자원의 효율적 관리와 관련된 활동을 의미하고 기관의 운영 목적을 달성하기 위하여 인적자원을 최대로 활용하기 위한 관리활동이다. 지식정보화사회에서는 조직구성원을 단순한 노동력(man power)이 아닌 조직의 생존과 발전에 핵심적인 역할을 하는 인적자원으로 인식하고 있다.

→ 인적자원을 개발하는 측면에서 인적자원 관리(human resources management)의 개념 사용, 조직이 필요로 하는 인력을 조달, 유지, 활용하는 일련의 관리활동 체계

2) 인사관리의 구성요소

① 인적자원의 획득: 인적자원수급기획, 채용, 배치
② 업무활동의 분석과 활동의 결과에 대한 평가
③ 인적자원의 개발(훈련 및 경력관리)
④ 인적자원에 대한 보상관리(임금, 승진 등)

3) 사회복지조직에서 인사관리의 중요성

사회복지조직에서 조직의 성과를 극대화하는 데 있어서 중요한 것이 바로 인사관리측면의 노력

사회복지조직에서는 그 구성원들, 즉 최고관리자, 중간관리자, 일선사회복지사들(line workers)을 통해서 조직이 자원을 확보하며, 클라이언트에 대한 개입의 효율성과 효과성을 제고할 수 있기 때문

사회복지사 자신이 도구가 되어 일하는 사회복지조직에서는 조직구성원에 대한 인사관리가 매우 중요한 기능

2. 직무만족

1) 직무만족의 개념과 의의

- McCormick(1974): 직무만족은 직무수행자가 직무수행과정에서 경험하거나 직무수행 결과로 얻게 되는 성취감 등의 욕구만족(need satisfaction)의 함수
- Locke(1976): 종업원 자신의 직무에 대한 평가결과에서 발생되는 유쾌하고 긍정적인 정서 상태
- 내적 만족으로는 직무의 난이도, 도전감, 중요성, 다양성, 책임 등 직무 그 자체의 내재적 가치가 주는 만족감이 있고, 외적 만족으로 보상, 작업환경, 승진 등 직무수행의 결과에 따라 직무 외적으로 부여된 가치에 대한 만족감이 있음
- 조직구성원의 직무만족 여부는 조직의 효과성과 관련하여 매우 중요한 요인
- 직무만족은 직무수행력, 이직률, 조직 내 직원들 간의 의사소통, 문제해결 노력 등에 영향

2) 직무만족 결정요인

- Ginsberg: 경제적 보상, 명예, 특별한 활동과 특별한 목표 달성에서 얻는 기쁨의 본질적 만족, 사회적 환경적인 만족 등

3) 우리나라 사회복지사의 직무만족 결정요인

- 이가옥: 심리적 요인(인간 내부 요인) – 소속감, 안정감, 성공감, 인정감 등
  물리적 요인(인간 외부환경 요인) – 보수, 업무, 승진, 업무환경 등
- 윤혜미: 물리적 환경, 도전, 보수, 역할 등
- 고수정: 사회적 인정 및 긍지, 상사와 동료와의 관계, 조직분위기 등

3. 소진(burnout)

1) 소진이란?

- Chemiss(1980): "전에는 헌신적이었던 전문직업인이 직업에서 경험하는 스트레스와 고통에 대한 반응으로 직무에서부터 멀어져 가는 과정"
- Eldelwhich & Brodsky(1983): "사회복지사들이 교육훈련의 장으로부터 전문직이라는 구체적 작업환경의 현실적인 어려움으로 옮겨 갈 때 필연적으로 겪게 되는 자기 직업에 대한 이상, 열정, 목적의식이나 관심을 점차적으로 상실해 가는 과정"
- 소진은 주로 밀접한 인간관계와 관련된 직무스트레스가 많은 직종의 종사자들에게서 나타나는 부정적 현상 → 소진증후군(burnout syndrome)
- 특히 이러한 현상은 단순히 개인의 문제에 머무는 것이 아니라 클라이언트

에 대한 서비스와 기관에 영향을 미치기 때문에 매우 중요

2) 소진의 부정적 결과

- 자신의 일과 클라이언트에 대해 부정적 태도와 감정을 가지게 된다.
- 이러한 비인간화는 클라이언트에 대해서만이 아니라 자신조차 비인간화하는 결과 초래 → 신체적 쇠잔, 절망감, 무력감, 부정적 태도 → 서비스 질의 급격한 저하 초래

비인간화 ➡ 자신의 비인간화를 초래 ➡ 신체적 쇠잔, 절망감, 무력감, 부정적 태도 ➡ 서비스 질의 급격한 저하

3) 소진의 4단계

1단계: 열성의 단계 ➡ 2단계: 침체의 단계 ➡ 3단계: 좌절의 단계 ➡ 4단계: 무관심의 단계

(1) 열성의 단계

자기 일에 대한 희망과 정열, 때로는 비현실적인 기대를 갖고 많은 시간과 노력을 투자하는 단계

(2) 침체의 단계

일이 다른 모든 것을 대체할 만큼 흥미 있는 것으로 느껴지지 않는 단계로 사회복지사는 보수, 근무시간과 근무환경에 더욱 신경을 쓰고 개인적 욕구충족을 중요시하는 단계

(3) 좌절의 단계

자신의 직무수행능력과 일 자체의 가치에 의문을 갖는 단계. 클라이언트와의 직접적인 접촉을 피하고 피로, 두통, 복통 등의 증상을 호소하는 경험

(4) 무관심의 단계

- 자신을 좌절로부터 방어하기 위해 냉담해지는 무관심의 단계로 정신적, 신체적으로 기권상태에서 클라이언트에게 무관심해지거나 그 직업을 떠나는 단계
  → 소진이란 어느 순간 나타나는 극적 현상이 아니라 점진적인 과정으로 직무스트레스를 받게 되면 긴장, 피로, 짜증의 단계에 이르게 되고, 결국은 정서적 거리, 위축, 경직, 냉소주의의 방어적 대처를 띠게 됨

4) 소진 발생 원인

사회복지사의 개인적 요인, 클라이언트 요인, 직무요인, 슈퍼비전 요인 등

5) 소진에 대한 개별기관 차원의 구체적인 전략

- 소진을 예방하고 적절히 대응하는 것은 개인의 책임이기도 하지만 소진의 주요 원인이 직무 관련 스트레스이므로 조직적 대처 전략이 중요함
  ① 각 기관별로 직원의 소진 정도를 정기적으로 파악
  ② 소진의 주요인 규명
  ③ 소진에 대한 대응전략 수립
  ④ 대응전략 평가

6) 소진을 예방하기 위한 전략

- 소진을 가져오는 조직 구조적 요인인 사회복지사의 직무수행에 있어서 자율성과 통제권을 확대하는 방안
- 주요한 결정에 사회복지사의 참여기회를 보장하고 수직적 의사소통의 경로 마련
- 사회복지사 대 클라이언트 비율을 낮추는 방안
- 개별 사회복지사의 장점을 살릴 수 있도록 조직에 융통성을 부여하는 방안
- 적절한 교육훈련의 기회를 정기적으로 제공하는 방안
- 일터의 물리적 환경을 개선하는 방안 등

4. 슈퍼비전(supervision)

1) 슈퍼비전의 개념과 의의

- 슈퍼비전(지도·감독)은 사회복지조직에서 직원이 서비스를 효과적이고 효율적으로 전달하기 위하여 지식과 기술을 잘 사용할 수 있도록 도움을 주는 활동
- 슈퍼비전을 주는 사람인 슈퍼바이저(supervisor)의 역할은 슈퍼비전을 받는 상대방(supervisee)을 지도하고, 정보를 제공하고 지지하는 등의 역할을 수행
- 슈퍼비전은 잘 훈련되고 경험과 능력이 있고 전문직업적 태도 및 전문기술을 갖추고 있는 사람은 경험, 지식, 기술이 부족한 사람들에게 도움을 줄 수 있다는 전제하에서 이루어짐
- 사회복지 전문적 실천에 있어서 핵심적인 과정으로, 사회복지기관들은 전문적인 관계로 구성되므로 일선의 서비스 실천인력들을 개발하고 유지하

는 데 있어 슈퍼비전과 슈퍼바이저의 역할은 매우 중요
- 슈퍼비전의 궁극적 목표: 서비스의 효과적, 효율적 제공

2) 슈퍼바이저

- 대부분 중간관리층으로서 슈퍼바이지라고 불리는 부하직원의 상사이지만 동시에 자신이 속해 있는 기관장의 부하직원
- 따라서 관리층과 실무자 집단 모두의 성원이면서 이들 양자의 가교역할을 수행하는 것이 기본업무

| 표 5-1 | 슈퍼비전의 역할

구분	행정적 슈퍼비전	교육적 슈퍼비전	지지적 슈퍼비전
관심영역	· 조직에 사회복지사를 연결시켜 사회복지사가 조직의 구조와 자원을 효율적으로 이용할 수 있도록 하는 것	· 업무에 필요한 지식과 기술의 제공 · 지식과 기술의 향상을 통해 사회복지사의 효율성을 증대하는 것	· 효과적으로 업무를 수행할 수 있도록 심리적 자원 제공 · 업무수행을 방해하는 스트레스를 감소시키고 사기를 증진시켜 사회복지사의 효율성을 증대하는 것
역할	· 직원의 채용과 선발 · 사회복자사사의 직무배정 · 업무계획, 업무위임, 업무에 대한 모니터링, 업무협조 · 의사소통 촉진 · 행정적 완충 · 변화매개자	· 가르침 · 학습촉진 · 훈련 · 경험과 지식의 공유 · 명확화 · 가이드 제공 · 전문적 성장 제고 · 조언, 제안, 문제해결 원조	· 스트레스 유발상황 방지 · 스트레스 해소 · 스트레스 대처 원조 · 사회복지사와 신뢰형성 · 관점 공유 · 결정에 대한 책임 공유 · 성공을 위한 기회 제공 · 동료를 통한 지지 · 업무관련 긴장 완화

3) 슈퍼비전 방법

- 개별 슈퍼비전: 슈퍼바이지의 학력, 실무경력, 현 기관에서의 경험 등을 고려하여 슈퍼비전 제공
- 집단 슈퍼비전: 사례발표나 사례회의, 여러 직급의 사회복지사들과 함께 프로그램의 계획, 실행, 평가 등에 대해 토론, 동료 간 또는 슈퍼바이저와 슈퍼바이지 간에 경험을 상호 공유. 집단 슈퍼비전은 시간과 노력 절약, 다양한 학습경험 제공, 경험공유의 기회, 소속감과 결속력 및 복지전문직의 정체성 강화 등의 장점

4) 슈퍼바이저(supervisor)의 자질

- 풍부한 지식: 슈퍼바이저가 갖추어야 할 가장 중요한 자질. 특정 서비스에 대한 전문적 지식, 태도, 실천기술과 같은 것뿐 아니라 조직에 대한 이해와 기관이 제공하는 제반 서비스에 대한 지식 보유
- 실천기술: 사회복지실천기술에 대한 전반적인 이해와 함께 특정전문분야에 대한 고유의 실천기술 소유
- 접근 용이성: 다양한 문제 상황과 의문에 처하게 된 슈퍼바이지들이 쉽게 자신에게 접근해 올 수 있도록 해야 함
- 진지한 자세: 자신의 슈퍼비전 활동에 대해 깊은 관심과 진지한 자세를 가져야 함. 이러한 자세가 슈퍼비전을 받는 슈퍼바이지들에게 업무를 습득하는 데 있어 긍정적인 동인으로 작용
- 솔직성: 제반 실천활동들에 대한 자신의 지식이 불완전하고 실수할 수 있음을 솔직하게 드러내야 함. 인간적인 한계를 솔직하게 드러내는 슈퍼바이저가 보다 진솔하게 여겨짐
- 긍정적 보상: 칭찬과 인정을 아끼지 않아야 함. 이러한 긍정적인 보상이 업무자들의 동기를 유발하고 전문성의 개발을 꾀하는 데 도움을 줌

5) 애시(Ash, 1997)의 이상적 슈퍼바이저

- 나에게 지지와 굳건함을 주고 아이디어들이 튕겨 나오게 하는 따뜻한 벽(warm wall)
- 내가 강점과 지혜를 끌어올릴 수 있는 깊은 우물(deep well)
- 나를 위험에서 끌어올릴 준비가 되어 있는 헬리콥터(helicopter)
- 내가 거친 파도를 뚫고 옳은 길로 나아가고 있음을 다짐하는 함장(pilot)

5. 사회복지조직의 인사관리 구성요소

사회복지조직의 인사관리구성요소는 직원모집과 채용, 직원오리엔테이션, 업무과업분석과 설계 및 업무분장, 업무과업평가, 직원훈련·개발·경력개발, 직원에 대한 보상으로 나누어 볼 수 있다. 각각의 구체적인 내용을 살펴보면 다음과 같다.

1) 직원모집과 채용

- 직원모집(recruitment): 조직이 조직구성원이 될 수 있는 잠재적 역량을 가진 사람을 찾아내는 과정
- 채용: 조직이 일을 수행할 수 있는 지식과 기술, 능력 및 기타 자원을 갖는 사람을 구별해 내서 조직구성원으로 선택하는 과정
- 일반적인 채용방법: 이력서, 면접, 시험, 적성검사 등
- 채용에서 핵심적인 문제는 조직에 필요한 사람을 정확히 골라서 채용하였는가의 문제
- 채용과정에서 다양한 방법을 사용함에도 불구하고 채용결과에 대해 많은

후회와 실수를 하게 됨. 이것을 줄일 수 있는 왕도는 없으나 업무능력과 인성과 사명감의 비중을 어떻게 두고 직원을 채용할 것인가를 미리 결정한 후에 채용하는 과정을 갖도록 함

2) 직원 오리엔테이션

(1) 오리엔테이션

조직구성원을 사회화하는 과정, 즉 새로운 직원이 조직의 효과성이 높은 직원으로 변환되도록 돕기 위해 제공되는 직원 사회화 기제 중의 하나

(2) 오리엔테이션의 네 가지 측면

① 조직에 대한 오리엔테이션: 조직의 사명, 목적, 역사, 기본정책, 규정, 구조, 위계 질서, 일의 절차, 조직의 기본활동과 서비스, 자원, 외부와의 네트워크 등

② 신입직원의 부서에 대한 오리엔테이션

- 소속부서의 조직 내에서의 위치와 기능, 소속부서의 전문화된 영역과 다른 부서와의 관계 및 조정체계 등

③ 조직과 부서 내에서 신입직원의 위치와 과업 및 기능, 그 과업의 부서 내 관계들과 부서 내에서의 조정체계, 과업에 대한 슈퍼비전 체계에 대한 오리엔테이션

④ 업무시간, 임금, 부가급여, 승진 시스템 등에 관한 오리엔테이션

→ 이러한 오리엔테이션은 조직에 대한 이해, 부서에 대한 이해, 과업과 조직 내 위치에 대한 이해, 자신의 경력개발 경로에 대한 이해 등을 제고시켜 직원을 사회화하는 데 많은 기여를 함

3) 업무과업분석과 설계 및 업무분장

- 조직의 인사관리에서 가장 중요한 것: 업무에 대한 분석과 그에 기초한 업무설계
- 업무과업분석(job analysis): 업무의 산출물(product), 혹은 서비스의 생산에 필요한 과업들을 분석하는 과정

(1) 업무과업분석 방법

- 관찰, 개별 인터뷰, 그룹 인터뷰, 설문지, 전문가 초청하여 회의를 통해 파악, 관련 부문의 전문가의 관찰에 의존하는 방법 등 다양한 방법 활용
- 업무를 분석하는 과정에서 과업을 수행하는 당사자와 상급자가 주요 정보 자원으로 이들의 정보에 기초해서 업무과업 분석

(2) 업무설계(work design)

- 과업들을 특정 작업 단위들 혹은 개인들에게 할당하는 과정
- 업무분석에 기초하여 이루어짐
- 업무설계는 어떠한 직원이 확보되어야 하는가를 사정하는 기초정보 제공, 직원의 과업수행과 조직의 목적, 목표들 사이의 관계성을 모니터링하는 도구, 업무성과와 임금수준의 형평성을 확인하는 도구로도 사용
  → 업무분석과 업무설계는 가장 기본적인 사항: 직원이 업무에 대해 가지는 기대를 명료화하는 기반, 직원의 성과검토 촉진, 직원이 이직하더라도 업무를 지속적으로 유지시킬 수 있는 기본 자료

(3) 업무분장

- 업무분석에 기초하여 업무분장표를 작성
- 업무분장표는 보통 그 업무가 수반하는 과업과 책임들을 기술하고, 이러한 업무를 수행하는 데 필요한 지식과 기술, 능력 및 기타요구사항을 기술하는 것이 포함

4) 업무과업평가

- 업무성과의 평가를 설계하고 실행하는 과정
- 조직구성원 성과에 대한 평가: 구성원의 활동과 산출물이 조직의 목적과 일치되는 방향에서 만들어지고 있는가에 대한 평가를 통해 성과와 조직의 목적 사이의 결합을 만들어내는 과정

(1) 평가의 목적

① 조직의 전략에 맞춰 조직구성원들의 활동이 수행되고 있는가를 파악

② 조직구성원의 관리상 필요한 정보: 임금, 승진, 해고 등과 같은 인적관리를 위한 정보를 얻기 위한 것

③ 조직구성원의 개발을 위한 방향과 내용을 구체적으로 얻기 위한 것

(2) 업무성과 평가의 기본방향

① 결과평가(results approach)

- 조직구성원이 만들어 낸 산출물, 즉 결과물에 대해 평가
- 결과평가의 대표적인 방법: MBO(목표관리)

② 행동평가(behavioral approach)

- 효과적인 업무를 수행하기 위해 조직구성원이 반드시 보여야만 하는 행동들을 보이는지 평가
- 서비스업종에서 많이 사용

③ 특성 평가(traits approach)

- 조직의 성공적인 운영을 위해 조직구성원이 나타내야 하는 바람직한 특성(리더십, 경쟁력 등)을 얼마나 지니고 있는가를 평가

④ 질 평가(total quality management approach)

- 조직구성원이 직접적인 통제력을 갖는 부문에 대해 구성원이 얼마나 책임있게 행동을 보이고, 성공적인 일을 만들기 위해 꼭 필요한 원인적 행동과 활동들을 만들어냈는지를 평가
- 조직구성원의 성과평가에서 결과물만 가지고 평가하는 것이 용이하지 않고 바람직하지 않기 때문에 평가하는 방법

→ 조직구성원의 성과에 대한 평가에서 보편적인 최상의 평가방식은 존재하지 않음. 즉, 조직구성원에 대한 평가는 반드시 조직의 상황, 조직의 욕구, 구성원의 요구, 업무성격을 고려, 객관적이고 정확하게 수행되어야 함에 유의

(3) 업무성과 평가의 문제점

- 평가의 기준설정, 기준을 측정하는 방식 등으로 인해 평가의 객관성, 타당성 등에 있어서 문제
- 평가자의 문제: 상급자가 가장 중요한 평가 정보를 제공하기는 하나 다음과 같은 문제 발생

① 평가대상자가 보이는 한 가지 긍정적인 것을 확대 해석해서 전반적으로

긍정적으로 평가하는 문제(halo effect)

② 평가에 있어 의심스러운 기준들에 입각해서 평가가 이루어지기 때문에 독단적 평가 속에 전반적으로 낮게 평가되는 문제(horns effect)

③ 모든 것에 대해 관대하게 평가하는 문제(leniency error)

④ 평가자가 대상자들의 업무성과를 모두 유사하게 평가하는 문제(similarity error)

⑤ 평가자가 대상자들의 업무성과를 평가함에 있어 우수한 사람과 그렇지 못한 사람을 제대로 구별해 내지 못하는 문제(low differentiation)

⑥ 평가자가 정말로 극단적으로 우수한 대상자를 기준으로 하기 때문에 다른 대상자들이 상대적으로 낮게 평가되는 문제(contrast error)

⑦ 평가자가 너무 엄격해서 그의 기준에서는 모두가 다 낮게 평가되는 문제(strict error)

⑧ 평가자가 모두 중간 정도로 평가하는 문제(central tendency error)

→ 평가자들로 하여금 그들이 범할 수 있는 문제점들에 대해 인식케 하고, 객관적이고 정확한 평가를 위한 훈련 필요

(4) 평가의 문제와 관련된 과제

① 평가의 목표가 무엇이고 평가를 통해 추구하는 효용가치가 무엇인지를 분명하게 하면서 평가

② 평가대상자가 맡고 있는 업무 및 책임과 관련해서 평가 진행

③ 더욱 객관적일 수 있는 측정방법을 꾸준히 찾고 개발하는 것

④ 성과의 평가내용을 조직의 상황에 맞춰, 그리고 평가대상자의 업무와 책임에 맞춰 다양하게 구성

(5) 평가과정의 원칙

① 평가는 평가대상자의 참여와 관여(involvement) 속에서 진행되어야 함

② 모든 대상자들에게 일관되게 적용되는 방법과 기준 사용

③ 평가는 일년 내내 업무활동에 대한 피드백을 통해 지속적으로 수행

④ 평가는 사람에 초점을 맞추는 것이 아니라 그 사람이 수행한 일, 일의 결과, 일과 관련된 행동에 초점을 두어야 함

⑤ 평가의 기본취지는 문제를 해결하는 것이지 문제를 드러내고 이를 통해 문제를 악화시키는 것이 아님

⑥ 평가는 좋고 나쁨이라는 가치판단에 기초하는 것이 아니라 잘하고 못함이라는 실제적 활동에 초점을 두고 판단

⑦ 평가는 구체적 목표를 정하고 일년 내내 이 목표를 향한 진보를 리뷰하면서 진행

⑧ 평가는 폄하가 목적이 아니라 칭찬을 통한 성장과 발전이 기본 목적이라는 것

5) 직원훈련·개발과 경력개발

(1) 직원훈련과 개발의 의의

- 조직구성원이 높은 역량을 지니고 있고, 그 역량을 더 개발시키는 것은 조직에 엄청난 자산이 됨
- 동시에 높은 수준의 역량을 갖도록 지원해 주는 조직에 대해 구성원들은 조직에 대한 높은 만족감과 헌신도를 갖게 되고, 그러한 기회를 제공하는 조직에서 오랜 기간 동안 자신의 직업활동을 하게 됨. 즉, 직원에 대한 훈련과 개발은 조직이 역량 있는 직원의 이직을 막고 보유하는 데 큰 기여

→ 조직의 효율성과 효과성을 높이는 데 기여, 직원의 사기 제고에 기여, 조직의 안정성을 성취하는 데 기여

(2) 직원훈련

- 조직구성원이 수행하고 있는 직무와 관련해서 필요한 지식, 기술, 행동 등에 대한 학습을 촉진시키기 위해 조직에 의해 실행되는 계획된 노력
- 훈련에서의 초점은 직원이 현재 수행하고 있는 업무로 직원훈련은 일회성이 아니라 지속적인 과정임
- 조직구성원들이 자신의 업무, 부서, 조직 목적에 대해 명확히 인식하면서 자신이 하고 있는 업무를 보다 잘 수행할 수 있도록 지속적인 학습을 제공해야 함

(3) 직원훈련을 보다 효과적으로 수행하는 방법

① 직원훈련과 관련된 욕구조사 필요: 조직, 직원 개인, 그가 하는 업무 등의 3차원에서 비추어보아 어떤 내용과 형태의 훈련이 적절하고 필요한지에 대해 파악

② 조직구성원들이 훈련을 위한 준비가 되어 있는지, 즉 학습을 위한 준비가 어느 정도로 되어 있는지를 파악하면서 학습에 대한 동기 부여 필요

③ 조직구성원의 훈련을 더욱 효과적으로 하기 위해서는 조직 내 학습 환경을 조성하면서 훈련프로그램을 개발하는 것이 필요

- 학습 환경을 조성하고 훈련프로그램을 개발하는 과정에서 훈련의 목표를 분명히 하면서 훈련의 내용이 현재의 과업과 적절한 관련성을 갖게 하고, 훈련의 시점을 적절하게 판단, 조정하고, 훈련에 대한 피드백 제공

④ 적절한 훈련프로그램 방법 선택: 새로운 지식과 기술에 대해 조직 내에서 혹은 조직 밖에서 강의, 과업수행과 관련된 현장에서 직접 개별적인 훈련 및 사례분석, 사례발표 등

⑤ 효과적인 훈련이 되게 하기 위해서는 조직구성원들이 훈련을 가진 이후에 새로운 지식과 기술 및 행동이 과업에 적절하게 반영되고 있는지, 즉 훈련

의 전이(transfer of training)가 발생하는지 확인하는 것이 필요

⑥ 평가: 훈련프로그램의 적절성, 목표 달성 정도, 향후 지속 여부, 앞으로 어떻게 개발시켜 나가야 할 것인지 등을 평가

(4) 직원개발

- 직원이 조직 내에 존재하는 여러 종류의 업무를 감당할 수 있도록 준비하는 것을 돕는 것. 초점은 현재하고 있는 일이 아닌 다른 업무로도 이동하여 그것을 수행해 낼 수 있는 능력 함양. 인적자원의 개발관리는 공식적인 훈련과 교육, 현재 업무의 확대 또는 순환 업무 등의 업무 체험 등을 통해 접근
- 직원역량, 가치, 태도, 능력, 지식, 기술 등을 한 차원 높은 수준으로 개발하는 것을 의미

(5) 직원개발 접근방법

① 공식적 교육

- 조직 내·외의 공식적 교육기관에서 다양한 부문의 역량을 제고시키기 위해 교육을 받게 하는 방법
  → 다양한 시각을 접할 수 있게 하고, 문제에 대해 새로운 시각에서 접근할 수 있게 하는 효과를 가짐

② 역량 및 잠재력을 사정 후 피드백하는 방법

- 구성원의 강점과 제한점 등에 대해 다각적인 방법을 통해 정보를 수집하여 그들의 행동, 의사소통방식, 지식과 기술 등에 대해 피드백을 제공해서 구성원 스스로가 상위의 업무를 수행하는 데 필요한 역량을 개발하도록 하는 방법

③ 업무경험 다각화

- 새로운 업무들에 대한 경험을 통해 새로운 시각, 지식, 기술을 개발하면서 조직구성원들이 자신의 역량을 더 확장시키고, 확대하는 방법
- 업무확대, 업무순환 등 활용

④ 멘투십 방법

- 업무에 아직 경험이 많지 않은 조직구성원에게 경험을 공유시키면서 지혜를 갖게 하고 이를 통해 역량개발을 유도하는 방법
  - 예 한국사회복지사협회에서 실시하는 취약복지기관의 행정회계멘토링 프로그램

(6) 경력개발

- 조직구성원 각각이 원하는 경력을 쌓아갈 수 있게 하기 위해 경력욕구, 가치지향, 강점과 제한점 등에 대한 파악과 함께 경력의 목표를 형성하고, 관련된 업무들을 경험할 수 있도록 지원하는 것 등을 의미
- 조직이 인사관리시스템 내에서 이러한 경력개발 프로그램을 체계화시키는 것이 필요
- 조직구성원들의 그들이 원하는 도전적인 업무들을 수행할 수 있는 기회를 제공
  - → 훈련, 개발, 경력관리는 조직구성원의 업무능력을 향상시켜 직원 개인 및 조직의 욕구를 충족시키고 환경적 요구에 대응할 수 있게 함으로써 인적자원 관리의 효과를 증대시킴과 더불어 궁극적으로 업무의 효과성과 효율성을 높이는 데 기여

6) 직원에 대한 보상

(1) 보상(compensation)

피고용인이 고용적 관계로 인해 받게 되는 모든 형태의 재정적 보상과 서비스, 부가급여 등을 의미하며 보상은 인사관리의 핵심적인 요소로 업무에 대한 직원의 동기를 고취시키고 조직의 목적 달성을 보다 원활하게 하는 데 기여

(2) 보상의 종류

- 직접적 보상: 기본임금, 성과적 임금 등
- 간접적 보상: 사회보험 비용부담, 근로시간변제(휴가 등), 주차 공간 제공, 장기간 훈련 및 교육기회 제공 등

(3) 보상관리체계 운영원칙

- 효율성: 보상이 생산성을 향상시키고 인건비를 조정할 수 있어야 한다는 것
- 형평성: 모든 구성원에게 공정하게 대우하는 보상체계
- 법과 규칙에 대한 준수: 합법적이고 합리적이어서 모든 구성원이 그것을 받아들일 수 있어야 한다는 것
  → 사회복지조직은 임금수준을 높이고 다양한 간접보상 프로그램을 개발하는 등의 부단한 노력 필요

6. 사회복지사

1) 전문직으로서의 사회복지사

사회복지사라 함은 사회복지에 관한 전문지식과 기술을 가진 자로서 「사회복

지사업법」에 의하여 보건복지부장관으로부터 자격 등을 교부받은 자를 말한다. 사회복지사 자격제도는 사회복지에 관한 소정의 전문지식과 기술을 가진 자에게 사회복지사 자격을 부여하고, 이들에게 복지업무를 담당하도록 함으로써 아동, 청소년, 노인, 장애인 등 보호가 필요한 사람들에게 전문적이고 체계적인 복지서비스를 제공하기 위한 목적을 가지고 있다. 사회복지사는 사회복지에 관한 전문지식과 기술을 갖추어야 한다. 사회복지사의 전문성을 높이기 위해 2003년부터 1급은 국가시험에 합격하도록 되어 있다. 우리나라의 경우 사회복지를 경시해 온 국가정책으로 말미암아 아직 사회복지인력들이 전문직으로서의 충분한 인정을 받지 못하고 있는 것이 현실이다. 전문직의 속성 중에서 체계적 이론, 윤리강령, 전문직적 지식 등을 갖추어 오고 있으나 아직 전문적 권위, 사회적 승인 등에 있어서 취약할 뿐만 아니라 전문직업인으로서의 적절한 보수체계가 매우 미흡한 상태이다.

현대사회에서 각종사고와 장애, 노령화, 가정해체, 아동학대 등 다양하게 표출되고 있는 사회문제는 새로운 복지수요를 창출하고 있으며, 적극적으로 대응할 수 있는 대인사회서비스(personal social services)를 위한 분야별, 수준별 전문가 수요가 증가하고 있다. 또한 저소득층의 관리를 위한 전담인력으로서 공무원사회복지사(사회복지전담공무원, 국민기초생활보장법)와 NGO사회복지사의 수요도 증가하고 있으며, 복지기관이 증가됨으로써 복지기관의 최고경영자와 중간관리자 수요도 증가하고 있으며, 노인과 장애인을 위한 수발자의 수요가 증가하고 있다. 이에 임상능력을 갖춘 사회복지사, 프로그램개발과 평가능력을 갖춘 사회복지사, 국제적 감각과 정보관리 능력이 있는 사회복지사, 다른 전문직들과 수평적 팀웍을 이루어 일할 수 있는 사회복지사들의 수요가 급속히 증가하고 있다.

국가시험은 보건복지가족부장관이 매년 1회 이상 시행하고, 시험 관리는 사단법인 한국사회복지사협회에서 위탁받아 하고 있다. 이 장에서는 사회복지사의 자격과 채용에 대하여 요약 정리하기로 하자.

사회복지 전문직과 관련된 본격적인 연구의 시작은 1915년 플렉스너(A. Flexner)가 전미자선과 교정회의에서 한 연설 '사회사업은 전문직업인가'에서부터일 것이다. 플렉스너는 사회사업이 전문직업인가에 대한 평가를 하기 위한 여섯 가지 기준[1)]을 제시했다. 플렉스너는 여섯 가지 기준에 비추어 보아 사회사업은 아직 전문직업이라고 결론 내리기 힘들다고 했으며, 그 이유는 독자의 기술, 전문교육을 위한 프로그램, 전문직과 관련된 문헌, 실천기술을 가지고 있지 못하기 때문이라고 했다.

이러한 지적은 이후 미국 사회사업이 기술중시 경향의 주요한 이론적 바탕이 되었으며, 개별사회사업을 중심으로 한 원조기술 체계화의 배경이 되었다. '사회사업은 전문직업인가'에 관한 논의는 1950년대 후반에 그린우드(E. Greenwood)에 의해서 더욱 활발히 이루어졌다. 그는 전문직의 기준으로 체계적 이론, 전문적 권위, 사회적 승인, 윤리강령, 전문직적 문화 등을 들고, 이러한 기준에서 볼 때 사회사업은 이미 전문직업이라고 했다. 문제는 전문화의 정도인데, 그린우드는 사회사업가는 중간 정도의 전문직에 속한다고 했다.

사회복지는 광범위한 영역이기 때문에 각 영역에서의 분업화와 전문화가 필요하다. 장애인복지, 노인복지, 아동복지, 여성복지 등 여러 분야를 포괄하는 복지사는 전문성이 상대적으로 떨어질 수 있는 것이다. 노인복지사의 경우 노인에 대해 전문적으로 알고 노인정책에 대한 수립, 참여와 노인의 문제점을 파악하고 해결해 줄 수 있는 진정한 노인복지사가 되어야 우리나라의 노인복지정책의 미래가 밝을 것이다.

---

1) 1. 광범위한 개인의 책임성을 기초로 한 지적인 활동일 것
2. 과학과 학습을 통해서 그들의 기초 자료를 이끌어 낼 것
3. 이러한 자료는 실질적이고 명확한 결론을 만들어 낼 것
4. 전수 가능하며 고도의 전문화된 교육훈련을 통해서 구사하고 전수할 수 있어야 할 것
5. 직능집단을 결성할 수 있어야 하며, 집단의식을 가지고 활동이나 의무/책임을 유지하면서 전문가 조직을 구성할 것
6. 전문가들은 점차 이타성이 증가될 것, 그리고 사회적 목적 달성을 위해 노력할 것

(1) 전문가로서의 자세

① 사회복지사는 전문가로서의 품위와 자질을 유지하고, 자신이 맡고 있는 업무에 대해 책임을 진다.

② 사회복지사는 클라이언트의 종교, 인종, 성, 연령, 국적, 결혼상태, 성 취향, 경제적 지위, 정치적 신념, 정신·신체적 장애, 기타 개인적 선호·특징·조건·지위를 이유로 차별 대우를 하지 않는다.

③ 사회복지사는 전문가로서 성실하고 공정하게 업무를 수행하며, 이 과정에서 어떠한 부당한 압력에도 타협하지 않는다.

④ 사회복지사는 사회정의 실현과 클라이언트의 복지 증진에 헌신하며, 이를 위한 환경 조성을 국가와 사회에 요구해야 한다.

⑤ 사회복지사는 전문적 가치와 판단에 따라 업무를 수행함에 있어, 기관 내외로부터 부당한 간섭이나 압력을 받지 않는다.

⑥ 사회복지사는 자신의 이익을 위해 사회복지 전문직의 가치와 권위를 훼손해서는 안 된다.

⑦ 사회복지사는 한국사회복지사협회 등 전문가단체 활동에 적극 참여하여, 사회정의 실현과 사회 복지사의 권익옹호를 위해 노력해야 한다.

(2) 전문성 개발을 위한 노력

① 사회복지사는 클라이언트에게 최상의 서비스를 제공하기 위해, 지식과 기술을 개발하는 데 최선을 다하며 이를 활용하고 전파할 책임이 있다.

② 클라이언트를 대상으로 연구하는 사회복지사는 저들의 권리를 보장하기 위해, 자발적이고 고지된 동의를 얻어야 한다.

③ 연구과정에서 얻은 정보는 비밀보장의 원칙에서 다루어져야 하고, 이 과정에서 클라이언트는 신체적·정신적 불편이나 위험·위해 등으로부터 보호되어야 한다.

④ 사회복지사는 전문성을 개발하기 위해 노력하되, 이를 이유로 서비스의 제공을 소홀히 해서는 안 된다.

⑤ 사회복지사는 한국사회복지사협회 등이 실시하는 제반교육에 적극 참여하여야 한다.

(3) 전문가의 본질적 요소

전문가의 특징과 국가자격제도의 취지에 기초하여 전문가 책임의 법리와 입법의 기본 원리를 제공하는 전문가의 본질적 요소는 ① 업무의 공공성, ② 업무의 전문성, ③ 의뢰인의 전문가에 대한 특별한 신뢰관계, ④ 전문가의 재량적 판단의 여지, ⑤ 전문가의 집단성 등이다. 전문가의 5가지 본질적 요소에 따라 전문가로서의 사회복지사의 성격을 살펴보면 아래와 같다.

① 업무의 공공성

업무의 공공성 차원에서 사회복지사는 영리성을 배제하고 공공복리의 실천을 목적으로 한다. 사회복지자격의 국가시험이 2003년부터 실시되는데, 이것은 일정한 자격기준에 합당한 사람에 대해 배타적인 업무의 수행을 허용하는 것으로 이러한 국가자격제도의 도입은 사회복지업무의 공공성을 인정한 것으로 볼 수 있다.

또한 「사회복지사업법」 제5조 최대봉사의 원칙에 의하면 "이 법(사회복지사업법)에 의해 복지업무에 종사하는 사람은 그 업무를 행함에 있어 사회복지를 필요로 하는 사람을 위하여 차별없이 최대로 봉사하여야 한다"고 규정함으로써 사회복지사의 공공에 대한 봉사정신을 밝히고 있다. 사회복지사의 실천을 인도하는 사회복지사 윤리강령에서는 "사회복지사는 복지 대상자의 권익을 최우선으로 삼는다(4조)"와 "사회복지사는 …… 전문적 관계를 이용하여 부당한 영리를 취하지 않는다(3조)"에서 클라이언트의 이익을 최우선으로 하며 클라이언트를 사적으로 이용하지 않음을 강조하고 있다.

② 업무의 전문성

업무의 전문성 차원에서 사회복지사는 일정기간의 교육과 현장 훈련을 받는다. 또한 2003년부터는 교육의 완성도를 검증하기 위해 국가시험제가 도입됨으로써 전문가로서의 사회복지사의 위치가 더욱 확고해지게 되었다. 특히 정신보건영역의 경우에는 1997년부터 일정한 교육과 훈련을 이수하고 자격시험을 통과한 사람들에게 정신보건사회복지사 자격을 부여하고 있는데 이것은 정신과 영역에서 의사, 간호사와 마찬가지로 사회복지사의 업무가 전문적인 것으로 인정되고 있음을 보여 준다. 한편 사회복지사 윤리강령 2조에서 "사회복지사는 전문직의 가치를 견지하면서 관련 지식과 기술을 습득, 개발, 전달하는 데 최선의 노력을 기울인다"라고 밝힘으로써 지속적인 교육을 통한 지식 및 기술의 발전을 강조하고 있다.

③ 신뢰관계

사회복지사는 특별한 전문적 지식과 기술을 가지고 있기 때문에, 클라이언트는 사회복지사를 신뢰해야 하고 반대로 사회복지사는 제공되는 서비스의 특성뿐만 아니라 성공적인 결과가 발생할 확률, 손해의 위험, 그리고 다른 합리적인 대안들을 클라이언트에게 알려야 한다. 전문가의 신뢰는 2가지 차원에서 발생한다. 첫째, 전문가는 자기 전문영역의 업무를 행함에 있어 최저수준을 충족할 수 있는 지식과 능력을 가진 것으로 신뢰받고 있다. 이러한 신뢰는 전문가 업무의 전문성과 국가가 공인하는 자격을 소지하고 있다는 외관적 권위에 바탕을 둔 것이다. 둘째, 전문가는 재량적 판단의 성실성에 대해서도 신뢰를 부여받는다. 클라이언트는 전문가가 고객의 최선의 이익을 위해 행동하여 줄 것이라는 신뢰를 갖고 있다.

신뢰관계가 성립되기 위한 세 가지 조건은 ① 신뢰 때문에 특별한 의무가 발생하고, ② 신뢰를 받는 사람(이하 전문가)은 관계의 성격 때문에 클라이언트에게 영향을 미치고 지배할 수 있는 특별한 권한을 갖고, ③ 결과적으로 전문가는 클라이언트의 이익을 최우선으로 하여 행동해야 하고 자신의 이익을 위해 클라이언트를 이용하지 말아야 한다는 것이다.

사회복지 실천에서 사회복지사와 클라이언트 관계를 신뢰관계로 볼 수 있는 근거는 사회복지사 윤리강령에서 찾아볼 수 있다. "사회복지사는 전문가로서의 품위와 자질을 유지하고 관장하는 업무에 대하여 책임을 진다(1조)"와 "사회복지사는 전문직의 가치를 견지하면서 관련 지식과 기술을 습득, 개발, 전달하는 데 최선의 노력을 기울인다(2조)"가 그것이다.

한편 전문가 집단들도 자체적인 윤리강령 제정을 통해 클라이언트 이익에 봉사하도록 규정하게 된다.

④ 전문가의 재량적 판단

사회복지사 윤리강령에는 "사회복지사는 전문가로서의 품위와 자질을 유지하고 관장하는 업무에 대하여 책임을 진다(1조)"와 "사회복지사는 업무수행 과정에서 어떠한 압력에도 타협하지 않으며, 전문적 관계를 이용하여 부당한 영리를 취하지 않는다(3조)"라고 명시하고 있어, 사회복지사는 전문가로서의 사명을 갖고 업무상의 판단과 조치에 대해 클라이언트·상사로부터 지위, 감독 및 명령을 받지 않으며 클라이언트의 권익을 최우선에 두고 활동하도록 정하고 있다. 즉 사회복지사의 업무 실행에 있어 개인의 재량권이 존중되며 어떠한 경제적 동기나 정치적 압력에 의해 판단이 흔들려서는 안 된다.

⑤ 전문가의 집단성

전문직의 속성에 대해 그린우드(Greenwood, 1980)는 체계적 지식, 사회적 재가, 윤리강령을 필수속성으로, 전문적 권위와 문화를 파생속성으로 지적했다. 이에 더해 바버(Barber, 1963)는 업무성취의 상징인 금전적, 명예적 보상체계, 터너와 호지(Turner & Hodge, 1970)는 활동의 독점성과 조직화 가능성을 첨가하고 있으며, 홀(Hall, 1968)은 공공서비스를 제공한다는 신념이 중요한 전문직의 속정이라고 강조하고 있다. 전문직의 형성과정은 ① 많은 사람이 전임

(full-time)으로 활동을 시작하고, ② 훈련과 교육을 받을 수 있는 학교가 설립되며, ③ 전문가협회가 결성되고, ④ 집단의 자체방어를 위한 법적 지지를 얻기 위해 정치활동에 참여하고, ⑤ 윤리강령이 제정을 통해 이루어진다.

현재 우리나라의 사회복지계에는 전국 5,343개소의 사회복지시설에 종사하는 약 1만 5천여 명 이상의 사회복지사, 그리고 사회사업(복지)을 전공하는 8,000여 명 이상의 학생들이 대기하고 있다. 한국보건사회연구원의 양성과정을 졸업하는 연 400여 명을 포함시키지 않더라도, 상당한 수의 인력이 해마다 공급되고 있으나, 이들에 대한 전문성을 보장할 수 있는 사회적인 지지가 아직까지는 미흡하다고 할 수 있다.

더구나 사회복지 전문인력들의 전문성에 대하여는 그 내용과 수준에 있어서 공식적으로 합의된 기준이 없으며, 전문대학과 대학교, 대학원 간의 차이도 명료하지 않다. 또한 사회복지전문가들이 일하고 지켜야 할 전문영역의 범주도 확실히 명시되어 있지 않고 있는 상황이다. 앞으로의 미래사회에서 이러한 전문성의 요구와 사회복지 수요증가에 따른 사회복지사의 처우개선과 권익옹호 및 전문사회복지사의 양성과 유지를 위한 신규 및 보수교육 체계 강화, 이러한 전문적 사회복지사의 전문성을 충분히 검증하고 인정할 수 있는 자격제도로의 변화가 요구된다. 점점 사회복지 관련분야가 확대되는 현실에 맞추어 사회복지의 영역과 범주를 바르게 설정해야 하며, 사회복지 전문직을 제도화하려는 정부의 노력을 강화해야 한다. 이러한 맥락에서 본 발제는 사회복지사들의 전문직으로서 사회적 위상을 높이기 위한 대안 찾기와 역할 정립을 위한 것이다. 사회적 위상이라는 개념이 다소 모호할 수 있으나 이 연구에서는 사회복지사의 근무조건, 직무만족, 국민인식, 제도적 뒷받침 등이 포함된 개념으로 사용될 것이다.

2) 사회복지사의 역할과 직무

사회복지사는 상담가, 행정가, 의뢰자, 중개자(broker), 대변자(advocate), 치료자, 계획자, 행동가로서의 역할을 수행한다. 사회복지사는 직접적인 서비스 제공, 자원의 개발과 연계, 지역사회와의 관계(사회행동 등), 행정업무와 조사 업무(기획평가, 지도·감독, 홍보 등) 등의 직무를 수행하고 있다.

3) 사회복지 전담공무원

(1) 사회복지전담공무원의 직무 변화

별정직인 사회복지 전문요원으로 1987년 이후 전국의 읍·면·동에 배치되어 생활보호 업무를 담당하였으며, 1995년 「사회복지사업법」의 개정으로 사회복지서비스 업무가 추가되었다. 1997년 「사회복지사업법」이 또 한차례 개정되면서 후원금품 모금과 후원자 알선업무가 추가되었다. 2000년 「국민기초생활보장법」이 제정되고, 차상위계층에 대한 보장 및 자활사업 등이 추가되었다. 이와 함께 별정직이었던 신분도 일반직 공무원으로 전환되고 명칭도 '사회복지 전문요원'에서 '사회복지전담공무원'으로 변경되었다. 따라서 승진과 전보가 가능해져 사회복지전담공무원들의 위상이 크게 진작되는 계기가 되었다.

(2) 사회복지전담공무원 제도 도입의 성과

사회복지를 전담하는 공무원 제도의 도입으로 생활보호 업무의 공정성과 합리성을 확보할 수 있었으며 생활보호대상자 태도의 긍정적인 변화를 유도할 수 있는 계기가 되었다.

(3) 사회복지사의 자격

사회복지사가 하는 일은 현대 사회에서 발생하고 있는 청소년, 노인, 여성, 가족, 장애인, 다문화, 새터민 등 다양한 사회적, 개인적 문제를 겪는 사람들에 대해서 사회복지학 및 사회과학의 전문지식을 이용하여 그 문제를 진단하고 평가하는 것을 통해 문제해결을 돕고 지원하는 업무를 담당하고 있다. 사회복지사가 되기 위해서는 사회복지사 자격증을 취득해야 한다.

보통 전문대학 및 대학교, 대학원에서 사회복지학 및 사회복지 관련 학문을 전공하면 사회복지사 2급 자격을 취득한다. 그리고 졸업 후 국가시험인 사회복지사 1급에 합격하면 1급 사회복지사를 취득할 수 있다. 대학에서 사회복지학을 전공하면 사회복지의 기초이론과 방법론 및 각 분야를 전반적으로 공부할 수 있기 때문에 졸업 후 사회복지사로 근무할 때 많은 도움이 된다.

구체적으로 사회복지개론, 사회복지 실천론, 사회복지 실천기술론, 노인복지론, 아동복지론, 장애인복지론, 가족복지론 등등 각 분야의 과목이 포함되며 학기 중이나 방학 중에 사회복지 현장실습을 하게 된다. 사회복지사는 주로 사회복지관, 노인복지관, 장애인복지관, 지역아동센터 등과 같은 사회복지이용시설이나 장애인재활시설, 아동양육시설, 노인요양시설 등의 사회복지 생활시설에서 근무하기도 한다. 또 정신보건사회복지사는 요양시설, 종합병원 및 정신병원 등의 의료기관으로 진출하기도 한다.

특히 병원이나 학교 또는 연구기관 등에서 근무하고자 한다면 석사 이상(대학원)의 학위를 취득하는 것이 좋고, 채용은 인원이 필요할 때 수시채용하거나 공개채용으로 하여 서류전형, 시험 및 면접을 거치게 된다. 이밖에도 사회복지사 자격증을 취득하고 공무원 시험에 응시한다면 사회복지전담공무원으로 활동할 수 있다.

사회복지사의 일반적 자격기준은 사회복지사의 등급과 관계없이 모두에게 적용되는 자격요건을 말한다. 「사회복지사업법」 제11조의 규정에 따르면, ① 금치산자 또는 한정치산자, ② 파산자로서 복권되지 아니한 자, ③ 금고 이상의 형을 선고 받고 그 집행이 종료되지 않았거나 그 집행을 받지 않기로 확정되지 않은 자, ④ 법률 또는 법원의 판결에 의하여 자격이 상실 또는 정지된 자는 사회복지사가 될 수 없다. 그러므로 이에 해당하지 않는 사람은 누구나 사회복지사

자격을 취득할 수 있다.

① 사회복지사의 등급과 자격기준

사회복지사의 자격은 1970년에 제정된 「사회복지사업법」이 명시하고 있는데, 이 시기에는 '사회복지사업종사자' 자격제도를 두었다. 1983년에 이 법이 개정되면서 사회복지사 자격을 3등급으로 세분시켜 자격기준을 강화하였고, 1997년 개정법에서는 사회복지사 1급은 국가시험을 합격한 자로 더욱 강화시켰다. 사회복지사를 취득하기 위한 요건은 사회복지사업법령에 기술되어 있다. 그중, 중요한 내용만을 정리하여 보면, 사회복지사의 등급은 1급, 2급, 3급 등 세 등급이 있고, 각 등급별 자격기준은 다음과 같다. 2003년부터 개정된 사회복지사업법에 따라서, 사회복지사 1급을 취득하기 위해서는 국가시험을 보아야 하기에, 2003년 이후와 그전 자격기준에는 상당한 차이가 있다. 여기에서는 2003년 이후 자격기준을 중심으로 살펴보고, 현행 기준을 비교자료로 제시한다.

가. 사회복지사 1급 자격기준

■ 2003년 이전

- 「고등교육법」에 의한 대학원에서 사회복지학 또는 사회사업학을 전공하고 석사학위 또는 박사학위를 취득한 자. 다만, 대학에서 사회복지학 또는 사회사업학을 전공하지 아니하고 동 석사학위를 취득한 자는 보건복지부령이 정하는 사회복지학 전공교과목과 사회복지 관련 교과목[2] 중 필수과목 6과

---

2) ○ 필수교과목(10): 사회복지개론, 인간행동과 사회환경, 사회복지정책론, 사회복지법제, 사회복지실천론, 사회복지실천기술론, 사회복지조사론, 사회복지행정론, 지역사회복지론, 사회복지현장실습
○ 선택과목(4): 아동복지론, 청소년복지론, 노인복지론, 장애인복지론, 여성복지론, 가족복지론, 산업복지론, 의료사회사업론, 학교사회사업론, 정신건강론, 교정복지론, 사회보장론, 사회문제론, 자원봉사론, 정신보건사회복지론, 사회복지지도감독론, 사회복지자료분석론, 프로그램개발과 평가, 사회복지발달사, 사회복지윤리와 철학 중 4과목 이상
* 비고: 교과목의 명칭이 동일하지 아니하더라도 교과의 내용이 동일하다고 보건복지부장관이 인정하는 경우에는 동일 교과목으로 본다.

목 이상(대학에서 이수한 교과목을 포함하되, 대학원에서 4과목 이상을 이수하여야 한다), 선택과목 2과목 이상을 각각 이수한 때에 한하여 사회복지사 자격을 인정한다.

- 「고등교육법」에 의한 대학에서 보건복지부령이 정하는 사회복지학 전공교과목과 사회복지 관련 교과목을 이수하고 학사학위를 취득한 자
- 「고등교육법」에 의한 대학과 동등 이상의 학력이 있다고 교육부장관이 인정하는 학교에서 보건복지부령이 정하는 사회복지학 전공교과목과 사회복지 관련 교과목을 이수하고 졸업한 자
- 사회복지사 2급 자격증 소지자로서 3년 이상 사회복지사업의 실무경험이 있는 자
- 2003년: 「사회복지사업법」 제11조 제3항의 규정에 의한 국가시험에 합격한 자

나. 사회복지사 2급 자격기준

■ 2003년 이전

- 「고등교육법」에 의한 전문대학에서 보건복지부령이 정하는 사회복지학 전공 교과목과 사회복지 관련 교과목을 이수하고 졸업한 자
- 「고등교육법」에 의한 대학을 졸업하거나 이와 동등 이상의 학력이 있는 자로서 보건복지부 장관이 지정하는 교육훈련기관에서 12주 이상 사회복지사업에 관한 교육훈련을 이수한 자
- 사회복지사 3급 자격증 소지자로서 3년 이상 사회복지사업의 실무경험이 있는 자

■ 2003년 이후

- 「고등교육법」에 의한 전문대학에서 보건복지부령이 정하는 사회복지학 전공교과목과 사회복지 관련 교과목을 이수하고 졸업한 자

- 「고등교육법」에 의한 대학을 졸업하거나 이와 동등 이상의 학력이 있는 자로서 보건복지부장관이 지정하는 교육훈련기관에서 12주 이상 사회복지사업에 관한 교육훈련을 이수한 자
- 사회복지사 3급 자격증 소지자로서 3년 이상 사회복지사업의 실무경험이 있는 자
- 「고등교육법」에 의한 대학원에서 사회복지학 또는 사회사업학을 전공하고 석사 또는 박사학위를 취득한 자, 다만 대학에서 사회복지학 또는 사회사업학을 전공하지 아니하고 동 석사학위를 취득한 자는 보건복지부령이 정하는 사회복지학 전공 교과목 중 필수과목 6과목 이상(대학에서 이수한 교과목을 포함하되, 대학원에서 4과목 이상을 이수하여야 한다), 선택과목 2과목 이상을 각각 이수한 때에 한하여 사회복지사 자격을 인정한다.
- 「고등교육법」에 의한 대학에서 보건복지부령이 정하는 사회복지학 전공 교과목과 사회복지 관련 교과목을 이수하고 학사학위를 취득한 자
- 「고등교육법」에 의한 대학과 동등 이상의 학력이 있다고 교육부장관이 인정하는 학교에서 보건복지부령이 정하는 사회복지학 전공교과목과 사회복지 관련 교과목을 이수하고 졸업한 자

다. 1급 사회복지사의 국가시험

사회복지사의 최고 등급인 1급 사회복지사를 대학원이나 대학교에서 사회복지학을 전공하고 졸업하면 무시험으로 취득할 수 있는 제도에 대한 비판은 사회복지계에서 끊임없이 제기되어 왔다. 사회복지사의 자격을 의사나 약사의 수준으로 향상시키기 위해서는 자격취득을 위해서 반드시 국가시험에 합격해야 하고, 상당한 수련과정을 거치도록 하는 것이 바람직하다는 주장이 있었다. 이러한 사회복지계의 주장이 반영되어서, 2003년부터 국가시험에 합격한 자만이 사회복지사 1급을 취득하게 된다. 국가시험은 매년 1회 이상 실시하며, 시험은 필기시험이다.

한편, 2003년부터 시행되는 사회복지사 1급 국가시험의 응시자격은 다음과 같다.

- 「고등교육법」에 의한 대학원에서 사회복지학 또는 사회사업학을 전공하고 석사학위 또는 박사학위를 취득한 자, 다만 대학에서 사회복지학 또는 사회사업학을 전공하지 아니하고 동 석사학위를 취득한 자는 보건복지부령이 정하는 사회복지학 전공 교과목과 사회복지 관련 교과목 중 필수과목을 이수한 교과목을 포함하되, 「고등교육법」에 의한 대학에서 보건복지부령이 정하는 사회복지학 전공교과목과 사회복지 관련 교과목을 이수하고 학사학위를 취득한 자
- 「고등교육법」에 의한 대학과 동등 이상의 학력이 있다고 교육부장관이 인정하는 학교에서 보건복지부령이 정하는 사회복지학 전공교과목과 사회복지 관련 교과목을 이수하고 졸업한 자
- 외국의 대학 또는 대학원에서 사회복지학 또는 사회사업학을 전공하고 학사 학위 이상을 취득한 자로서 위의 제1호 및 제2호의 자격과 동등하다고 보건복지부장관이 인정하는 자
- 다음에 해당하는 자로서 시험일 현재 1년 이상 사회복지사업의 실무경험이 있는 자
  - 「고등교육법」에 의한 전문대학에서 보건복지부령이 정하는 사회복지학 전공교과목과 사회복지 관련 교과목을 이수하고 졸업한 자
  - 「고등교육법」에 의한 대학을 졸업하거나 이와 동등 이상의 학력이 있는 자로서 보건복지부장관이 정하는 교육훈련기관에서 12주 이상의 사회복지사업에 관한 교육훈련을 이수한 자
  - 사회복지사 3급 자격증 소지자는 사회복지사업의 실무경험을 하고 2급 자격증을 교부받은 자

(4) 사회복지사의 채용

사회복지사의 채용은 민간복지분야와 공공복지분야로 나뉜다.

① 민간복지분야의 사회복지사 채용

사회복지법인 및 사회복지시설을 설치·운영하는 자는 그 법인 또는 시설에서, ① 사회복지 프로그램의 개발 및 운영업무, ② 시설거주자의 생활지도업무, ③ 사회복지를 필요로 하는 사람에 대한 상담업무에 종사하는 자를 사회복지사로 의무적으로 채용하여야 한다.

대통령령이 정하는 사회복지시설은 예외로 되어 있다. 이에 해당하는 시설로서는 ①「노인복지법」에 의한 노인여가복지시설(노인복지회관은 제외), ②「장애인복지법」에 의한 점자도서관과 점서 및 녹음서 출판시설, ③「영유아보육법」에 의한 보육시설, ④「윤락행위 등 방지법」에 의한 여성복지상담소·일시보호소 및 자립자활시설, ⑤「정신보건법」에 의한 정신질환자 사회복귀시설 및 정신요양시설, ⑥「성폭력 범죄의 처벌 및 피해자 보호 등에 관한 법률」에 의한 성폭력 피해 상담소 등이 있다. 구법에서는 사회복지시설 종사자 총수의 1/3 이상을 사회복지사로 채용하도록 하는 의무규정을 두었으나「사회복지사업법」3차 개정 시 위와 같은 직무내용에 따라 사회복지사를 채용하도록 하는 규정을 두었다.

민간 사회복지분야는 사회복지실천 경험이 있는 1급 사회복지사를 중용하는 추세이다. 모집공고에서 응시자의 자격을 사회복지사 1급으로 제한하거나, 제한하지 않는 경우에도 2급이나 3급 사회복지사는 채용되기 어렵다. 특히 정규직의 경우에는 대학을 갓 졸업한 사회복지사보다는 현장 근무경력이 있는 사람을 채용하고, 일단 계약직으로 뽑았다가 정규직에 자리가 날 경우에 검증된 사회복지사를 뽑고 있다.

이러한 변화는 사회복지법인 등이 우수한 사회복지사를 뽑을 수 있다는 점에서는 장점이지만, 1997년 경제위기 이후에 계약직, 직장체험(연수생), 아르바

이트, 사회적 일자리 창출 등 비정규직이 급속하게 늘어나고 있다는 점은 노동시장의 불안정성을 반영하고 있다.

민간복지분야의 사회복지사 채용은 의무채용과 의무채용 예외의 경우가 있다. 의무채용은 사회복지법인 및 사회복지시설을 설치·운영하는 자는 대통령령이 정하는 바에 의하여 사회복지사를 그 종사자로 채용하여야 하며, 다음과 같은 업무에 사회복지사를 채용해야 한다. 만약 이 규정을 위반할 경우 300만원 이하의 벌금형에 처해진다.

② 공공복지 분야의 사회복지사 채용: 사회복지전담공무원

사회복지사업에 관한 업무를 담당하게 하기 위해 시·도, 시·군·구 및 읍·면·동 또는 복지사무전담기구에 사회복지전담공무원을 둘 수 있다. 복지전담공무원은 그 관할지역 안의 사회복지를 필요로 하는 사람 등에 대하여 항상 그 생활실태 및 가정환경 등을 파악하고, 사회복지에 관하여 필요한 상담과 지도를 행해야 한다.

사회복지법인 또는 사회복지시설을 설치·운영하는 자는 사회복지 프로그램의 개발 및 운영업무, 시설거주자의 생활지도업무, 사회복지를 필요로 하는 사람에 대한 상담업무에 종사하는 자를 사회복지사로 채용하여야 한다.

「사회복지사업법」 제11조에 의하면, 보건복지가족부장관은 사회복지에 관한 전문지식과 기술을 가진 자로서 금치산자·한정치산자 등 대통령령이 정하는 결격사유에 해당되지 아니한 자에게 사회복지사의 자격증을 교부할 수 있다. 사회복지사의 등급은 자격기준에 따라 1·2·3급으로 구분하고 있으며, 이 중에서 사회복지사 1급을 받고자 하는 자는 매년 정부에서 실시하고 있는 국가시험에 합격해야 한다. 시험과목과 응시자격 등은 대통령령으로 정하도록 하였다.

제6장

욕구조사

1. 욕구조사

욕구조사(needs assessment)는 프로그램 관리의 한 분야이며, 특히 기획의 한 단계로서 이해되어야 한다. 즉, 기획의 첫 단계는 문제분석을 통한 목표의 설정인데 문제분석을 위해서는 욕구를 정확하게 파악해야 하기 때문이다. 또한 욕구조사는 평가의 기초자료로 활용될 수 있는데 사회복지적 개입 전의 욕구 상황과 개입 후의 욕구 상황을 비교함으로써 개입의 효과성을 평가할 수 있다. 더 나아가 욕구조사를 통해 유사한 프로그램이나 서비스 간의 효과성을 비교하고 분석할 수 있어 인과관계에 대한 이론적 구상이 가능하다.

따라서 욕구조사의 필요성은 기획의 절차, 즉 논리모델(logic model)을 기준으로 설명할 수 있다. 투입(input)단계에서는 자원 할당의 우선순위를 결정하기 위해 욕구조사가 필요하며, 활동(activity)단계에서는 사회복지적 개입방법을 선택하는 데 욕구조사가 필요하다고 할 수 있다. 또한 욕구조사는 산출(output)과 성과(outcome)의 단계에서 목표의 달성 여부를 평가하는 기준으로 활용될 수 있다.

1) 문제분석

- 프로그램 기획은 문제분석에서 시작하며, 문제의 분석을 통해 프로그램의 목적이 설정된다.
- 문제분석은 무엇이 문제인지를 규정하는 것이며, 사회복지 프로그램들이 다루는 문제는 일차적으로 '사회문제'로 판단되는 것들이다.

(1) 사회문제의 개념

- 사회적 가치에 비추어 바람직하지 못한 것

- 상당수의 사람들이 그 현상에 관련되어 고통, 손해 또는 부당한 처우를 당함
- 상당수의 사람 또는 일부 영향력 있는 사람들이 그 현상을 문제로 인식
- 사회가 전반적으로 그 현상의 개선을 원함
- 개선의 가능성이 있음
- 그 현상의 근본적 원인이 사회적 요인과 관련 있음
- 집단적 또는 사회적 차원에서의 행동으로 개선이 가능한 것

(2) 문제분석에서는 현상을 문제로 인식하는 과정이 전제되어야 함

- 경험과 전문성에 의존해야 하며, 이 과정에서 문제에 대한 정확하고 객관적인 이해를 하기 위해 노력하게 된다.
- 특정한 문제 상황을 지닌 사람들의 특성을 파악하고, 이들에 대한 이해를 시도하는 것은 문제분석의 필수적인 요소임. 관련 이론 검토, 사회문화적 관점에서의 조명 등을 통해 문제분석

(3) 문제분석의 기준

- 사회문제들의 복잡성으로 인해 사회문제를 분석하는 것은 쉬운 일이 아님. 하지만 프로그램의 설계를 위해서는 적어도 사회문제에 관한 몇몇 기본적인 요소들은 확인되어야 함
- 문제분석을 위한 틀에 포함되는 기준과 개별요소들
  - 사회에 대한 문제: 사회에 대한 자원비용 문제, 사회구성원들의 건강과 안전에의 위협, 사회통합과 같은 사회적 가치에 대한 위협 등
  - 개인에 대한 문제: 최저생활수준 박탈, 학대, 착취의 위협 등
  - 문제의 존재나 유포에 기여하는 요인: 개인, 가족, 지역사회, 사회, 역사, 정치적 요인들에 의한 신체적, 행동적, 사회심리적, 경제적 조건 등

(4) 문제분석의 내용

문제분석은 궁극적으로 사회적 개입이 필요한 부분을 확인해 내는 작업이다. 이를 위해 다음과 같은 질문을 할 수 있다.

① 사람들이나 그들의 환경에서 바람직하지 않은 것으로 간주되는 상황이나 조건들은 무엇인가?

- 빈곤, 실업, 노인차별, 아동학대, 사회적 소외 등의 확인

② 누가 그 문제로부터 고통을 받는가?

- '위험에 처한 집단'을 구체화하는 것이 필요

③ 누가 그 문제들로부터 이득을 얻는가?

- 문제 제거를 위한 노력을 회피하는 입장에 있는 사람들이나 집단을 확인
- 잠재적인 저항 세력이 누구인지 찾아내는 것

④ 누가 그것을 문제로 규정하는지, 누가 그것을 문제라고 규정하지 않는지?

- 문제로 인해 고통을 받는 것으로 여겨지는 사람들이 스스로 그 조건을 문제로서 규정하는지에 대한 분석 필요

⑤ 무엇이 문제의 이유인가?

- 사회문제는 복합적인 원인이 존재하지만 특히 초점을 두어야 하는 문제 원인의 상황들은 무엇인지를 결정

⑥ 어떤 프로그램들이 현재 그 문제를 다루고 있는가?

- 대안들의 상대적인 효과성을 분석하는 데 기여. 해결방안으로서의 상대적인 강점과 약점 파악

⑦ 사회 변화의 목표는 무엇인가?

- 사회의 '어떤' 측면이 '얼마나 많이' 그 문제를 해결하기 위해 변화되어야

할지의 표적을 결정하는 것

2) 욕구측정

(1) 욕구측정의 중요성

- 사회복지기관은 클라이언트의 욕구에 대해 정확한 분석을 시도하고 이를 바탕으로 사업을 기획해야 성공
- 따라서 욕구에 기반을 둔 프로그램기획은 효과적인 사회복지서비스 설계와 실현을 위해 필수적임

(2) 욕구측정이란?

- 문제가 확인되고 분석되면, 이를 욕구로 전환시키는 작업 필요
- 이때 개인들의 욕구를 집합적으로 수량화시키는 작업을 욕구측정이라 함
- 다양한 방법으로 욕구측정을 시도하여 프로그램의 필요성과 정당성을 강조할 수 있어야 함

(3) 욕구의 개념

- '어떤 개인이 자신이 지닌 역량을 발휘하는 것을 제한받는 상황'이며, 일반적으로 사회적·경제적·건강상의 문제와 관련된 질적인 측면을 가짐
- 욕구란 무엇이 기준에 미달되어 그것을 필요로 하는 상태를 의미. 즉, 현재의 상태와 바람직한 상태 사이에 존재하는 격차 또는 조건

→ 욕구의 도식화: 바라는 상태(what should be) − 현재의 상태(what is) = 욕구(need)

(4) 욕구의 속성

① 욕구는 탄력적이며 상대적이다

- 비슷한 상태에 놓여 있어도 개인마다 욕구수준이 다르며, 욕구를 느끼지 않을 수도 있음

② 욕구는 시간마다 변한다

- 욕구는 기대수준의 향상, 관점의 변화, 새로운 환경에 대한 인식 등의 요인으로 변화할 가능성이 높음

③ 사회적 · 정치적 환경에 따라 욕구의 개념이 달라질 수 있다

- 예: 고령화에 따라 노인복지시설 수요 증가, 여성사회참여 증가로 보육서비스 욕구 증가

④ 자원의 유용성과 기술수준은 욕구의 개념에 영향을 주는 요인이다

- 정보화 발전 등도 욕구의 정의에 영향
- 최근 노인들의 삶의 질을 향상시킬 수 있는 다양한 기술, 자원들이 개발됨에 따라 노화 과정에 대한 지식이 많이 변화하고 있으며, 이러한 변화에 수반하여 노인들의 욕구에 대한 정의도 변화함

(5) 욕구의 유형

① 매슬로우의 욕구위계이론(hierarchy of needs theory)

- 인간은 욕구는 낮은 단계에서 높은 단계로 올라가는 계층으로 되어 있음. 욕구충족은 단계적으로 이루어진다고 보는 이론
- 욕구의 위계: 욕구 5단계
  - 1단계: 생리적 욕구 → 2단계: 안전욕구 → 3단계: 사회적 욕구

→ 4단계: 자아존중감에 대한 욕구 → 5단계: 자아실현에 대한 욕구

② 브래드쇼(J. Bradshaw)의 욕구구분

가. 규범적 욕구(normative need)

- 전문가, 행정가 또는 사회과학자 등이 욕구의 상태를 규정하는 것
- 규범적이란 일정한 기준이나 규범이 존재하고 있다는 것을 나타내는 것
  - 바람직한 욕구충족의 수준을 정해 놓고 이 수준과 실제 상태와의 차이에 의하여 욕구의 정도를 규정하거나, 또는 최고의 욕구수준을 정해 놓고 실제 상태와의 차이에 의하여 욕구의 정도를 규정하는 것
- 전문가의 견해를 통해 욕구식별과 욕구수준에 대한 확신을 얻기도 하고 객관성을 높이기도 함
- 욕구측정의 예: 장애인그룹홈 개발을 위한 프로그램
  - 장애인복지기관 및 관련 단체에 방문하여 장애인그룹홈의 필요성과 현황에 대한 자료를 요청하고 분석하며, 장애인복지전문가들의 의견 수렴

나. 인지된·감지된 욕구(perceived need, felt need)

- 욕구상태에 있는 당사자의 느낌에 의하여 인식되는 욕구
- 이 방법은 사람들이 어떤 욕구의 상태에 있는지(또한 어떤 서비스를 필요로 하는지)를 물어보아서 파악하는 욕구이다.
- 인지된 욕구는 사람마다 그 기준이 변하고 또한 다를 수 있음
- 욕구측정의 예: 장애인그룹홈 개발을 위한 프로그램 개발
  - 장애인, 장애인 부모, 관련기관 종사자들을 대상으로 장애인그룹홈의 수요에 대한 설문조사 실시. 필요하다고 생각하는 정도와 이용할 의향이 있는지에 대한 질문을 포함하여 설문을 구성할 수도 있음

다. 표출된 욕구(expresed need)

- 표출된 욕구는 특정한 욕구를 지닌 사람이 그 욕구를 충족하기 위해 실제적

으로 어떤 행동을 취하였는가에 초점을 둠

- 욕구충족을 위해 구체적인 행동으로 연결지었다면 단순히 느껴진 욕구보다 욕구의 강도는 높을 것으로 보는 것
- 표출된 욕구에 근거하여 프로그램을 기획하면 실제수요에 근접하여 기획하므로 감지된 욕구에 근거하는 경우보다 사업의 실패 가능성이 적음
- 그러나 표출된 욕구에 지나치게 의존하는 것은 이미 문제가 심각해져 욕구에 대한 강도가 높을 때에만 반응한다는 한계가 있음
- 욕구측정의 예: 장애인그룹홈 개발을 위한 프로그램
  - 현재 지역사회 내에서 운영 중인 장애인그룹홈 프로그램의 데이터 수집. 대기자 명단에 있는 사람들 수를 파악하여 욕구 측정

라. 상대적 욕구(comparative need)

- 이 욕구는 각기 다른 인구집단에 존재하는 서비스의 수준 차이를 설명하기 위해 도입된 개념
- 집단들 간의 상대적인 비교를 통해 욕구의 존재를 확인하려는 것
- 어떤 집단이 갖고 있는 서비스의 이용수준이 다른 비교집단의 수준보다 못할 경우 그 집단은 해당되는 서비스가 필요하다고 보는 것
- 상대적 욕구는 비슷한 집단의 사람들이 서비스를 받았는데 해당 집단에게는 아직 서비스가 전달되지 못했을 때 그 욕구를 파악하는 데 도움을 줄 수 있음
- 욕구측정의 예: 장애인그룹홈 개발을 위한 프로그램
  - 지역사회의 장애인비율을 감안할 때 해당지역에 장애인그룹홈이 타 지역에 비해 부족하게 운영되고 있다면 상대적 욕구가 높다고 판단할 수 있음

2. 지역사회보장계획 보고서

1) 서론

우리나라는 「사회복지사업법(2003년 개정)」의 영향으로 시·군·구 지역단위의 지역사회보장계획을 수립하였다.

(1) 지역사회 중심의 사회복지실천을 위한 법적 장치

① 기초지방자치단체에 지역사회복지협의체를 구성하여 운영

② 4년 단위의 시·군·구 및 시·도 지역사회보장계획을 수립하고 시행

- 지역사회보장계획: 일정한 지역단위에서 지역사회주민의 욕구를 파악하고 그 욕구를 해결하기 위하여 공사가 협력하여 구체적인 내용을 정하고 이를 시행·평가하는 종합적인 계획

(2) 연구의 필요성

① 지역사회보장계획은 지역주민의 욕구와 지역의 실정에 바탕을 둔 지역기반이 계획되어야 하므로 지역주민의 욕구조사 및 욕구의 충족과 불가분의 관계에 있음

② 욕구조사가 지역실태조사로 동일시되거나 욕구조사과정에서 욕구의 개념, 욕구의 측정방법, 조사 내용의 설정 등이 부족(서인해와 공계순이 욕구조사영역에서 논의되고 있는 기존의 다양한 문헌 검토 후 그에 따른 분석틀을 구성하여 이론 중심의 욕구조사실태 파악을 위한 노력 기울임)

(3) 연구 대상

• 서인해·공계순(2001)이 이론 중심의 욕구조사실태 파악을 위해서 제시한

분석들을 중심으로 ㅇㅇ구를 대상으로 이루어진 지역사회보장욕구조사 결과물(조사보고서)

(4) 연구 세부내용

① 욕구조사보고서에 나타난 욕구조사실태 파악에서 욕구조사 그 자체에 대한 전반적 실태를 파악

- 욕구 조사기법의 종류, 욕구 측정방법, 자료 수집방법 및 자료 분석과정에 대한 실태 및 특징을 파악

② 조사 내용유형들을 생산해내기 위해 사용된 욕구조사기법의 적합성에 대해서 조사

2) 서인해·공계순(2001)의 욕구조사실태 파악을 위한 분석틀

| 표 6-1 | 서인해·공계순(2001)의 욕구조사실태 파악을 위한 분석틀

분석범위	분석영역	분석을 위한 조사 내용
욕구조사 방법적인 특징	욕구조사기법	• 보고서에서 사용된 욕구조사기법의 종류 및 사용실태 파악 • 욕구조사기법의 중복성 파악
	욕구측정 실태	• 욕구개념에 대한 인지 및 적용 정도 파악 • 욕구개념을 위한 척도 적용 특징 파악
	자료수집 과정과 자료분석 과정	• 욕구조사기법의 자료수집 과정의 실태 파악 • 수집된 자료 분석 과정의 특징 파악
욕구조사 수렴적인 특징	욕구조사 내용유형	• 욕구조사 내용 유형의 실태 파악
	욕구조사 내용의 연결성	• 욕구조사 내용의 논리적인 연결성에 대한 특징 파악
	욕구조사 내용에 대한 조사기법의 적합성	• 욕구조사 내용 유형에 맞는 조사기법 적용성에 대한 실태 파악

(1) 욕구조사 방법적인 특징

① 욕구조사기법

■ Lareau & Heumann(1979)

① 욕구조사에서 생산해 내는 조사 내용에 따라 가장 적합하게 생산해 낼 수 있는 기법이 있고 그렇지 않은 기법이 있다고 주장

② 하나의 욕구조사기법이 주의 깊게 진행되더라도 각 조사 내용유형에 대한 기법이 가지는 적합성의 정도는 4단계(적합/어느 정도 적합/제한적 적합/부적합)로 구분

② 욕구측정 실태

- 욕구측정 실태를 욕구개념에 대한 이해(인지) 정도/욕구의 양을 파악하기 위해 사용된 척도방법 등으로 나눔
- 욕구개념이 욕구조사보고서에서 어떻게 파악되고 있는지 살펴보기 위해 욕구개념파악을 크게 3가지 유형(양차원적 개념을 직접 적용하여 충족되지 않은 욕구를 파악하는 방법/문제-서비스 접근법(문제영역과 서비스 영역을 함께 파악하는 방법)/서비스 중심의 욕구파악 방법)으로 살펴봄

③ 자료수집과정과 자료분석과정

- 욕구조사대상자의 선정방법
  - 욕구조사대상자의 선정에 있어서 수혜자의 욕구에 대한 3가지 관점(수혜자가 바라보는 수혜자 자신의 욕구에 대한 관점/서비스 제공자들이 바라보는 수혜자의 욕구에 대한 관점/지역지도자들이 바라보는 수혜자의 욕구에 대한 관점)의 수렴이 필요
- 자료를 수집하는 도구가 조사목적에 맞게 적절한 내용으로 구성되었는지 여부
  - 조사목적이 지역차원의 욕구를 파악할 경우에는 지역의 대표성을 확립할

수 있는 조사대상이 선출되어야 함

- 수집된 자료 또한 조사의 목적과 자료의 성질에 따라 적절하게 분석되었는지 여부
  - 세 가지 차원(문제를 가지고 있는 수혜자의 욕구/서비스 제공자의 욕구/서비스 제공자들이 수혜자들의 문제를 해결하기 위해서 서비스를 구성할 때 필요한 자원)에서 자료 수집

(2) 욕구조사 수렴적인 특징

① 욕구조사 내용유형

| 표 6-2 | 조사 내용 유형과 평가기준

조사 내용유형	평가기준
유형 1: 인구조사	• 전체지역 인구조사 • 조사대상자 인구조사 • 변수의 포괄성
유형 2: 문제 조사	• 전체지역 문제조사 • 조사대상자 문제조사 • 변수의 포괄성
유형 3: 지역 서비스 자원 파악	• 지역 복지시설 목록 • 지역 서비스 목록 • 수혜자 서비스 활용 정도
유형 4: 충족되지 않은 욕구 파악	• 욕구개념(양차원) 파악 정도 • 욕구개념(양차원) 일치성 • 욕구종류의 포괄성
유형 5: 서비스 우선순위 결정	• 서비스 우선순위 결정 • 순위결정의 수렴성

② 욕구조사 내용의 연결성

- 욕구조사 보고서에서 파악한 다섯 개의 조사 내용의 유형이 서로 밀접한 연결성을 보여 주고 있는지에 대한 여부 확인

③ 욕구조사 내용에 대한 조사기법의 적합성

욕구조사 내용에 대한 조사기법의 적합성이란 욕구조사 내용 유형과 그 조사 내용 유형에 대한 정보가 어떤 조사방법으로 생산되었는지 살펴보는 것이라고 할 수 있다. 즉, 연구자가 분석할 내용은 다음과 같다.

| 표 6-3 | **연구분석 틀**

<table>
<tr><th>분석범위</th><th>분석영역</th><th>분석을 위한 질문</th></tr>
<tr><td rowspan="3">욕구조사 방법적인 특징</td><td>욕구조사기법</td><td>• 연구대상물이 사용한 조사기법은 무엇인가?
• 조사 유형에 대한 적합한 조사기법이 활용되었는가?</td></tr>
<tr><td>욕구측정 실태</td><td>• 욕구조사보고서에서 욕구개념의 세 가지 유형 중 어떤 유형을 사용하였는가?
• 욕구의 양을 파악하기 위해서 사용된 방법은 무엇인가?</td></tr>
<tr><td>자료수집과정과 자료분석과정</td><td>• 수혜자의 욕구를 정확하게 파악하기 위해서 수혜자의 욕구에 대한 세 가지 관점의 차원에서 조사가 이루어졌는가?
• 세 가지 관점을 수렴하기 위한 각각의 대상자 선정방법이 대표성을 확립할 수 있는 조사대상자 선정방법이 이루어졌는가?
• 세 가지 차원에서 자료의 수집이 이루어졌는가?</td></tr>
<tr><td rowspan="2">욕구조사 수렴적인 특징</td><td>욕구조사 내용유형</td><td>• 다섯 가지 조사 내용유형을 모두 포함하고 있는가?
• 조사 내용유형에 따른 각각의 평가기준을 충족시키고 있는가?</td></tr>
<tr><td>욕구조사 내용에 대한 조사기법의 적합성</td><td>• 욕구조사 내용에 대한 조사기법이 적절하게 사용되었는가?</td></tr>
</table>

3) 연구방법

(1) 연구대상 - ㅇㅇ구 지역사회복지 4개년 계획

① 조사 내용

- ㅇㅇ구의 지역사회 진단 및 복지자원 조사
- 지역주민 및 복지대상자들의 복지욕구 조사
- 중앙정부와 서울시, ㅇㅇ구의 정책가치 조사

② 목적

- 조사 내용을 중심으로 지역사회자원 활용 및 재원조달방법을 연구하여, 이 결과를 토대로 4개년의 지역사회복지계획을 수립하기 위함

③ 조사대상

- ○○구 전체인구 60만 명 중 서비스 대상자(○○구민) 2,230명과 서비스 제공자(공무원, 구의원, 사회복지기관 실무자 등의 전문가) 700명으로 총 2,930명을 대상으로 설문을 실시(90% 이상의 높은 회수율 보임)

④ 대상자 선정방법

- 서비스 대상자는 난수표 추출방법 사용. 서비스 제공자는 공무원 7급 이상, 공공기관 및 복지관은 팀장급 이상

⑤ 복지욕구조사 결과

- 보건과 복지서비스에 대한 욕구 강함
- 문화 및 여가활용공간에 대한 보편적 욕구 강함
- 생계 및 직업 활동에 대한 욕구
- 주거 및 생활환경개선에 대한 보편적 욕구 표출
- 행정기관의 역할에 대한 기대가 큼
- 복지대상자별 욕구의 공통적·개별적 부분이 존재

⑥ 중점 과제

- 전 국민 사회보험시대의 정착과 보편적·예방적 복지서비스의 확충
- 고령자의 삶의 질 향상
- 저소득층 생활보호 및 장애인의 생활기반 구축
- 여성의 사회참여 지원강화
- 청소년 건전활동 기반조성 및 청소년 관련시설의 다양화 및 양적 확대
- 수요자 중심의 복지서비스 전달체계 구축

4) 분석결과

(1) 욕구조사 방법적인 특징

① 욕구조사기법

■ 분석내용

• 연구대상물이 사용한 조사기법은 무엇인가?

→ 서베이, 이차자료분석, 주요정보제공자 조사, 공청회 기법

• 조사 유형에 대한 적합한 조사기법이 활용되었는가?

→ 조사 유형에 따라 적합한 욕구조사기법들이 활용됨

※ 공청회는 예외-본래 주민들과의 회합 통해 지역의 욕구에 대한 지역주민들의 의견이나 정보를 수집할 수 있는 욕구조사기법으로 알려졌지만 본 욕구조사보고서에서는 아래와 같이 다른 목적으로 실시됨

> ① 서베이: ㅇㅇ구 주민들의 인구학적 특성, 표적집단의 특성, 문제 파악 위해
> ② 이차자료분석: 지역사회에 대한 기초조사·자료수집·자원조사 위해
> ③ 공청회: 지역 사회 내의 이용 가능 서비스 파악 위해 서비스 활용통계방법을 정책가치 측정을 위한 방법으로

② 욕구측정 실태

■ 분석 내용

• 욕구조사보고서에서 욕구개념 세 가지 유형 중 어떤 유형을 사용하였는가?

→ 문제-서비스 접근법

• 욕구의 양을 파악하기 위해서 사용된 방법은 무엇인가?

→ 리커트 척도, 구체적인 질문 방법 통해

③ 자료수집과정과 자료분석과정

보고서에 나타난 표본 추출 방법

① ㅇㅇ구의 인구가 60만 명으로 인구대비 1,800명(0.3%) 이상 표본 추출하기 위해 동별 인구분포 우선순위로 3동과 동별 수급권자 우선순위 3동을 추출하여 총 6개동 선정
② 각각의 동에서 74개 동을 선정(난수표 추출방법 이용)

| 표 6-4 | ㅇㅇ구 복지욕구조사대상자

조사대상자		명	회수율	추출방법
일반주민		600명	99.5%	확률
표적집단	노인	500명	91.6%	
	여성	310명	98%	
	장애인	300명	82.6%	
	저소득	300명	83%	
	청소년	220명	97.7%	
서비스 제공자	공무원	300부	98.3%	비확률
	공공기관 및 사업체	300부	86%	
	복지관	100부	70%	

(2) 욕구조사 수렴적인 특징

① 욕구조사 내용유형

■ 분석내용

- 다섯 가지 조사 내용유형을 모두 포함하고 있는가?
  → YES. 욕구조사 보고서에 나타난 서술적 내용, 도표, 설문지에 담긴 내용 분석결과 대체적으로 다섯 가지의 조사 내용유형을 모두 포함

욕구 조사 시 반드시 포함되어야 하는 조사 내용 유형

① 유형 1: 인구조사
② 유형 2: 문제조사
③ 유형 3: 지역에서 서비스 자원 파악
④ 유형 4: 충족되지 않은 욕구 파악
⑤ 유형 5: 서비스의 우선순위 결정

- 조사 내용유형에 따른 각각의 평가기준을 충족시키고 있는가?
  → YES

① 유형 1: 인구조사 – 기본적인 인구학적 정보 및 조사대상집단의 서비스 욕구를 알아내는 데 도움 줄 수 있는 기타 변수들을 포괄적으로 포함(지역거주 전체 인구수, 수혜대상자의 수, 주택소유 형태, 조사대상집단 정보 등)

② 유형 2: 문제조사 – 전체지역의 욕구조사보고서 분석 시 평가기준이 되는 것(전체지역의 문제조사, 조사대상자의 문제조사, 문제조사에서 변수의 포괄성)

③ 유형 3: 지역에서 서비스 자원 파악 – 지역복지시설(종합사회복지관, 경로당, 노인·여성 아동·복지시설, 청소년 이용시설, 보육시설, 의료시설, 교육기관 등)을 이용하는 조사대상자들에게 제공되는 서비스 이용경험과 만족도를 조사함으로써 수혜자들이 각각의 서비스를 어느 정도로 활용하고 있는지, 이용하지 못했다면 그 이유에 대해서 파악

④ 유형 4: 충족되지 않은 욕구 파악 – 지역 조사 집단의 욕구 파악에서 욕구의 양적 개념이 적용된 정도와 이러한 두 개념에 대한 내용의 일치성, 조사대상자에게 있을 수 있는 욕구종류를 얼마나 포괄적으로 파악했는가를 기준으로 검토
→ 각각의 조사대상자들을 중심으로 문제와 서비스 욕구에 대한 부분이 다소 일치하지 않은 면을 보임

⑤ 유형 5: 서비스의 우선순위 결정 – 조사보고서의 내용 중에서 파악된 욕구(프로그램)에 대해 우선순위를 매기고 있는 경우와 이러한 과정에서 얼마나 다양한 시각이 반영되었는지 살펴봄(각각의 조사대상자를 중심으로 이루어진 조사에서 서비스 욕구에 대한 우선순위를 조사하여 그 결과를 제시하고 있었는데, 여성을 대상으로 한 조사와 서비스 공급자들을 대상으로 한 질문에서는 서비스에 대한 우선순위 결정을 위한 내용이 포함되어 있지 않음)

② 욕구조사 내용에 대한 조사기법의 적합성

보고서에 나타난 조사 내용유형과 조사방법의 적절성에 대한 실태

→ 적절한 조사기법을 사용하였지만 너무 한 가지 조사기법에만 의존하여 욕구조사를 실시함

① 유형 1: 인구조사 - 서베이조사방법, 이차자료분석이 인구를 조사하기 위한 적합한 기법으로 여겨짐(본 연구 대상물에서 서베이 조사 방법 사용)
② 유형 2: 문제조사 - 이차자료분석, 서베이, 주요정보제공자, 그룹테크닉, 공청회가 조사유형에 대한 정보를 제공하는 데 적합한 것으로 여겨짐(본 연구 대상물에서 서베이 조사 방법 사용)
③ 유형 3: 지역에서 서비스 자원 파악 - 서비스 활용조사가 조사유형을 나타내는 데 적합한 방법으로 여겨짐(본 연구 대상물에서는 이용 가능한 서비스의 조사 중에서 지역 복지시설 목록과 지역 서비스 목록은 이차차료를 활용하여 제시, 수혜자 서비스 활용 정도는 서베이 조사 방법 활용하여 그 결과를 제시)
④ 유형 4: 충족되지 않은 욕구 파악 - 서비스 통계, 서베이, 주요정보 제공자, 그룹테크닉이 충족되지 않은 욕구를 파악하는 데 적합한 것으로 여겨짐(본 연구 대상물에서는 서베이 조사 방법 사용)
⑤ 유형 5: 서비스의 우선순위 - 주요정보제공자, 그룹테크닉, 공청회, 서베이 조사 방법에서 응답자의 욕구의 정도 또는 욕구의 중요성에 대한 그들의 의견을 물어봄으로써 서비스의 우선순위를 결정할 수 있었음(본 연구 대상물에서는 서베이 조사 방법 사용)

5) 논의

ㅇㅇ구에서 실시한 지역사회복지 4개년 계획보고서 연구 대상으로 조사한 결과 나타난 특징을 살펴보면 다음과 같다.

① 욕구조사보고서에 나타난 욕구조사기법 분석 결과 대부분이 서베이 욕구조사기법에 집중되어 있음 → 주민욕구조사를 실시할 때보다 다양한 방법을 활용한 욕구조사가 실시되어야 함
- 욕구조사기법에는 다양한 방법이 있지만, 너무 한 가지 조사기법에만 의존하여 조사가 이루어짐
- 한 가지 방법에만 의존하여 욕구조사를 실시하였다는 것은 욕구수집에

있어서 다양한 측면을 포괄적으로 포함하지 못할 가능성을 지니고 있으므로 제대로 된 지역주민 욕구조사로서의 한계가 존재한다고 볼 수 있음

② 욕구조사를 실시할 때 수혜자의 욕구에 대한 세 가지 관점의 차원이 모두 활용되지 않았음 → 지역지도자들을 대상으로 하여 어떠한 욕구가 있는지에 대해서 조사함으로써 욕구에 있어서 다양한 관점을 포함할 수 있도록 해야 함

- 수혜자의 욕구를 정확하게 파악하기 위해서는 수혜자의 욕구에 대한 세 가지 관점의 수렴이 필요

③ 다양한 자원 및 조사기법을 활용한 욕구조사가 이루어지지 않았음 → 보다 다양한 자원들과 포괄적이고 다양한 조사기법을 활용하여 보다 정확한 욕구가 실시될 수 있도록 해야 함

- 한 지역사회를 대상으로 하여 이루어지는 포괄적인 조사라는 점과 조사 목적 자체가 그 지역사회 특성을 고려하여 그 지역사회에 거주하는 주민들의 욕구를 반영한 서비스 개발이라는 점에서 제일 중요한 것은 그 지역사회가 어떤 특성을 가지고 있고 그 지역사회에 거주하는 주민들이 가지고 있는 욕구가 무엇인가를 보다 정확하게 측정해 내는 것임

| 표 6-5 | 욕구조사 피라미드

4단계	지역주민조사			
3단계	수혜자 서비스 제공자 조사	주요정보 제공자 조사		
2단계	초점그룹	공청회	지역사회자원 조사	
1단계	기관행정자료	이차적 자료	전국단위기존 조사보고서	타 기관 지역의 자료

④ 서인해와 공계순(2004)은 욕구조사 실시를 하는 데 있어서 할로와 터너(Harlow & Tuner)가 제시한 욕구조사 4단계에 대한 필요성을 주장 → 욕구조사 피라미드 모델을 적극 활용하여 정확한 욕구조사를 실시하여 각각의 지역사회특성을 반영한 서비스 개발과 제공이 이루어지기를 바람

지역사회를 근간으로 이루어져야 한다는 점을 고려한다면 각 단계별로의 활동이 기반이 되어야지만 제대로 된 지역주민 욕구조사가 실시될 수 있다고 봄

제7장

사회복지조직 재정관리

사회복지는 자신의 욕구를 스스로 충족할 수 없는 사람들에 대해서 다른 사람이 개입하여 욕구를 충족할 수 있도록 도와주는 것이다. 욕구의 충족을 위해서는 자원이 필요하기 때문에 대부분의 개입과정은 자원의 이전과 밀접한 관계가 있다. 대표적인 자원은 돈이며, 사회복지기관은 다양한 방법으로 재원을 확보하여 이를 효과적·효율적으로 관리해야 한다(이준영, 2016: 307-308).

사회복지조직에서 재정관리가 중요한 이유는 첫째, 재정관리는 기관의 생존과 직결되는 사항으로 기관의 유지와 활동을 위해서는 재원의 확보와 조달이 가장 중요하기 때문이다. 둘째, 사회복지조직의 이해당사자(정부, 후원자, 자원봉사자 및 이용자)들은 재원이 어떻게 사용되었는지에 대해 많은 관심을 갖고 있다. 재정관리는 재정운용기관의 기획 및 평가 과정에 중요한 영향을 미치며, 예산결정을 바탕으로 기관의 기획 및 평가 노력이 실행된다는 점에서 중요하기 때문이다.

우리나라에서는 국민에게 사회보장 혜택을 제공하기 위해 사회보험, 공공부조, 사회(복지)서비스 제도를 실시하고 있다. 각 제도별 재원을 살펴보면 다음과 같다.

첫째, 사회보험의 재원은 주로 근로자와 사용자, 자영자가 부담하는 보험료로 조달된다. 2015년 기준으로 사회보험료율을 살펴보면 국민건강보험 6.07%, 국민연금 9%, 고용보험 1.55%(실험 1.30%, 고용안정 등 0.25%~)이고, 산재보험은 업종과 규모에 따라 0.0060~0.34%로 차등화된다. 그리고 노인장기요양보험은 건강보험료율(6.07%)의 6.55%이다.

둘째, 공공부조의 재원은 조세를 통해 마련한 국가의 예산으로 조달된다.

셋째, 사회복지서비스의 경우 재원 마련방법이 매우 다양하다. 사회복지서비스의 재원은 조세를 통한 국가의 보조금과 법인의 자체부담금, 민간의 기부금, 서비스이용료 수입 등으로 구성된다. 따라서 사회복지서비스를 직접 제공하는 사회복지시설 등의 조직에서는 다양한 재원의 확보와 관리가 중요한 관심사가 아닐 수 없다.

사회복지비용 지출에는 공공부문에서는 일반정부지출과 사회보험지출 등이 포함되고 민간부문에서는 법정지출과 자발적 지출 등이 포함된다.

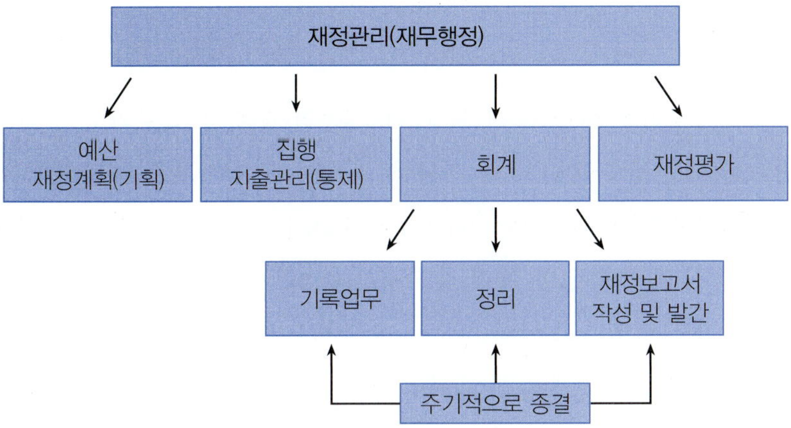

| 그림 7-1 | **재정관리의 4대 분야**

재정관리란 사회복지조직에서 서비스를 제공하는 데 필요한 자금을 확보하여 지출(집행)하고 그 내용을 기록·정리하고 평가하는 것과 관련된 업무를 말한다. 그러므로 재정관리도 프로그램 관리, 즉 기획과 밀접한 관련성이 있다. 예산, 집행, 회계 그리고 평가를 재정관리의 4대 분야라고 할 수 있다(성규탁, 1996: 298).

1. 예산

1) 예산(budget)의 개념

'예산(budget)'이란 한 조직이 일정 기간 동안 수행할 업무와 업무의 실행을 위해 필요한 재원의 확보방안 및 지출에 관하여 수립된 계획을 의미한다. 우리말 '예산'으로 번역된 영어 단어 'budget'은 'little bag'이라는 의미의 프랑스 고어인데, 영국에서 재정에 관한 여러 가지 문서를 넣고 다니던 가방을 의미하는 것으로 사용되기 시작했다고 한다(Skidmore, 1983: 80).

- 일정기간(회계연도)에 걸친 조직의 수입 및 지출에 관한 예정액 혹은 계획안
- 사회복지조직에서는 「사회복지법인 및 사회복지시설 재무·회계 규칙」이 정하는 바에 따라 법인(시설)이 일정한 규칙과 형식에 의하여 편성하고 예산(안)에 대한 심의, 의결을 거쳐 확정된 1회계연도 기간 동안의 재정계획
- 예산의 효력은 세입예산과 세출예산에 따라 다름
  - 세입: 법인과 시설의 1회계연도의 모든 수입
  - 세출: 법인과 시설의 1회계연도의 모든 지출
- 법인의 회계연도는 정부의 회계연도에 의함(1월 1일 시작하여 12월 31일 종료: 예산 일년 주의)
- 예산은 예산편성-예산집행-결산의 순환과정을 거치며, 자원조달 계획과 자원통제의 역할

2) 예산의 종류

- 본예산(규칙 제10조): 당초 이사회의 심의와 의결을 거쳐 확정된 예산
- 추가경정예산(규칙 제13조): 예산 성립 후에 생긴 사유로 인하여 이미 성

립된 예산에 변경을 가할 필요가 있을 때, 즉 필요한 경비의 부족이 생겨서 본예산에 추가 또는 변경을 가하는 예산

일반적으로 예산작업은 예산의 수립 또는 편성이라고 하는데 이는 다음과 같은 절차에 따라 이루어진다(최성재 · 남기민, 2006: 309-311).

① 조직의 단기적 · 구체적 목표의 설정: 단기적 목표와 장기적 일반목표와의 부합성 검토
② 조직의 운영에 대한 자료수집: 업무, 사업실적, 사업평가, 가용자원, 재정사항
③ 운영 대안의 고려: 기존 방법과 신규 방법의 효과성 · 효율성 검토
④ 조직활동의 우선순위 결정: 필요성, 시급성, 효과성, 효율성 등을 비교
⑤ 우선순위에 따른 예산안 잠정 확정: 운영단위, 사업단위, 기능단위에 배정
⑥ 재정원천과의 접촉 및 확인: 재정자원 확보 시도
⑦ 예산안 수정 및 확정

실제로 정부의 보조를 받는 사회복지조직에서 사업부서의 예산은 조직의 예산부서를 거쳐 지방자치단체 또는 보건복지부의 사회복지관할 부서에서 취합된다. 그리고 다시 예산부서를 거쳐 정부의 예산담당 부서에서 정부의 사회복지예산안의 일부로서 포함된다. 정부의 예산안은 다시 국회의 심의 · 의결을 통해 최종 예산으로 확정된다(신복기 · 박경일 · 이명헌, 2010: 323).

2. 예산의 성격

한 조직이나 국가의 차원에서 볼 때 예산작업은 다음과 같은 여러 가지 성격을 갖는다.

| 표 7-1 | 예산의 성격

정치적 기능	법률적 기능	행정적 기능	경제적 기능
· 의회가 예산·심의 결정권, 결산권 등을 통해 행정부를 통제하는 수단으로서의 역할 · 자원의 배분과 관련된 이해관계를 조정하는 과정	· 예산은 법령에 따라서 편성되고 집행되므로 법령을 시행하는 기능 · 예산안은 입법기구의 의결을 거쳐 회기기간 동안 법적 효력을 가짐 · 국가예산의 경우 법률을 제정하는 의회의 승인절차를 통해 결정됨	· 정부가 가용자원을 효과적으로 동원하여 각종 사업계획을 뒷받침하기 위한 최대의 경제성, 효율성을 고려하는 관리 기능 · 회계연도 사업들에 대한 계획을 수립하는 과정	· 국민경제의 안정기능, 경제성장의 촉진기능, 소득재분배기능, 자원 최적배분의 기능, 사회정책 수행의 기능 · 예산의 투입에 따른 경제성장과 재원조달에 따른 경제적 부담 등

3. 예산체계 모형

1) 품목별 예산(Line-Item Budgeting, LIB)

(1) 정의

- 다가오는 해의 계획된 총비용을 보여 주기 위해 사용되는 기관의 총영역과 돈의 액수를 단순하게 목록화한 것으로 가장 전통적이고 기본적이며 널리 사용되는 예산체계
- 예산을 지출대상(품목)별로 분류하여 편성하는 예산제도. 지출대상(품목)이란 인건비, 소모품 등의 투입(input)요소를 지칭. 구체적인 대상품목은 그 자체의 성격별로 구분

(2) 특징

- 전년도 예산을 근거로 하여 일정한 양만큼 증가시켜 나가는 것으로 점진주의적 특성
- 회계계정별로 구입품목별로 편성, 통제적 기능이 강함

(3) 장점

- 간편하고 지출근거를 명확히 하므로 책임과 예산통제에 효과적임
- 예산항목별로 지출이 정리되므로 회계에 용이

(4) 단점

- 전년도 예산을 기준으로 점진주의적 특성을 갖기 때문에 예산 증감의 신축성이 없음, 전반적인 인상률을 적용하므로 예산증감 기준의 타당성 희박, 효율성 무시
- 각 항목들에 대한 지출을 프로그램 활동이나 성과, 목표들과 연계하지 않다는 점

2) 성과주의 예산(Performance Budget, PB)

(1) 정의

- 기능주의 예산(functional budget) 또는 사업예산(program budget)으로 부름
- 조직의 활동을 기능별 또는 사업별로 구분한 후, 이를 다시 세부사업으로 나누어 세부 사업 단위의 원가를 계산하고 여기에 업무량을 곱하여 편성하는 예산(과업중심예산)

  예 조직의 활동을 서비스 제공활동과 후원활동으로 나눔 → 서비스 제공활동을 상담

입양, 위탁보호로 나눔/후원활동은 모금, 일반관리로 나눔 → 상담의 단위는 클라이언트 1인당, 또는 상담시간당으로 비용으로 책정할 수 있음

- 지출의 성과를 중심으로 예산을 관리, 운영하는 제도

(2) 특징

- 수행하는 업무에 중점을 두는 관리지향의 예산제도
- '단위원가×업무량=예산액'으로 표시하여 편성하는 예산
- 효율성을 중시함

(3) 장점

- 목표와 사업을 분명하게 알 수 있음
- 사업단위원가를 계산하여 자금을 배분함으로써 합리성을 도모할 수 있고, 사업의 효율성을 기할 수 있음

(4) 단점

- 사업 단위를 정하는 것과 사업 단위원가(사업측정단위 하나를 산출하는 데 드는 비용)를 산출해 내기 어려움

3) 계획예산(Planing-Programming-Budgeting System, PBS)

(1) 정의

- 장기적인 사업계획(planing)을 세우고, 그것을 실천하기 위해 해당 연도의 사업계획(programming)과, 이를 뒷받침하는 예산을 통합하여 수립하는 예산체계

(2) 특징

- 장기 계획과 단기 예산편성을 구체적 사업실행계획을 통해 유기적으로 연결
- 장기계획을 전제로 하며, 목표를 분명히 함
- 계획기능이 강함
- 조직의 장기적 계획에 의한 사업목표가 설정되어야 하고, 조직이 목표 달성을 위해 효과적인 대안을 선택할 능력이 있어야 하고 장기적 재정계획을 뒷받침할 재정계획이 있어야 함

(3) 장점

- 목표와 사업을 분명히 하고 장기적인 사업계획의 바탕 위에 이루어지기 때문에 사업계획과 예산수립의 괴리를 막을 수 있고, 사업의 효과성을 높일 수 있음

(4) 단점

- 목표설정 과정이 어려움
- 의사결정이 중앙집중화될 경향이 있음

4) 영기준예산(Zero-Based Budget, ZBB)

(1) 정의

- 전년도 사업이나 관행에 구애 받지 않고 영(zero)에서 출발하여 업무계획을 수립하고, 채택된 프로그램에 관해서만 예산을 편성하는 방식
- 조직은 모든 사업을 매년 처음 시작한다는 전제하에 매년 사업의 필요성에 대한 정당성을 제시하고 다른 사업과의 경쟁을 전제로 우선 순위에 입각하여 예산 수립

(2) 특징

- 매년 사업목표와 수행능력을 새로이 고려, 목표 달성을 위한 다양한 사업 고려, 사업의 비교평가에 기초, 우선순위에 의한 예산결정 과정 강조

(3) 장점

- 예산 절약과 사업의 쇄신에 기여
- 재원의 합리적 배분
- 재정운영과 예산배정에 탄력성을 기할 수 있음
- 사업의 효과성과 효율성 제고

(4) 단점

- 시간과 노력이 지나치게 많이 들고, 우선순위를 정하는 데 어려움이 있음
- 합리성만을 강조하고 정치적 및 심리적 요인 등한시
- 장기계획에 의한 사업수행을 위한 예산으로는 부적합

4. 사회복지시설의 예산편성

1) 사회복지재정의 원천

- 일반적으로 사회복지 재원은 정부보조금, 법인전입금, 후원금, 이용료수입 등으로 구성
- 정부보조금의 특성 이해
  - 보조금의 성격: 사회복지증진에 대한 국가책임이 현실적으로 대부분 민간법인에 의한 위탁사업으로 이루어지고 있음. 따라서 국가의 책임은 이

러한 민간법인에 대한 보조금의 형태로 이루어짐

- 비용의 보조: 국가 또는 지방자치단체는 사회복지시설의 설치 또는 운영에 필요한 비용 중 일부를 매년 예산의 범위 내에서 보조함. 이 경우 사회복지시설의 운영에 필요한 보조비율은 보조금예산 및 관리에 관한 법률 시행령이 정하는 바에 의함

• 국가 또는 지방자치단체가 사회복지시설의 운영에 소요되는 비용을 보조하는 때에는 시설평가(사회복지사업법 제43조)의 결과 등 해당 사회복지시설의 운영실적을 고려하여 차등 보조할 수 있음

- 용도 외 사용 금지: 보조금은 그 목적 외에는 사용하지 못하며, 법령의 규정 등에 따라 성실한 보조사업을 수행해야 함

2) 예산편성 요령

(1) 예산 편성 시 유의점

• 「사회복지법인 및 사회복지시설 재무·회계 규칙」 등 관련 법규, 지침 등을 준수해야 함

• 법인과 시설회계의 예산을 구분하여 편성하고, 사업계획에 근거하여 수입 및 지출예산 편성함

• 시설에서 발생하는 모든 수입과 지출은 반드시 예산에 계상해야 함

• 예산규모는 우선 전년도 또는 수년간의 예산, 결산 분석을 고려하고, 차기년도 물가상승률, 운영보조금의 변화, 세입재원의 충당 가능성(후원금, 사업수입, 기타) 등도 살펴보아야 함

• 또한 세출예산 편성 시 고려사항(사업비, 보수규정 등 인건비의 변화, 재산조성 및 시설 보수, 기타 운영비 등)과 법인 예산편성요령에의 적합 여부도 고려해야 함

(2) 세입관련사항

- 세입예산은 재원별, 성질별로 관, 항, 목으로 구분하여 편성한다.
- 주요 세입재원: 정부·지방자치단체의 보조금, 법인전입금, 후원금, 이용자부담금, 이월금, 잡수입 등으로 구성
- 보조금 수입은 각 보조사업별로 명확히 구분해야 함
- 법인전입금, 공모사업 후원금, 기부금, 실비 이용료 수입, 불용재산 매각수입 등 모든 수입은 누락 없이 편성해야 함

| 표 7-2 | 시설회계 세입예산항목 구분

과목			내역
관	항	목	
사업수입	사업수입	ㅇㅇ사업수입	· 시설운영으로 인해 발생되는 자활사업 · 수입을 종류별로 세목을 설정함
보조금 수입비	경상보조금 수입비	인건비	· 국가 및 지방단체로부터 받는 인건비
		운영비	· 국가 및 지방단체로부터 받는 운영비
		생계비	· 국가 및 지방단체로부터 받는 생계비
		자활사업비	· 국가 및 지방단체로부터 받는 자활사업비

(3) 세출관련 사항

- 세출예산은 경비의 성질과 기능을 고려하여 관, 항, 목으로 구분 편성
- 일반적으로 세출예산은 사무비(인건비, 업무추진비, 운영비), 사업비, 재산조성비, 전출금, 과년도지출, 반환금, 예비비, 잡지출로 구성
- 사업비는 사업계획서에 근거하여 지출 예산 편성
- 지출단가에 대한 정부 및 지방자치단체의 지침이 있는 경우(가령, 인건비)에는 이를 적용. 보조금 이외에 법인이 자율적으로 부담하는 인건비성 경비는 법인전입금 항목에 편성한 후 집행함으로써 보조금과 법인전입금의 구분을 명확히 함

| 표 7-3 | 시설회계 세출예산과목 구분

과목			내역
관	항	목	
사무비	인건비	급여 상여금 일용잡급 제수당	· 시설직원에 대한 기본 봉급 · 시설지원에 대한 기발·정근수당 · 일급 또는 단기간 채용하는 임시직에 대한 급여 · 시설직원에 대한 제수당(직종·직급별로 일정액을 지급하는 수당, 시간외근무수당, 야간근무수당, 휴일근무수당 등) 및 기타수당

3) 예산의 편성 및 결정 절차

• 회계연도 개시 2월 전까지 시설로 시·군·구의 예산편성 요령이 시달되면 시설의 장에 의해 예산 편성
  → 법인 이사회의 심의, 의결을 거쳐 예산안 확정
  → 회계연도 개시 5일 전까지 예산안을 시·군·구로 제출
  → 시·군·구청장이 제출받은 날로부터 20일 이내에 고시함으로써 예산 최종 확정
• 본예산 준비작업: 예산편성 준비작업은 시설의 규모에 따라 차이는 있으나 늦어도 사업 개시 2개월 전인 10월 중에는 시작해야 함

5. 사회복지조직의 회계

1) 회계(accounting)

• 재정적 거래를 분류, 기록, 요약하고 그 결과를 해석하는 표준화된 기술적 방법

- 목적에 따라 재무회계(financial accounting), 관리회계(managerial accounting)로 구분됨
  - 재무회계: 내부 및 외부 정보 이용자의 경제적 의사결정에 유용하도록 일정기간 동안의 수입과 지출사항을 측정 보고하는 것
  - 관리회계: 행정책임자가 행정적 의사결정을 하는 데 필요하도록 재정관계 자료를 정리하는 것으로, 주로 예산단위의 비용을 계산하여 실행성과를 분석

2) 주요 회계활동

① 기록업무: 수입, 지출에 관한 다양한 기록장부를 마련하고 회계원칙에 따라 장부에 기록하는 일

② 정리업무: 장부에 기록된 회계사항을 주기적으로 종결하여 정리하는 업무

③ 재정보고서 작성 및 발행: 사회복지조직의 재정 상태를 정기적으로 파악하기 위하여 월별, 분기별 재정보고서를 작성하여 시설 내부 및 이사회에 보고함

6. 수입과 지출

1) 수입

(1) 수입절차

수납-수입결의서 작성-금융기관 예입-회계장부 기록순으로 함

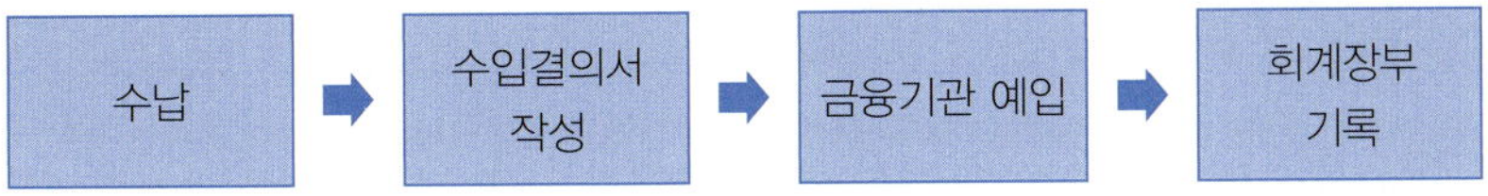

(2) 수입원칙

- 수입금의 수납
  - ① 당일 예입의 원칙: 수입원이 수납한 수입금은 그 다음날까지 금융기관에 예입하여야 함(사회복지법인 및 사회복지시설 재무·회계 규칙 제25조)
    - 장부와 예금통장 간의 일치성을 위해 당일의 수입금은 날짜 및 내역을 기재한 수입결의서 작성 및 결재 후 당일로 금융기관에 예입하는 것이 바람직
    - 금융기관 업무마감 후의 수입은 그다음 날 예입하되, 시설장 입회하에 시설 금고에 보관
  - ② 수납영수증의 정리
    - 수입원이 수납하는 금액에 대해 영수증을 발급하고 정리 보관
    - 영수증은 50~10매 단위로 1권 편철하고, 사전에 일련번호 부여

(3) 후원금의 관리

① 후원금의 범위

- 후원금은 아무런 대가 없이 무상으로 받은 금품 기타의 자산으로, 현금뿐만 아니라 음식, 의류, 물품 등 대가 없이 받은 자산은 모두 포함

② 후원금의 구분

가. 지정후원금

- 후원자에 의해 용도가 지정된 후원금. 결연후원금이 대표적인 예

나. 비지정후원금

- 후원자가 사용용도를 지정하지 않은 후원금. 흔히 일반후원금을 말함

③ 영수증 교부

- 후원금을 받은 때에는 시장·군수·구청장이 부여한 일련번호가 기재된 서식에 의거 후원금 영수증을 후원자에게 즉시 교부해야 함
- 금융기관 또는 체신관서의 계좌입금을 통하여 후원금을 받을 때에는 법인명의의 후원금 전용계좌나 시설의 명칭이 부기된 시설장 명의의 계좌를 사용해야 함. 이 경우 후원자가 영수증 발급을 원하는 경우를 제외하고는 영수증의 교부를 생략할 수 있음

④ 후원금의 사용

가. 사용제한

- 지정후원금은 후원자가 지정한 사용용도 외에 사용하지 못하며, 예산 편성 및 확정절차에 따라 세입, 세출예산에 편성하여 사용되어야 함. 그러나 지정후원금의 10%는 모금 홍보 및 사후관리비용으로 사용 가능함
- 비지정후원금은 법인 및 시설의 운영비로 사용하되, 간접비에 사용하는 비율은 50%를 초과하지 못함(예: 인건비, 회의비, 여비, 시설비, 자산취득비 등)

나. 사용내용 통보

- 법인의 대표이사와 시설장은 연 1회 해당 후원금의 수입 및 사용내용을 후원금을 낸 법인단체 또는 개인에게 통보해야 함

- 법인 또는 시설에서 발행하는 정기간행물 또는 홍보지 등을 이용한 일괄 통보도 가능

2) 지출

(1) 지출의 원칙

- 지출은 예산의 범위 안에서 해야 함
- 지출결의서 작성 시 지출원인행위(내부결재 또는 지출품의서)가 선행되어야 함
- 지출금액은 객관성, 타당성, 정확성을 유지해야 함. 저렴한 가격으로 좋은 품질의 물품을 구입해야 함. 저렴한 가격 또는 타당성을 인정받는 가격선에서 이루어져야 함(예: 조달청가격 등 참고)

(2) 지출의 방법

① 금융기관에 의한 지출

- 지출은 상용의 경비 또는 소액의 경비지출을 제외하고는 금융기관의 수표로 행하거나 예금통장에 의하여 행하여야 함

② 신용카드 등 의무화

- 상용경비 또는 소액 경비 지출이라도 5만 원 이상 지출 시 신용카드를 사용
- 현금영수증을 발급받아 지출

③ 현금에 의한 지출

- 상용 경비 또는 소액의 경비지출을 위하여 현금으로 가능하며, 이를 위해 10만 원 이하의 현금을 보관할 수 있음(그러나 금융기관이 없는 등의 특수한 사정을 제외하고는 시설에서의 현금보관은 적절하지 않음)

| 표 7-4 | 예산제도

유형	품목별 예산제도 (LIB)	사업별 예산제도 (PB)	계획예산제도 (PPBS)	영기준 예산제도 (ZBB)
정의	· 구입할 물품 또는 서비스별로 편성 · 투입중심 예산제도	· 기능별 · 사업별 활동 구분 · 구분 후 세부사업으로 나누고 각 사업의 단위원가와 업무량을 계산하여 편성 · 과정중심 예산제도	· 목표 달성을 위한 장기적 기본계획 수립 · 기본계획의 연차적 실행을 위한 사업별 편성 · 산출중심 예산제도	· 전년도 예산 완전 무시 · 계속사업 또는 신규사업의 정당성을 매년 새로이 마련 · 다른 사업과의 경쟁적 기반 위에서 우선순위 정해 편성
특징	· 전년도 예산이 주요 근거가 됨(증분주의) · 회계계정별, 구입품목별로 편성	· 단위원가×업무량=예산 · 효율성을 중시함	· 구체적 사업실행 계획을 통하여 장기적 계획과 단기적 예산편성을 유기적으로 연결 · 장기적 계획 전제 · 목표를 문명히 하고 목표 달성 강조	· 매년 사업목표와 수행능력을 새로이 고려함 · 목표 달성을 위한 다양한 사업 고려 · 사업의 비교평가에 기초한 우선순위로 사업을 선택 · 성과(결과)의 한계 · 증가량에 관심
	· 통제기능 · 회계자에 유리(재무과)	· 관리기능 · 관리자에 유리(사업부서)	· 계획기능 · 계획자에 유리(기획실)	· 의사결정기능 · 클라이언트에 유리
장점	· 지출근거 명확하여 예산통제에 효과적 · 회계에 용이함	· 목표, 사업을 분명히 이해할 수 있음 · 합리적 자금 분배 · 사업별 통제 가능 · 사업의 효율성 도모	· 사업 목표의 분명한 이해 · 합리적 자금 분배 · 신뢰할 수 있는 장기적 사업계획 · 사업계획과 예산수립의 괴리 방지 · 사업의 효과성 제고	· 예산절감과 사업의 쇄신에 기여 · 탄력적 재정운영과 자금 배분 · 관리 참여 확대 · 자금 배분의 합리화 · 사업의 효과성과 효율성

유형	품목별 예산제도 (LIB)	사업별 예산제도 (PB)	계획예산제도 (PPBS)	영기준 예산제도 (ZBB)
단점	· 예산의 신축성 저해 · 예산증대의 정당성 근거 희박 · 결과 및 목표 달성에 대한 고려 부족 · 사업내용 불분명 · 효율성 무시	· 예산통제의 어려움 · 비용산출 단위의 설정과 비용책정의 어려움 · 효과성이 무시됨 · 장기적 계획을 고려하지 않음	· 목표설정의 문제 · 과정의 상대적 무시 · 권력과 의사결정의 중앙집권화	· 효과적 의사소통, 의사결정, 사업평가에 대한 관리자의 훈련이 필요함 · 정치적 영향력 · 상기계획에 의한 사업수행이 곤란함

7. 결산

1) 결산

- 예산에 대응하는 개념으로 1회계연도에 있어서 법인 및 시설의 수입과 지출의 실적을 확정적 계수로 표시하는 행위
- 일정기간이 경과한 시점의 재정 상태를 파악하고 일정한 기간 동안의 경영성과를 파악하고 재무상태의 변동을 밝히기 위해 장부마감을 하고 결산서를 작성하는 행위

2) 결산서 작성 요령

- 과목별 예산의 증감사항이 모두 반영되었는지 확인
- 예산과목 또는 사업목적의 위배사항은 없는지 확인
- 예산편성지침에서 정한 지침과 규칙의 서식대로 작성되었는지 확인
- 현금출납부상의 세입, 세출 일치 확인

3) 결산의 절차(사회복지법인 및 사회복지시설 재무·회계 규칙 제19조)

① 법인의 대표이사는 법인회계와 시설회계의 세입·세출 결산보고서를 작성하여 이사회의 의결을 거친 후 다음연도 3월 31일까지 시장·군수·구청장에게 제출해야 함

② 시장·군수·구청장은 제1항의 규정에 의하여 결산보고서를 제출받은 때에는 20일 이내에 시·군·구의 게시판에 20일 이상 공고하고, 법인의 대표이사로 하여금 해당 법인과 시설의 게시판에 20일 이상 공고하도록 함

8. 회계감사

1) 회계감사

- 조직의 수입·지출의 결과에 관한 사실을 확인하고 검증하며, 이를 보고하기 위하여 장부 및 기타 기록을 체계적으로 검사하는 행위
- 법인의 감사는 해당 법인과 시설에 대하여 매년 1회 이상 감사를 실시하여야 함

2) 회계감사의 종류

(1) 규정순응감사

- 기관의 재정 운영이 적절한 회계절차에 따라 시행되었는지, 관련보고서들이 적절하게 준비되었는지, 각종 규칙과 규제들을 기관이 적절하게 따랐는지 등을 확인하는 것임
- 문제점: 단지 규정의 순응 여부만을 따지는 감사는 실제로 업무가 효과적 혹은 효율적으로 추진되었는지 여부에 관심을 두지 않는 문제. 지나치게 형식적, 절차에만 충실 → 이런식의 감사의 한계를 벗어나도록 하는 것이 운영감사

(2) 운영회계감사

- 예산과 관련하여 바람직한 프로그램의 운영의 산출 여부, 목표들이 어느 정도의 경제성과 효율성으로 성취되었는지 등에 관심. 다음 사항을 중점적으로 점검
  ① 경제성과 효율성: 예산활용부서가 자원(인력, 돈, 공간 등)을 경제적이고 효율적인 방식으로 관리 활용하고 있는지에 대해 판단, 비효율의 원인 분석
  ② 프로그램 결과: 의도된 결과나 편익들이 달성되었는지, 자원제공기관이 의도했던 목적들이 달성되었는지, 동일한 성과를 더 적은 비용으로 산출할 수 있는 대안들이 적절히 고려되었는지 등에 대해 판단
- 운영감사는 규정순응감사에 비해 폭넓은 지식수준과 기술 필요

3) 사회복지조직의 재정관리에 관한 법률 및 규칙

사회복지조직의 재정관리에 관련된 사항을 법률 및 행정부서의 행정규정으로 정하고 있는데 주요 관련규정은 다음과 같다(최성재·남기민, 2006: 322-325).

- 「보조금관리법」(1963. 11.)
- 「사회복지사업법」(1970. 1.)
- 「보조금의 예산 및 관리에 관한 법률」(1986. 12.)
- 「사회복지 법인, 시설 관리 안내」(1988. 2.)
- 「사회복지법인 및 사회복지시설 재무·회계 규칙」(1988. 2.)
- 「공익법인의 설립·운영에 관한 법률」(1975. 12.)
- 「보건복지부 소관 비영리 법인의 설립 및 감독에 관한 규칙」(2013. 3.)
- 「사회복지사업법」 제42조(보조금 등), 제44조(비용의 징수), 제45조(후원금의 관리)(2011. 8.)

제8장

미시적 조직관리

1. 동기이론

어떤 조직이든 조직구성원이 갖는 동기를 관리하는 것은 매우 중요한 과제이다. 동기부여는 근무의욕을 북돋우고 사기를 진작시켜 업무의 생산성을 향상시키며 나아가 사회복지서비스 제공에 있어 효과성과 효율성을 높이기 위한 중요한 요소이기 때문이다.

동기 이론의 범주

1. 내용이론(content theories)
- 구성원들에게 동기가 부여되는 인지과정에 대해 설명하는 이론
  (1) 매슬로우(Maslow)의 욕구위계이론
  (2) 알더퍼(Alderfer)의 ERG이론
  (3) 헤르츠베르크(Herzberg)의 동기위생이론
  (4) 맥클리랜드(McClelland)의 욕구이론
  (5) 맥그리거(McGregor)의 XY이론

2. 과정이론(process theories)
- 구성원들에게 동기를 부여하는 요인에 대해 설명하는 이론
  (1) 아담스(Adams)의 형평성이론
  (2) 브룸(Vroom)의 기대이론

2. 내용이론

1) 매슬로우(Maslow)의 욕구위계이론(hierarchy of needs theory)

인간은 욕구는 낮은 단계에서 높은 단계로 올라가는 계층으로 되어 있으며, 욕구충족은 단계적으로 이루어진다고 보는 이론이다.

(1) 욕구의 위계

매슬로우는 욕구를 5단계(1~2단계: 하위욕구, 3~5단계: 상위욕구)로 보고 있는데 구체적으로 살펴보면 다음과 같다.

① 1단계 욕구: 생리적 욕구(physiological needs)
② 2단계 욕구: 안전욕구(needs for safety and security)
③ 3단계 욕구: 사회적 욕구(need for belongingness)
④ 4단계 욕구: 자아존중감에 대한 욕구(needs for esteem and ego)
⑤ 5단계 욕구: 자아실현에 대한 욕구(needs for self-actualization)

욕구이론이 동기이론으로 분류되는 이유는 사람들이 충족되지 못한 욕구에 대해서는 이를 충족시키기 위해 노력하므로 충족되지 못한 상위욕구 자체가 노력의 동기로 작용하기 때문이다.

(2) 평가

- 장점: 인간의 욕구와 동기의 관계를 잘 파악. 사람들이 갖는 욕구를 기반으로 해서 각 사람의 동기의 위치를 생각해 볼 수 있게 함
- 단점: 욕구의 단계를 단선적으로 한 방향으로만 움직여 나가는 것으로 설명

2) 알더퍼(Alderfer)의 ERG이론(Existence-Relatedness-Growth theory)

알더퍼는 매슬로우의 욕구 5단계를 3단계로 축소하였는데 존재 욕구, 관계욕구, 성장욕구로 나누어 ERG이론으로 명명하였다.

(1) ERG이론과 욕구위계이론의 차이점

① ERG이론은 욕구위계이론이 설명하는 만족-진보과정에 덧붙여서 좌절-퇴보 과정 역시 존재한다고 봄

② 욕구위계이론과는 달리 다음 단계의 욕구가 동기적인 행동을 일으키기 위해서 그 이전 단계의 욕구가 반드시 완전하게 충족되어야 한다고 보지 않음

→ 욕구가 저순위 욕구에서 고순위 욕구 순위로 나타나는 것이 아니라 어느 시점에서나 저순위 욕구 또는 고순위 욕구가 나타날 수 있다는 것

(2) ERG의 개념

① 존재(existence)욕구: 인간의 존재와 관련된 욕구로서 매슬로우의 생리욕구와 안전욕구와 비슷

② 관계(relatedness)욕구: 대인관계의 만족에 대한 욕구로서 매슬로의 사회적 욕구와 비슷

③ 성장(growth)욕구: 인간의 잠재력의 성장과 발전에 관한 요구로서 자아존중과 자아실현의 욕구와 비슷

(3) 평가

- 욕구위계이론이 갖는 한계를 보다 현실적으로 정리하여 사람들의 동기가 작용하는 현실을 상대적으로 더 정확히 보여 준다.

3) 헤르츠베르크(Herzberg)의 동기위생이론(motivator-hygiene theory)

불만족을 제거하는 위생요인과 만족을 증가시키는 동기요인을 구분하여 설

명하는 것으로서 일반적으로 만족과 불만족을 연속적으로 생각하는데, 실제에 있어서 사람들을 만족시키는 요인과 불만족스럽지 않게 하는 요인이 따로 있다(상호독립적)고 보는 이론이다.

(1) 동기요인(motivator)

- 만족을 주는 요인
- 주로 직무에 대한 달성감, 성취에 대한 인정, 직무만족감, 직무자체, 증대되는 책임성, 능력과 지식의 신장

(2) 위생요인(hygiene)

- 갖추어지지 않았을 경우 불만족을 초래하는 요인
- 불만족스럽지 않게 하는 요인은 주로 환경적 요인과 관련: 근무여건, 봉급, 동료와의 관계, 개인적 생활, 슈퍼비전, 안전 등
  - 경제적 요인이나 작업환경의 개선 등 위생요인의 충족만으로는 불만을 갖지 않게 할 뿐 우수한 직무수행을 위한 동기를 유발시키기 힘들고, 직무자체의 개선을 통해 동기요인을 충족시켜야 한다는 점에 초점(만족요인의 충족만이 직무수행을 위한 동기유발에 기여)
- 사회복지사들의 동기부여를 위해 어떤 요인을 강화해 나가야 할지를 시사

4) 맥클리랜드(McClelland)의 성취동기 이론(three acquired needs theory)

인간은 자신이 사회에서 경험하며 살아가는 과정에서 다양한 사건에 의해 사회로부터 특정 욕구를 획득하게 되는데, 이 욕구들이 동기로 작용한다고 보는 이론이다. 동기를 부여하는 세 가지 욕구는 성취욕구, 권력욕구, 친화욕구가 있다.

① 성취욕구: 우수한 결과를 얻기 위해 높은 수준을 설정하고 달성하려는 욕구, 삶의 과정에서 무엇인가를 더 낫게 또는 효율적으로 성취하려는 욕구
② 권력욕구: 타인에게 통제력을 행사하거나 행동에 영향을 미치는 욕구
③ 친화욕구: 다른 사람과 우호적이고 밀접한 관계를 유지하려는 욕구

조직구성원의 직무설정 혹은 직장 내 배치와 관련해서 구성원의 동기를 강화시켜 조직의 발전을 도모하기 위해서는 조직구성원의 욕구에 대한 정확한 이해가 매우 중요하다는 점을 시사한다.

5) 맥그리거(McGregor)의 XY이론

- X이론: 매슬로우의 하위욕구에 초점을 맞춘 강제, 통제, 명령, 처벌 등을 기초로 한 관리 전략
- Y이론: 상위욕구를 중요시하여 '자율에 의한 통제'를 강조하면서 조직구성원의 잠재력이 능동적으로 발휘될 수 있는 관리전략을 통해 개인과 조직의 목표를 서로 통합
- XY이론은 조직 내 인력자원의 동기수준, 직무의 성질, 조직의 상황요인 등을 고려해서 적용되어야 함

3. 과정이론

1) 아담스(Adams)의 형평성이론(equity theory)

아담스는 사람들은 항상 자신이 투입한 것과 비교하여 보상결과가 어느 정도인가를 보고, 이것을 남과 비교한다는 것에 주목하여 사람들의 인지과정에서

만들어지는 형평성이 사람들의 동기에 큰 영향을 미친다고 하였다.

- 사람들이 인지하는 형평의 상태가 동기에 영향을 미친다고 보는 이론
- 조직원이 받는 보상(산출)과 자신의 노력(투입) 사이에 차이가 생기면 이를 줄이려는 동기가 생긴다는 이론
- 비교를 통해 본인의 투입에 비해 보상의 비율이 남의 것보다 적다고 인지하는 경우(비형평성 자각)에는 부정적으로 동기에 영향을 미침
- 공정하다고 인식된 보상은 직무 만족도와 성과를 향상시킴

■ 시사점

- 형평성이 보장되는 시스템의 구축이 조직구성원에게 긍정적인 동기요인으로 기능할 수 있음을 시사
- 관리자는 구성원들의 형평성에 대한 인지에도 개입하는 노력이 요구됨

2) 브룸(Vroom)의 기대이론(expectancy theory)

- 사람은 행동에 앞서 행동의 결과와 그 결과가 자신에게 가져다줄 이익 등에 대한 기대에 기초하여 행동하고, 그 기대가 사람들의 동기에 영향을 미친다고 주장하는 이론
- 인간은 자신이 할 수 있는 것, 자신이 원하는 결과를 가질 수 있는 것, 그리고 자신에게 긍정적인 이익을 가져올 것이라는 인식에 기초하여 동기가 부여될 수 있다는 것

→ 기대와 수단과 가치부여 – 세 가지 인지요소의 결합에 의해서 인간의 동기가 부여

① 기대(expectancy): 과업수행과 관련하여 실행 여부에 대한 가능성(일정한 노력이 성과를 초래할 가능성에 대한 것)

② 수단(instrumentality): 과업을 수행한 후 달성하는 수준이 다양한 결과

(보상)를 가져오게 될 가능성을 의미(성과의 달성 시 바람직한 보상이 주어지리라 믿는 정도)

③ 가치부여(valance): 기대되는 결과(성과, 보상)가 개인에게 얼마나 가치 있는 것인가를 나타내는 것

■ 시사점

- 동기부여 위해 근무성적평가결과를 개인이 가치 있게 생각하는 것과 체계적으로 연결시켜 근무실적(결과)에 대한 매력을 높임과 동시에 업무의 자기 완결성이나 자율성을 고려하여 자신의 노력으로 업무성과를 초래할 수 있다는 기대를 높이는 것이 필요

제9장

미시적 조직관리 리더십 이론

1. 리더십 이론

리더십에 대한 학문적 접근은 크게 세 가지로 나누어 볼 수 있다.

① 특성론적 접근: 리더의 개인적 특성 및 자질에 초점을 두어 성공적 리더의 특성과 자질을 탐구한 리더십의 초기 이론

② 행동론적 접근: 관리자 혹은 슈퍼바이저의 행동에 초점을 두고 이러한 행동을 파악해 내는 접근

③ 상황론적 접근: 리더의 행동이나 특성은 상황변수에 따라 다름을 강조

최근에는 특성론적 접근의 부활이라고 볼 수 있는 카리스마 리더십과 변혁적 리더십 등에 크게 주목받고 있다.

1) 특성론적 접근방법

- 1940~1950년대 주장된 이론
- 리더의 개인적 특성에 초점을 두어 성공적 리더의 특성과 자질을 탐구한 리더십의 가장 초기 이론
- 리더와 추종자는 특성 면에서 명백히 구별되고 리더로서 필요한 특정한 자질만 있으면 시간과 공간을 초월하는 상황에서 리더가 될 수 있다는 것
  - 특정한 특성(활력과 인내성, 결단력, 설득력, 용모와 같은 신체적 특성, 판단력, 언어능력, 지능, 성격, 학력 등)을 갖게 되면 효과적인 리더가 될 수 있다는 것
  - 과학적인 측면에서 큰 의미를 갖지 못함. 분석적인 가치와 예측의 가치를 거의 갖지 못하는 한계
    → 1940년대 말 이후 리더십에 대한 연구는 행동론적 접근방법으로 옮겨감. 그러나 1990년대에 들어 보다 과학적인 접근방법을 응용하여 보

편타당한 결과를 제시하는 특성론적 접근이 다시 부활

- 다양한 리더십 특성 제시: 비전, 지식과 전문성, 동기부여, 정서적 안정, 종업원에 충실, 신뢰도와 자신감, 지구력, 생동감, 통제가 아닌 카리스마 등

2) 행동론적 접근방법

- 초기 특성론적 접근의 제한성에 대한 인식과 함께 리더십에 대한 새로운 접근이 50년대 초부터 시작
- 효과적인 관리자의 행동, 즉 조직에서 부하 등 구성원의 업적과 만족에 긍정적인 영향을 미치는 행동에 초점을 두고 리더십을 설명하고자 함
- 특성론적 접근과의 차이: 리더십을 전수시킬 수 있고 개발시킬 수 있다는 것. 리더십을 효과적인 관리행동의 차원에서 이해하면서 훈련을 통해 누구나 개발시킬 수 있는 것으로 보았음

행동론적 접근방법에 대한 대표적인 연구는 다음과 같이 세 가지로 나눌 수 있다.

(1) 오하이오주립대학교 연구: 리더십의 두 가지 행동 요인 파악

① 구조화 행동(initiating work structure): 지도자가 과업을 조직하고 정의하며, 업무를 할당하고 의사전달의 통로를 확립하여 업무집단의 성과를 평가하는 행동

② 배려행동(consideration): 일을 수행하면서 구성원들의 어려움과 특별한 상황들을 고려해서 지지해 주고 반응해 주는 행동

→ 이 두 가지 행동차원에서 높은 점수를 갖는 이들이 리더십 역량을 가진 관리자임

(2) 미시간대학교 연구: 높은 성과와 만족도를 가져오는 관리자의 행동연구 결과

① 직원 중심적 행동(employee-centered leadership): 보다 인간 지향적, 권한과 책임의 위임, 직원의 복지와 욕구에 관심, 친근감, 감사의 표시, 인정, 관심 등

② 직무 중심적 행동(job-centered leadership): 기획과 통제, 조정, 업무 지원 등의 내용 중심

→ 직원 중심적 리더십이 상대적으로 보다 높은 생산성과 직무만족을 가져오는 리더십. 또한 직무 중심적 행동은 조직구성원들에 의해서도 실행될 수 있다고 밝힘으로써 보다 바람직한 관리자의 리더십 행동은 바로 종업원 중심적인 행동임을 시사

※오하이오주립대학교 연구와의 차이: 미시간대학교의 연구는 관리자가 두 가지 행동 모두를 동시에 높은 수준에서 실행할 수 있기보다는 어느 한 편의 리더십 행동에 좀 더 높은 비중을 가질 수밖에 없는 형태로 리더십 행동이 실행된다고 보았다.

(3) 블레이크와 머튼(Blake & Mouton)의 관리격자(manegerial grid) 모형

- 리더십행동이 극단적으로 나뉘는 것이 아니라고 강조하면서 '사람에 대한 관심'과 '생산에 대한 관심'의 두 가지 요인을 토대로 5가지 리더십 행동유형 제시
  ① 무력형: 사람과 생산 모두에게 전혀 관심이 없는 형
  ② 인기형: 사람에 대한 관심만 지대, 생산에 대해 관심이 전혀 없는 형
  ③ 과업형: 생산에만 관심 지대, 사람에 대한 관심 전혀 없는 형
  ④ 중용형: 사람에 대한 관심과 생산에 대한 관심 모두 중간인 형
  ⑤ 팀형: 사람에 대한 관심과 생산에 대한 관심이 모두 지대

- 연구결과: 팀형 리더유형이 가장 높은 생산성을 보였음
  - 조직목표의 달성을 위해 조직과 구성원들의 상호 의존성과 공동체 의식을 강조함으로써 구성원들 간의 신뢰와 존경 관계가 형성되고 조직목표 달성을 위해 헌신하도록 유도하는 유형

※리더십의 행동론적 접근방법에 대한 평가

- 행동이론은 리더십 행동유형이 리더십 효과에 미치는 상관성에 대해 입증하지 못했으며 상황에 따라 상이한 결과가 나타난다는 한계점
  → 상황론적 접근방법 모색됨

3) 상황론적 접근법

어떤 상황에서나 효과적으로 적용될 수 있는 리더십 유형이란 없다는 인식을 기초로 한 이론으로서 리더란 상황의 산물이기 때문에 상황에 따라 효과적인 리더십 유형이 다르다고 본 것이다. 즉 특정한 상황에서 필요로 하는 인물이 지도자가 되며 상황의 요구에 가장 적합한 지도자가 효과적인 지도자라는 것이라고 보는 접근법이다.

(1) 피들러(Fiedler)의 상황이론

- 조직에서의 상황에 적합한 행동의 관리자에게 실행될 때 이를 리더십 행동으로 간주된다.
- 리더십의 영향력은 ① 관리자와 부하의 관계, ② 과업이 구조화된 정도, ③ 관리자의 지위 권력 정도에 따라 달라진다.
- 관계 지향적 리더와 과업 지향적 리더로 구분
  ① 과업 지향적 리더십: 상황이 매우 유리하거나 불리할 경우 과업 지향적 리더십 행동이 보다 효과적

② 관계 지향적 리더십: 상황이 유리하지도 불리하지도 않은 중간상황에서는 관계 지향적 리더십행동이 효과적

(2) 허시와 블랜차드(Hersey & Blanchard)의 상황이론

- 부하직원의 상황에 주목. 부하가 없으면 리더도 존재하지 않는다는 가정을 기반으로 이론 전개
- 부하의 성숙도(maturity)를 능력의 차원(지식, 경험, 기술 등)과 의지의 차원(믿음, 헌신, 동기 등)으로 구분하여 네 가지 형태의 성숙도 상황 제시

  ① 부하가 능력도 의지도 없는 경우
  → 지시하고 점검해 주는 지시형 리더십이 효과적

  ② 부하가 능력은 없는데 의지만 있는 경우
  → 아이디어 제시해 주고 방향을 제시해 주는 제시형 리더십이 효과적

  ③ 부하가 능력은 있는데 의지가 없는 경우
  → 참여를 유도해서 책임감을 느끼게 하고 의지를 성장시킬 수 있게 하는 참여형 리더십이 효과적

  ④ 부하가 능력과 의지 모두 있는 경우
  → 일을 위임하면서 함께 일을 해나가는 위임형 리더십이 효과적
- 이론 평가
  - 부하의 성숙도, 준비도에 초점을 맞추어 관리행동을 구성해 나갈 수 있을 때 의미 있는 리더십 행동이 될 수 있다는 것을 처음으로 제시한 이론으로 실천적 측면에서 시사점이 많음

(3) 하우스(House)의 경로-목적이론

- 효과적인 리더가 되기 위해 관리자는 부하가 목적을 이룰 수 있게 방향을 제시해 주고, 동시에 조직의 목적과 부하의 업무가 일치되는 방향에서 전개될 수 있게 지원하는 역할수행을 강조하면서, 이를 위해 다양한 상황들에 적합하게 적용될 수 있는 리더십 행동 강조
- 상황을 부하의 상황과 업무환경의 상황으로 나누어 이러한 상황들에 적합하게 적용될 수 있는 네 가지 리더십 행동 제시
  ① 지시적 리더십: 과업이 고도로 구조화된 경우보다 애매한 상태에 있을 때, 집단 내에 갈등이 있을 때, 수행능력이 낮은 종업원과 일할 때, 외부에 의해 통제받는 것에 익숙한 특성을 갖는 부하와 일할 때 효과적
  ② 지지적 리더십: 수행능력이 높은 종업원과 일할 때, 구조화된 과업을 수행할 때, 공식적인 권한관계가 분명하고 관료적인 상황에 있을 때 효과적
  ③ 참여적 리더십: 내재적인 통제의 특성을 가진 부하와 일할 때, 자신감이 높은 종업원과 일할 때 효과적
  ④ 성취 지향적 리더십: 부하의 수행능력이 높을 때, 도전적 과업이 부족할 때 효과적
- 이론 평가
  - 장점: 조직의 상황들을 보다 구체화하면서 바람직한 행동들을 구체적으로 설명
  - 단점: 다양한 상황의 상호작용에 대한 고려 없이 상황을 단순화

2. 최근의 리더십 이론

최근 들어 카리스마 리더십, 변혁적 리더십 등 리더십에 관하여 특성론적으로 접근하는 이론이 새롭게 떠오르고 있다.

1) 카리스마 리더십(charisma leadership)

- 카리스마 리더의 특성
  - 높은 수준의 자기 확신, 분명하고 강한 비전, 자신의 비전에 대한 강한 믿음, 전통적인 규범과는 다른 형태로 나타나는 독특한 행동양식, 개혁적이고 변화지향적인 모습, 조직환경에 대한 민감성, 의사소통의 고수, 높은 수준의 에너지, 행동 지향적인 태도 등
- 카리스마 리더들은 추종자들이 수용할 수밖에 없게 만드는 방식으로 자신이 지니는 가치와 믿음을 표현하는 행동을 하고, 성공을 가져올 수 있다는 이미지를 창출하면서 조직의 이상적 목적들을 제시하는 행동과 노력을 하고, 과업의 성취를 위해 높은 수준의 동기부여를 추종자들이 가질 수 있게 함
- 카리스마 리더십은 조직에게 매우 의미 있는 축복이자 동시에 저주가 될 수 있음
  - 조직 전체보다는 개인의 이익을 위해서 카리스마 리더십을 실행하는 경우 조직에 엄청난 해악을 가져올 수 있음
- 전반적으로 카리스마 리더십 이론은 내용을 입증하기가 어려워 실증적인 지지가 미약한 상황, 그러나 의미 있는 통찰 제공

2) 배스(Bass)의 변혁적 리더십(transformative leadership)

- 1980년대 들어와서 미국기업들이 일본과 같은 타국 기업과의 경쟁에서 살아남기 위해 조직을 새롭게 변화시키는 작업이 필요함을 인식하게 됨

(1) 변혁적 리더십이란

- 조직의 노선과 문화를 변동시키려고 노력하는 변화 추구적, 개혁적 리더십

- 전통적인 리더십이론이 전제하는 안전지향의 거래적 리더십(transactional leadership)이 업무의 할당, 결과의 평가, 통제 등 일상적인 리더의 행동을 강조하는 데 반해, 변혁적 리더십은 환경의 변화에 대응하여 새로운 비전, 조직문화, 규범을 창출하고 그것이 새로운 현실이 되도록 적절한 지지를 확보하는 등 조직의 변화를 주도하는 리더의 활동을 강조
- 교환관계에서 부하의 이해관계에 초점을 두고 이해관계를 자극함으로써 동기를 부여하는 거래적 리더십단계로부터 기대를 초월하는 조직변화를 가져오기 위해 구성원의 형질, 즉 믿음, 가치, 목적설정 등을 변화시키는 것에 기여하는 리더십

(2) 변혁적 리더의 특징

- 비전 제시, 카리스마, 상징적 행동, 부하에 대한 임파워먼트, 지적 자극, 인격적 통합성 등
- 이론 평가: 일반적인 조직 상황에서 리더가 되기 위해서는 거래적 리더십도 필요하지만, 변화의 상황에서는 조직구성원의 변화와 조직의 변화를 가져오는 변혁적 리더십이 매우 의미 있고 유효한 리더십으로 평가받음

3. 리더십(leadership)의 정의

리더십이란 일반적으로 '주어진 상황에서 목적의 달성을 위해 개인이나 집단의 행동에 영향을 미치는 과정 혹은 동기를 부여하는 능력'을 말한다.

- 카츠와 칸(Katz & Kahn): 조직구성원이 업무를 수행함에 있어 요구되는 수준을 초월하는 성과를 내려는 노력을 불러일으키는 영향력
- 리더십은 상급자의 지위에 따른 권력 및 공식적 권한에 따른 영향력과는 구분되는 것으로, 조직구성원의 자발적인 노력을 불러일으키는 영향력

- 신복기 외: 리더십이란 조직의 목표 달성을 위하여 개인이나 집단을 조정하는 기술과 과정이며, 조직의 목표를 설정, 제시하여 조직구성원들이 그 방향으로 가도록 지지하고 자극하는 것

4. 리더십의 유형

칼리슬(Carlisle)은 리더십의 유형을 지시형, 참여형, 자율형·자유형으로 제시하였으며 이 중 자유형의 사용은 극히 제한되어 있기 때문에 주로 지시형과 참여형 리더십을 사용한다.

1) 지시적 리더십

- 명령과 복종을 강조하고 독선적이며 조직체 성원을 보상-처벌의 연속선에서 통제
- 장점: 정책에 일관성이 있고 신속한 결정 가능, 변화와 위기에 강함
- 단점: 과도한 통제로 사기저하, 일방적 의사소통. 잠재력 개발 기회 감소

2) 참여적 리더십

- 민주적 리더십. 부하직원을 결정 과정에 참여시킴
- 장점: 동기유발적, 개인의 지식과 기술을 활용, 개방적인 의사소통 촉진
- 단점: 긴급한 결정이 어려움, 타협에 의한 어중간한 결정에 도달, 책임의 분산으로 무기력하게 되는 문제 발생

3) 자율적 리더십

- 방임적 리더십으로 의사결정권을 부하직원에게 위임
- 장점: 전문가 조직에 적합
- 단점: 일의 처리에 대한 정보 제공 부족, 내부 갈등에 개입이 어려워 혼란을 야기할 수 있다.

5. 리더십의 수준

1) 최고관리층의 리더십

- 최고관리층이란 사회복지 조직을 이끌어 갈 전반적인 책임을 지고 있으며, 이는 사회적 욕구에 대응하는 정책을 해석하고, 그것에 맞는 조직 목표를 설정하며, 외부 환경에 대하여 재정적, 정책적 지지를 획득하기 위한 책임을 가진다.
- 외부환경의 변화에 민감하게 반응하여 탄력적인 대응을 할 수 있도록 도와야 함
- 내부운영을 지시하고, 내부적으로 적정의 자원 할당과 조직의 혁신적인 비전을 제시해 줄 수 있어야 함

최고관리층이 가져야 할 리더십 기술

- 조직의 기본적인 임무의 설정
- 외부의 이해관계 집단과 교섭하고 중재하여 조직의 정체성 확립
- 임수 수행을 위한 서비스 기술의 선정
- 내부구조를 발전시키고 유지
- 변화를 주도하고 수행

2) 중간관리층의 리더십

- 조직의 한 부서를 책임지고 있는 계층으로서, 최고관리층의 지시를 구체적인 프로그램목표로 전환하고, 목표를 달성하기 위한 인적, 물적 자원을 확보하며, 내부 운영 절차를 개발하고 프로그램을 감독, 조정, 평가하는 일을 담당
- 조직 상하 간의 의견과 요구를 원활하게 전달하고, 중재해야 하는 역할을 하며, 동등한 위치에 있는 다른 부서의 중간관리층과도 수평적인 의사소통을 해야 하는 책임을 가짐
- 직원들의 사기, 효율성, 효과성에 도움을 주는 제반 조건들을 개발하고 유지하는 책임을 짐

중간관리층이 가져야 할 리더십

- 수직적, 수평적 연결자로서의 리더십 기술
- 직원들의 욕구를 조직의 목표에 통합시키는 인간관계기술

3) 하위관리층의 리더십

- 하위관리층(supervisor)은 일선직원들과 매일 접촉하고 있는 슈퍼바이저들로서, 일선직원들의 프로그램 수행을 감독하고 업무를 위임하거나 분담하며, 충고와 지침을 제공하고, 부족한 지식과 기술을 지적해 주며 개인적인 성과를 평가
- 이러한 책임을 수행하기 위해 일선직원들에 의해 수행되는 방법이나 기법에 관한 지식을 갖고 있어야 한다.
- 중간관리층과 일선직원 간의 원활한 의사소통을 위한 연결자로서의 역할 수행

하위관리층이 가져야 할 리더십 기술

- 전문적 기술: 직원과 자원을 효율적이고 효과적으로 활용하는 데 도움을 줄 수 있는 기술로서 일선직원들의 업무를 조직화하고 조정하는 데 도움
- 공평에 대한 관심: 보상과 제재의 공정한 분배가 이루어지도록 함. 승진과 보상을 위해 윗사람에게 아첨하고 비판을 하지 않는 것은 일선직원들의 동기부여 및 조직의 일체감에 부정적 영향

제10장

거시적 조직관리 (조직구조와 조직기술)

1. 조직구조의 개념 및 내용

1) 조직구조란

- 조직의 각 부분들 사이에 성립되어 있는 관계의 유형을 뜻하는 것으로, 조직의 기능과 권한, 책임 등이 어떻게 배분되고 조정되는지와 관련
- 대부분의 조직에서 조직구조는 보통 명시화되어 있음(예: 조직체계표) → 조직 내에서 업무와 기능들이 어떻게 분화되고 연결되고 조정되는지를 나타냄

2) 조직구조의 내용

(1) 복잡성(complexity)

- 조직 내의 분화(differentiation)의 정도: 과업의 분화 정도
- 수평적 분화 vs. 수직적 분화

① 수평적 분화: 동일위계수준에서의 과업분화

- 과업을 많이 분화시킬수록 수평적 분화가 더 이루어짐
- 수평적 분화는 전문화된 분업화(specialization)와 부서화로 관찰할 수 있음
  * 부서화(departmentalization): 전문화된 분업들을 유사성이나 상호관련성에 기초해 그룹화하는 것
- 장점: 전문지식 활용과 융통성, 밀접한 지도·감독이 가능하고 보다 긴밀한 상하관계를 가질 수 있음, 대규모 조직에 유리
- 단점: 조정과 의사소통은 더 복잡해짐. 권한과 책임한계를 둘러싸고 갈등이 야기될 수 있음

② 수직적 분화: 조직 내 위계구조상의 분화

- 조직 내 수평적 분화가 증가할 때 이들을 조정하고 통제하기 위해 수직적 분화가 만들어짐
- 수직적 분화의 정도는 통제범위(span of control)를 통해 결정: 통제범위는 관리자 한 명이 직접적으로 지도하는 부하의 수로 결정. 적정수준의 통솔범위를 정하기 위해서는 직무의 성질, 시간적, 공간적 요인, 의사소통의 기술 등을 고려해야 함
- 장점: 권한과 책임이 분명, 신속한 결정, 강력한 통솔력 행사, 조직의 안정성 확보
- 단점: 독단적이고 주관적인 의사결정, 경직성, 비능률의 등의 위험
- 복잡성에서 가장 중요한 과제: 수평적 분화와 수직적 분화를 어떤 수준으로 설계하여 보다 효율적이고 효과적인 의사소통, 조정, 통제를 가질 수 있을 것인가를 찾아내는 것

(2) 공식화(formalization): 직무의 표준화 정도

- 공식화: 조직 내 직무와 수행과정들을 규칙들로 명문화하는 것, 즉 표준화하는 것
- 조직활동이 효과적이고 효율적으로 이루어지기 위해서는 업무와 업무수행과정을 공식화해 주어야 함
- 공식화는 조직활동의 경제성과 예측성을 높이기 위해 매우 중요
- 조직에서 공식화는 기본적으로 업무분석에 기초한 업무에 대한 기술 및 업무수행절차의 명시 등과 같은 명문화를 통해 이루어지는 것이 일반적이나, 명문화되지 않은 조직문화를 통해 만들어지는 경우도 상당히 많음
- 공식화의 장점
  - 조직구성원들의 행동을 규제해서 재량적으로 일하는 부분, 사적 요소의 영향력을 줄임

- 구성원들의 업무에서 발생하는 편차 줄임, 조정을 보다 용이하게 함
- 공식화는 업무가 안정적이고 단순한 경우 더욱 큰 효과를 가질 수 있음

• 공식화의 단점
- 업무가 복잡하고 유동적인 경우에는 자율성과 신축성을 저해하는 요인으로 작용할 수 있음

→ 조직의 상황과 업무 상황에 적합한 수준의 공식화가 조직관리의 효율과 효과를 높이는 데 절대적임

(3) 집권화(centralization): 권한의 배분정도

• 집권화: 조직에서 재량적으로 할 수 있는 의사결정의 공식적인 권한이 집중된 정도 이러한 집중은 개인, 조직의 일정 단위, 부서 등을 의미한다.

• 분권화(decentralization): 의사결정의 공식적인 권한이 분산되거나 이양되는 정도

• 조직은 조직활동과 관련된 의사결정의 권한을 적절하게 분산하거나 집중시킴에 의해 조직관리의 효율성과 효과성을 확보해야 함

| 표 10-1 | 집권화와 분권화의 장단점

	집권화	분권화
장점	· 단순하고 반복적이고 획일적인 업무에 유리 · 위기 시 집중되어 있는 상태가 유리	· 환경에 대한 조직의 반응성과 유연성 증가 · 신속한 행동의 촉진 · 자세한 정보의 수집 기능 · 구성원들의 동기부여
단점	· 자율성과 창의성 저해 · 환경변화에 반응하고 적응하기 어려워짐	· 조직전체의 계획과 조정활동이 어려워지고 의사결정 과정에 대한 통제력 약화

2. 조직구조의 형태

1) 단순구조(simple structure)

- 특징: 낮은 수준의 복잡성, 낮은 수준의 공식화, 높은 집권화
- 일반적으로 통제의 범위가 상당히 넓음
- 장점: 과업의 처리가 단순하고 신속, 과업이 유연하게 진행
- 단점: 조직의 규모가 커질 때 부적절할 수 있고, 한 사람에게 의존하는 정도가 너무 과도할 수 있음
- 조직의 규모가 작을 때 혹은 조직을 창업하는 시기에 적절

2) 기계적 관료제 구조(mechanistic bureaucratic structure)

- 특징: 높은 수준의 분화, 높은 수준의 공식화 및 집권화
- 과업들이 기능적으로 세세하게 분화, 엄격한 규율과 규칙을 통해 운영, 집권화된 의사결정 체계와 명령의 사슬에 의해 업무 수행
- 장점: 과업의 중복 최소화, 기능적으로 유사한 업무로 묶어 놓아 구성원들이 편리하게, 빠르게 일을 함. 규율과 규칙에 의해 관리되어 매우 효율적
- 약점: 전문화된 부서들이 각자의 전문화된 과업 및 이해관계에만 몰두하기 때문에 전문화된 부서 간의 갈등발생이 상대적으로 더 빈번, 규칙과 규율에 대한 강조가 지나쳐 경직된 조직 운영
- 정부조직에서 쉽게 관찰
- 조직의 규모가 크고, 조직의 환경이 단순하고 안정적이고, 조직기술이 일상적일 때 매우 효율적인 조직구조

3) 전문적 관료제 조직(professional bureaucratic structure)

- 조직구성원이 상당히 높은 수준의 전문성을 견지하는 경우 이들의 전문성을 존중하고 살리면서 관료제의 장점을 지향하는 형태
- 특징: 높은 수준의 수평적 분화, 전문가 집단의 규율과 규칙에 입각한 표준화(내적 공식화), 높은 수준의 분권화
- 장점: 전문화된 과업수행은 전문영역의 구성원이 담당하므로 중앙관리자는 그 밖의 다른 일에 집중할 수 있어 관리의 효율성이 매우 높음
- 단점: 조직의 목적보다 전문가 집단의 목적을 우선시할 수 있음, 전문집단 간의 갈등발생, 전문가 집단 내에 내재화된 규칙과 규율이 완고한 경우 조직의 효과성에 방해요소로서 작용할 수 있음
- 병원과 같은 전문가 집단들로 운영되는 조직에서 쉽게 관찰됨
- 조직이 전문적 기술을 활용해야 할 때, 조직의 규모가 클 때, 조직의 환경이 안정되어 있으나 매우 복잡한 모습을 가질 때 매우 높은 효율성을 가져오는 구조

4) 사업부제 구조(divisional structure)

- 조직이 사업에 대해 수평적 분화를 진행시키면서 발생한 구조
- 각 사업부가 완벽하게 자기 전략하에서 업무를 수행하면서 자기 사업부와 관련된 의사결정을 내릴 수 있게 조직구조를 구성하여 관리하는 구조
- 장점: 각 사업부별로 책임을 지움으로써 각 사업부가 높은 수준의 책임감과 업무성과를 내기 위해 노력, 조직환경에 대해 보다 신속하고 유연하게 대처하면서 보다 효율적이고 효과적으로 환경 관리, 중앙본부 차원에서는 전반적인 방향만 잡아 주면서 책임경영을 통해 자신의 역할에 집중할 수 있

음, 어느 한 사업부의 어려움이 다른 사업부로 이전되는 효과 미미, 사업부 관리를 통해 전반적인 시각과 경험을 갖춘 관리자를 개발하여 중앙관리자의 기능을 맡길 수 있음

- 단점: 자원 중복, 사업부 간의 수평적 조정이 원활하지 못함
- 시장이 다각화되는 경우, 각 시장에서 같은 종류의 다양한 질과 형태의 상품을 제공하려는 조직에서 쉽게 관찰
- 조직의 규모가 클 때, 다양한 상품라인을 갖고 있는 조직으로서 기능의 중복수행에 따르는 비용보다 상품별 관리를 통해 발생하는 이익이 더 큰 경우에 적합할 수 있는 구조

5) 특별위원회 구조

- 높은 수준의 전문적 지식과 기술을 갖는 전문가들로 구성된 조직
- 특징: 높은 수준의 수평적 분화, 매우 낮은 수준의 수직적 분화, 매우 낮은 수준의 공식화, 분권화
- 전문가적인 역량과 순발력, 자기 통제가 무엇보다도 중요. 권력은 전문성으로부터 발생
- 장점: 전문가집단의 역량을 결집시켜 신속하게 대응하면서 혁신을 만들어 낼 수 있음
- 단점: 상하관계가 분명하지 않음에 의해 발생하는 모호성, 갈등, 비효율성의 약점
- 특별위원회 조직이 적절한 상황
  - 기본적으로 일상적인 과제를 표준화된 방식에 의해 수행하는 것보다는 조직의 생존을 위해서 문제해결 역량을 강화하면서 보다 유연하고 신속하게 일을 전개하는 것이 절대적으로 필요할 때 적절한 구조
  - 즉, 유연성과 혁신의 욕구가 이 구조로 인한 비효율성의 문제보다 더 중

요하게 여겨질 때, 조직이 매우 큰 위험에 처해 있고, 변화의 전략을 가질 때, 조직기술이 전문가 집단의 결합을 통해서 보다 높은 수준으로 발현될 수 있는 비일상화된 기술일 때, 조직의 환경이 역동적으로 변화하고 매우 복잡할 때, 보다 적절한 조직구조

3. 조직기술

1) 조직기술의 정의(Perrow, 1967)

- 보통 조직 내에서 투입물을 산출물로 변화시키는 과정 또는 방법
  - 조직기술은 조직의 여러 가지 투입물을 조직이 원하는 산출물로 변환시키는 데 이용하는 지식, 도구, 기법, 활동을 의미
- 조직기술이란 어떤 대상물을 변화시키기 위해 그 대상에게 행해지는 모든 활동

2) 조직기술의 차원 및 형태

- 조직기술의 두 가지 차원: 과업의 예외성 정도와 과업문제의 분석용이도
- 네 가지 형태의 기술

① 장인기술(craft technology)
- 과업의 다양성도 낮고, 문제의 분석 가능성도 낮은 경우

② 일상적 기술(routine technology)
- 과업의 다양성은 낮고, 문제의 분석 가능성은 높은 경우

③ 비일상적 기술(nonroutine technology)
- 과업의 다양성은 높고, 분석 가능성은 낮은 경우

④ 공학적 기술(engineering technology)

- 과업의 다양성도 높고, 문제의 분석 가능성도 높은 경우

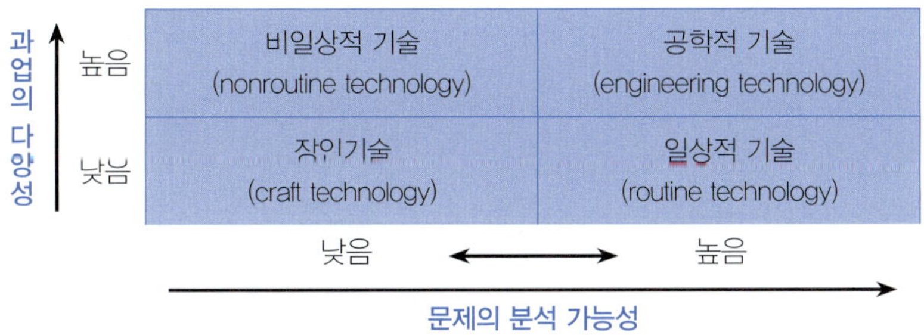

3) 사회복지조직의 기술

- 사회복지조직기술: 비일상적 기술을 가지고 있는 것으로 평가됨
  - 욕구를 갖는 사람의 변화를 추구하는 사회복지조직기술은 과업에 있어 일상적이지 않고 예외적인 것이 상당히 많고, 과업의 대상인 문제가 쉽게 분석되지 않는 특징을 가지고 있기 때문에 비일상적인 기술의 모습을 많이 갖고 있다고 평가됨
- 하센펠트(Hasenfeld, 1980): 사회복지조직기술 정의
  - 사회복지조직기술이란 "사회복지조직의 대상이 되는 사람들을 현재의 위치에서 새롭게 처방된 지위로 변환시키기 위하여 이들의 신체적·심리적·사회적·문화적 특징을 변화시키는 것을 목적으로 사용되는 제도화된 일련의 절차"

    → 사회복지조직기술은 일반적으로 대상이 되는 사람들의 문제 상태에서 문제가 치유된 상태로의 변화를 목적으로 한다는 점을 강조
  - 제도화된 절차 강조: 사회복지조직기술은 사물이 아닌 사람을 대상으로 하기 때문에 일반적으로 사회에 의해, 조직에 의해 재가를 받고 합법화되는 것임을 강조

제11장

사회복지조직의 마케팅

1. 마케팅의 본질

마케팅 이론은 미국에서 처음 도입된 경영철학으로서 생산자는 잠재적 소비자의 욕구를 분석해야 하며, 그들의 욕구를 만족시켜야 한다는 입장에서 출발하였다.

1) 마케팅의 정의

- 미국마케팅학회(1985): 마케팅은 개인과 조직의 목적을 충족시켜 주는 교환을 창조하기 위하여 아이디어, 재화, 서비스의 개발, 가격설정, 촉진, 유통을 계획하고 실행하는 과정
- 콜터(Kotler): 마케팅은 "조직의 목표를 달성하기 위해 표적시장(target markets)에서 자발적인 가치의 교환이 이루어지도록 만들어진 프로그램의 분석, 계획, 집행, 조정이다. 또한 조직이 제공할 수 있는 제품을 표적시장의 요구에 따라 결정하며, 사람들에게 알리고 동기를 부여하고, 서비스를 제공하기 위해 효과적인 가격설정(pricing)과 홍보(communication), 그리고 유통경로(distribution)를 사용하는 것이다"
- 마케팅의 중심 개념: '교환'
  - 교환이란 상대방에게 무엇을 제공함으로써 그로부터 무엇을 되돌려 받는 것을 의미한다.
  - 영리기관에서 교환은 상업적인 제품이나 화폐의 교환을 의미
  - 비영리조직에서의 교환은 기부금이나 세금을 통해서 공공서비스나 프로그램이 교환되는 것

2) 마케팅 개념의 핵심요소

(1) 고객의 욕구와 수요

- 마케팅은 고객의 욕구와 수요에서 출발. 따라서 고객의 욕구와 수요를 세밀하게 파악하고, 소비자들이 원하는 것을 제공하기 위해 정보를 수집해야 함

(2) 고객 가치와 만족

- 고객가치(customer value): 제품이나 서비스로부터 고객이 얻기를 기대하는 혜택과 그것을 얻기 위해 소요되는 비용 간의 차이를 말함. 소비자는 가치가 크다고 지각하는 제품이나 서비스를 선호하기 때문에 기업은 자사 제품에 대한 소비자들의 지각적 가치를 증대시키기 위한 마케팅 노력이 필요
- 만족: 소비자가 제품사용에서 느끼게 되는 심리적 충만감을 의미. 기대했던 것보다 실제 성과가 좋으면 만족도가 크게 증가하고 재구매할 가능성 높음. 따라서 기업들은 고객만족도를 증대시키기 위한 고객만족 지향적 마케팅에 최대의 역점을 둠

(3) 교환

- 교환: 가치 있는 제품이나 서비스에 대해 대가를 제공하고 획득하는 행위
- 인간은 교환을 통해 욕구를 충족. 기업과 소비자는 상호 간의 교환을 통해 각각의 목적을 달성함. 따라서 교환은 마케팅의 핵심적 개념

(4) 시장

- 교환이 이루어지는 장소. 전통적으로 시장은 물리적 장소로 이해되었지만, 최근에는 인터넷 등 가상공간을 통해 매매가 이루어짐

→ 시장은 '제품이나 서비스의 실제 또는 잠재적 구매자들의 집합'으로 정의

2. 마케팅 관리

1) 마케팅 관리

- 표적시장과 바람직한 교환을 성취하기 위해 과업을 수행하는 것
- 조직의 목표를 달성하기 위해 표적 고객과의 상호유익한 교환을 창조, 유지하기 위한 프로그램들을 분석, 계획, 집행 및 통제하는 활동
  - 마케팅 관리의 핵심적 과업은 수요를 효과적으로 관리하고, 고객을 유지·확보하기 위하여 고객들과 우호적인 관계를 지속적으로 유지할 수 있도록 고객과의 관계 관리를 체계적으로 수행하는 것

2) 마케팅 관리 철학

- 마케팅 관리 철학: 판매자 입장의 경영철학들과는 달리 고객의 입장에서 여러 가지 활동을 전개해 나가고자 하는 고객 중심적 경영철학
- 마케팅 개념을 경영철학으로 채택하고 있는 기업에서는 고객을 단순히 상품의 판매대상으로 보지 않고, 그들이 상품과 관련하여 갖고 있는 문제들을 완전히 해결하여 만족을 얻을 수 있도록 하는 것을 목표로 함
  * 판매 개념: 제품의 판매와 촉진활동 강화를 통해 매출을 증가시켜 이윤을 남기려는 생각. 고객 획득에 주로 집중함
  * 마케팅 개념: 시장의 고객들이 가진 욕구를 통합된 마케팅 활동을 통해 충족시킴으로써 이윤을 창출하려는 생각. 고객 욕구, 고객 가치, 고객만족에 관심. 고객이 원하는 것을 생산하고, 그 결과로 고객을 만족시키며 기업은 이익을 획득

3. 사회복지조직의 마케팅

1) 사회복지조직 마케팅의 필요성

(1) 책임성 측면

- 사회복지조직은 정부의 보조금이나 기타 단체의 기부금으로 운영되고 있기 때문에 서비스 제공에 있어서 책임성을 확보해야 하며, 이를 위해 효과성과 효율성을 달성해야 함
- 이러한 요구에 부응하기 위해 비영리조직의 운영에 있어서도 전략적인 마케팅 도입 필요

(2) 대상자 관리의 측면

- 클라이언트, 기부자, 지역사회 등을 고객으로 인식하여 욕구를 세분화하고 관리에 있어 궁극적으로 고객만족을 이끌어 내는 마케팅 접근이 필요

(3) 서비스 개발의 측면

- 사회복지조직의 특성상 외부환경의 강한 영향을 받게 되는데, 급변하는 정치적 · 경제적 · 사회적 · 법적 · 문화적 환경을 세분화하고 분석하여 서비스 개발에 있어 상품의 가치를 높이는 것이 필요

(4) 재정확보의 측면

- 사회복지조직의 목표를 달성하기 위해서 필요한 재정자원 확보는 필수적
- 비영리조직이 지역사회와 시민의 욕구를 실현하는 데 있어서 재원확보가 가장 중요한 현안으로 대두되면서 재원마련을 위한 마케팅 개념 도입 필요

2) 사회복지기관의 마케팅에 대한 인식 변화

- 마케팅의 필요성이 부각되면서 마케팅에 대한 사회복지기관의 인식 역시 커다란 변화를 보임
- 기관의 재정적 어려움과 욕구를 좀 더 강력하게 부각시키는 것이 기관운영에 필요한 물질적·재정적 자원의 확보에 유리할 것으로 여기는 경향이 강했음
- 한편, 사회복지기관에 대한 잠재적 후원자들은 후원활동을 통해 그들이 관심 있는 사회 문제가 해결되기를 바라는 이상과 목표를 가지고 있음. 이러한 이들의 욕구를 실현시킬 수 있는 능력을 기관이 갖고 있다고 확신할 때 기관에 실질적으로 후원을 하게 되는 것임
- 따라서 기관이 각종 지원금과 후원금을 보다 많이 확보하기 위해서는 기관의 어려움, 욕구를 부각시키는 구걸(beging)이 아니라 기관의 장점을 부각시켜야 한다는 의식의 변화가 이루어지고 있음
  → 이 점에서 사회복지기관은 후원자들에 의한 일반적 수혜집단에 머무는 것이 아니라 기관 역시 후원자들에게 이상과 목표의 실현이라는 욕구를 충족시켜 주는 역할을 수행한다는 것. 이 같은 변화가 구걸(beging)에서 마케팅으로의 전환임
- 이 같은 사회복지기관 마케팅의 특성을 '교환의 과정'으로 규정(Kolter & Andereasen)

3) 사회복지조직의 마케팅의 개념

- 기존의 마케팅 개념이 비영리조직으로 확대되고 그 필요성이 인정되면서, 사회복지조직의 마케팅은 기관의 소비자인 클라이언트, 재원 제공자, 전체 사회가 복지조직에 더 많은 관심과 요구를 갖도록 하기 위한 제반 활동으로

이해되고 있음

- 조직의 목적을 달성하기 위해서 클라이언트 관리, 서비스의 개발, 전달, 비용, 홍보, 자금 확보 등에 있어서 마케팅 기법을 도입하여 다변화하는 사회적 환경에 부응하는 경쟁력을 확보하는 활동
- 대상자의 욕구를 정확하게 파악하여 그에 맞는 서비스를 제공하는 과정이라고 할 수 있음

4) 사회복지조직의 마케팅 개념 도입

- 판매자 위주의 생산이나 제품판매가 아니라 소비자 중심으로 나아가야 함. 이를 위해 고객 지향성, 관계 지향성, 사회 지향성, Y이론 패러다임 도입 필요

(1) 고객 지향성

- 마케팅 개념의 출발이 고객의 필요와 욕구를 파악해서 그 욕구를 만족시킬 수 있는 제품을 판매한다는 데서부터 시작한다고 보는 것
- 따라서 고객인 대상자의 욕구에 맞는 서비스를 제공하는 것이 마케팅의 기본

(2) 관계 지향성

- 구매자와 판매자 사이의 관계 중시: 마케팅은 구매자와 판매자 사이에 일어나는 가치의 교환과정이기 때문에 관계 지향성일 필요가 있다.
- 판매 위주의 판촉개념에서 벗어나 경제적·기술적·사회적 관계 강화를 통해 고객을 깊이 이해하고 고객과의 장기적 유대관계를 강화하는 관계 마케팅
- 따라서 사회복지조직에서 서비스를 제공받는 대상자의 만족도에 대한 관심을 가져야 하는 것이 중요

(3) 사회 지향성

- 고객만족도 중요하지만, 기업의 사회적 책임을 강조하고 사회 전체적인 이익과 복지의 증진도 매우 중요시하는 마케팅 개념, 즉 사회적 마케팅 개념 강조
- 사회복지조직은 기본적으로 사회 지향적 성격을 가지고 있으나 마케팅의 도입과 함께 지역사회와의 관계에 대해 더욱 충실한 조직으로 거듭나야 함

(4) Y이론 패러다임의 도입

- 마케팅 개념 이전의 판매개념에서는 소비자를 소극적이고 수동적인 X이론의 관점에서 보았는데, 정보화시대를 살아가는 소비자는 스스로 정보처리를 하고 정보창조도 하는 능동적, 주체적 존재로 보는 관점. Y이론적 관점에서 고객은 합리적, 적극적인 존재로 봄
- 사회복지의 기본 가치 중의 하나인 자기결정권의 존중과 관련이 깊음. 대상자가 자신의 복지를 스스로 결정할 수 있도록 해 주는 배려 필요

5) 사회복지조직 마케팅의 특징

- 사회복지조직의 마케팅은 영리기업에서처럼 영리를 극대화하기 위한 목적이 아니라 비영리조직 자체의 목적 달성에 있음
- 사회복지조직이 마케팅을 행하는 목적은 사회구성원의 발전을 도모하며, 사회적 이득을 설득하고 새로운 정보를 제공하여 행동의 변화를 유도하고자 하는 것
- 영리조직과 비영리조직의 마케팅은 '고객만족'이라는 공통점을 가지고 있는데, 영리조직은 물건이라는 제품을 통해서 마케팅이 이루어지지만, 비영리조직은 보이지 않는 '가치'를 중시하는 무형의 서비스를 통해서 이루어짐
- 사회복지조직의 마케팅은 사회적 약자에 대한 직접적인 서비스로 연결되

는 것이기 때문에 다른 조직보다 윤리성이 강조됨. 사회복지기관에서 마케팅의 원리와 기법을 활용하는 분야는 후원자 개발, 자원봉사자 모집, 이용자 모집 등인데, 이때 사회복지의 윤리와 철학이 훼손되지 않도록 주의해야 함

4. 마케팅 믹스

- 마케팅 믹스(marketing mix)의 개념: 기업이 표적시장에서 원하는 반응을 얻을 수 있도록 하기 위해 사용할 수 있는 통제 가능한 마케팅 도구(수단)들의 집합
- 사회복지조직도 소비자의 욕구, 성격, 규모 등을 세밀히 파악한 후 표적시장을 선정하고, 표적시장이 선정되면 가장 효과적으로 경영할 수 있는 4P 즉, 제품(product), 가격(price), 유통(place), 촉진(promotion) 활동을 중심으로 한 전략을 세워야 함
- 마케팅 믹스의 일반적 네 가지 요소(4P)

① 제품(product): 어떤 상품을 제공할 것인가?
  - 제품은 구매자의 욕구를 충족시키기 위한 산출물을 의미. 비영리조직의 제품은 프로그램과 서비스라고 할 수 있는데, 이 제품의 성격은 그 기관의 사명과 목적에 따라 달라짐
  - 제품을 개발할 때 구매자가 사려는 것이 무엇인지를 파악하는 것이 중요. 비영리기관은 후원자개발을 위한 마케팅에서 후원금 자체에 중점을 두기보다는 후원행위를 통한 사회적 기여와 소외계층의 삶의 질 향상에 중점을 두어 상품 개발

② 가격(price): 가격을 어떻게 결정할 것인가?
  - 사회복지조직에서 제공하는 프로그램이나 서비스에 참여하거나 얻기

위해 지불해야 하는 대가를 의미함

- 비영리조직의 가격은 서비스와 프로그램에 대한 가격을 의미하며, 이는 이용료가 될 수도 있고, 모금 프로그램에 대한 가격, 즉 후원금을 의미하기도 함
- 생산자는 가격을 결정하기 전에 사람들이 그 상품에 어떤 가치를 부여하고 있는지를 반드시 파악해야 함
- 복지조직의 서비스 가격은 타 복지조직의 가격정책, 정부의 규정, 조직의 내규나 정책, 고객의 소득 정도에 의해 결정

③ 유통(place): 어떻게 고객들과 접촉할 것인가?

- 마케팅 상품이 구매자들이 구입하기에 가장 적합한 때와 장소에 있도록 하는 것을 의미
- 사회복지기관에서 장소는 서비스에 대한 접근 용이성을 의미
- 고객이 가장 많이 그리고 쉽게 사회복지조직을 찾을 수 있도록 하는 것이며, 때로는 적극적으로 고객을 찾아 나서거나 고객이 쉽게 접근할 수 있도록 유통경로를 개발함. 따라서 복지조직의 위치, 접근 등과 같은 서비스 전달과정과 같은 개념임

④ 촉진(promotion): 어떻게 판매를 보다 증진시킬 것인가?

- 고객 마음속의 관심, 궁극적으로 구매할 의도를 자극하기 위해 활용되는 모든 판매 촉진 기술, 즉 그 제품의 유익함을 전달하는 과정
- 홍보와 의사소통을 의미함
- 더 많은 기부금을 확보하기 위한 인쇄물 제작이나 언론, 방송 매체를 통한 홍보, 인터넷을 이용한 홍보, 직접적 대면방법 등과 같은 커뮤니케이션 수단들을 이용

5. 마케팅 평가

- 마케팅 평가는 기부행위의 발생에 대한 종합적인 평가와 함께 새로운 기관 외부환경에 대한 분석으로 연계되는 과정
- 기관 존재의 이유가 되는 사명에 기초한 사회적 욕구에 대한 분석도 필요
- 포괄적 평가, 체계적 평가, 독립적 평가, 주기적 평가의 특성을 포함한 평가

6. 모금 마케팅 기법

1) 직접 우편(Direct Mail, DM)

- 후원을 요청하는 편지를 잠재적 후원자에게 발송함으로써 후원자를 개발하는 방식으로 가장 전통적이며 활용빈도가 높음
- 기관과 관계하고 있지 않은 불특정 다수를 대상으로 활용할 수 있는 방법으로서 가치가 있음
- 그러나 잠재적 기부자를 실제 기부자로 변화시키는 효과성은 가장 낮음
- 낮은 효과성을 극복하기 위해 표적 시장(지역, 나이, 사회적 지위, 소득 등)을 선정하여 보내는 것이 효과적
- DM은 겉봉투, 호소서신, 첨부물로 구성
  - 겉봉투: 받는 사람이 관심을 가지고 속을 뜯어 볼 수 있도록 디자인과 형식에 세심한 고려를 해야 함
  - 호소 서신: 후원자 개발의 목적과 내용이 뚜렷하게 나타나야 하며 간결한 문장으로 한눈에 들어오게 구성하는 것이 중요. 내용에 있어서 구체적인 사례를 들어 긴급성과 욕구를 제시하고, 도움을 통한 문제해결 가능성 제시

2) 자동응답시스템(ARS) 모금

- 최근 가장 활성화되고 있는 모금방법으로 모금방송 시청자들이 이 시스템을 통하여 전화를 걸면 통화당 일정 금액의 후원금이 자동으로 전화요금에 부과되어 전화요금과 함께 기부금을 제공하는 방식
- 손쉽게 적은 금액으로 부담 없이 후원에 참여할 수 있는 장점으로 매우 활성화

3) 인터넷을 활용한 모금 기법

- 컴퓨터 통신을 활용한 방법은 정보화가 앞선 국가들에서 급속하게 증가하고 있고 우리나라에서도 이용이 점차 증가하는 추세
- 후원자들은 온라인상에서 신용카드로 후원금을 기부하는 방법 등 활용
- 인터넷 마케팅은 시간, 공간, 비용, 정보의 양적 측면에서 매우 경제적이라는 장점

4) 공익연계마케팅(Cause-Related Marketing, CRM)

- 사회복지기관을 포함한 비영리기관에서 모금을 위해 많이 활용하는 기법
- 기업과 비영리조직이 연계하여 기업이미지 제고를 위해 비영리조직의 활동과 연계하는 마케팅
- 미국의 American Expres Card에서 처음 사용한 방법: 카드 속에 그려져 있는 자유의 여신상을 활용하여 판촉하기 위해 자유의 여신상 복원사업을 펼치는 시민단체와 연계하여 개인이 사용한 카드금액의 일정비율을 시민단체에 기부한 방식

- 이러한 방식은 기업의 이미지를 높여 주어 상품판매에 긍정적 영향을 미치면서 동시에 사회복지기관의 자원개발에도 기여하게 됨. win-win 전략

5) 이벤트(특별행사)

- 후원의 특정동기를 부여하기 위하여 특정기간과 장소에서 사전 계획하여 특별한 활동을 펼치는 방법
  예 자선음악회, 모금만찬회, 전시회 등
- 이벤트는 비용이 많이 드는 단점이 있으나, 입체적으로 경험하고 지각하여 기억이 오래 남는 특징이 있으며, 대중의 공감대를 형성하고 잠재적 후원자와의 관계를 형성하는 장점

제12장

사회복지 프로그램 개발과 평가

1. 사회복지 프로그램 개발의 이론과 모형

사회복지 프로그램을 개발할 때 프로그램 개발자는 지역사회 내 현존하는 사회문제의 심각성을 인식하고 대상집단의 욕구를 체계적으로 사정한 뒤 프로그램의 목적과 목표를 설정하고 이러한 목적달성을 위한 구체적 계획을 세우면서 프로그램을 개발할 것이다.

이렇게 프로그램 개발의 과정을 조사하는 것은 사회복지 프로그램 개발에서 체계적 욕구조사, 표적집단 선정, 적합한 개입방법 모색 등 과학적 자료수집의 절차와 합리성을 강하게 부각시켜 준다. 실제로 사회복지 프로그램을 개발할 때 우리는 이러한 합리적이고 과학적인 절차를 중요시한다.

사회복지 프로그램을 기획하고 의사결정을 하는 과정에서 기술 방법론적 측면을 강조하는 차원에서 프로그램 개발자가 수행해야 하는 과업은 주로 분석적 과업이 된다. 분석적 과업에 속하는 것들은 자료수집, 계량화, 우선순위 결정, 목표 구체화, 프로그램 설계, 비용효과 추계 등이 있다. 분석적 과업을 주로 수행하는 프로그램 개발자는 전문기술자의 역할을 수행한다고 볼 수 있다. 다른 한편으로 사회정치적 차원에서 프로그램 개발자가 수행해야 하는 과업은 주로 조직 내외적으로 관련 당사자에 설득, 협상, 주장하는 등의 상호작용적 과업을 수행하고 이러한 프로그램 개발자는 새로운 프로그램의 중요성을 강조하거나 기존프로그램을 존속시키려는 옹호자 역할을 주로 수행한다고 불 수 있다. 양자의 중간적 위치에 있는 프로그램 개발자는 관료의 역할을 수행한다. 분석적 과업과 상호작용적 과업의 구별은 프로그램 개발자의 역할을 구분하는 근거로 작용하지만 결국 기획 및 의사결정의 모델도 이에 따라 상호 구별된다.

1) 합리모형

합리모형에 의하면 사회복지 프로그램의 개발과 기획과정은 사회문제나 표적집단의 욕구나 관련된 사실, 이론, 가설 등의 분석을 기초로 문제의 진단과 행동에 이르는 전 과정이 체계적이고 논리적인 순서에 따라 이루어진다고 가정한다. 따라서 문제가 정의되고 욕구가 측정되면 문제해결과 욕구충족의 방안이 결정되고 효과적인 개입방법의 수단을 활용하여 프로그램이 실행된다는 것이다. 합리모형에 따르면 프로그램 개발자는 표적집단의 욕구나 문제에 관심의 초점을 맞추고 달성해야 할 분명한 목표를 설정한 뒤 그 목표 달성을 위한 최적의 대안을 선택하는 데 상당한 노력을 기울인다.

합리모형이 사회복지 프로그램 개발에서 이상적 접근방법으로 간주되지만 인간의 능력으로 완전하고 종합적인 정보수집과 처리가 사실상 어렵고, 문제의 정의와 해결방안의 모색에서 현실적으로 작용하는 정치사회적인 과정을 완전히 배제하기는 어렵다는 점에서 이 모형은 한계를 갖는다.

2) 점증모형

점증모형을 제시한 린드블룸(Lindbloom, 1959)에 의하면 조직의 의사결정은 항상 합리적 방법으로 이루어지는 것이 아니라 현실을 인정하고 약간 향상된 대안을 선택하는 것이 일반적이라는 것이다. 점증모형에 따라 프로그램 개발과정을 설명하면 프로그램 개발은 체계적인 자료수집과 분석보다는 기존 프로그램에서 약간 향상되는 차원에서 변형되거나 수정된 형태로 나타나는 것이 대부분이라고 주장한다. 다시 말해 최선의 프로그램보다는 점증적이고 중화적인 형태로 프로그램이 확정되고 시행되는 것이 현실적이라는 것이다.

3) 혼합관조모형

혼합관조모형은 에치오니(Etzioni)에 의해 제시된 것으로 합리모형과 점증모형의 혼합형태를 이룬다. 혼합모형에서 조직의 기본적인 방향설정과 같은 기본계획(master plan)을 할 때에는 문제의 원인분석과 합리적 대안모색과 선택이 바람직하나, 세부적 작은 계획(mini plan)의 경우에는 점증모형의 의사결정이 바람직하고 더욱 현실적이라는 입장을 취한다.

혼합관조모형은 합리모형이 추구하는 지나치게 이상적인 합리성을 약간 중화시키는 동시에 점증모형이 갖는 보수성을 극복한다는 점에서 장점이 있지만, 장·단기사업과 핵심 또는 주요사업에 대한 조직구성원의 동의 또는 합의가 없는 한 이러한 의사결정도 문제가 될 수 있다는 점이 단점으로 지적된다.

4) 쓰레기통 모형

(1) 쓰레기통 모형의 정의 및 특징

쓰레기통 모형은 혼란스럽고 복잡한 상황하에서 조직의 의사결정 과정을 비관적으로 설명한다. 코헨과 마치(cohen & march)에 의해서 제시된 쓰레기통 모형은 마치 각종 쓰레기가 한 통 속에 모여지듯이 네 가지 독립적 투입물인 문제, 해결책, 참가자, 선택기회 등이 하나의 의사결정이라는 통 속에 들어와서 조직의 모호한 목표와 불확실한 기술 때문에 투입물 간의 합리적인 연계없이 특수한 혼합에 의해 의사결정이 이루어진다는 것이다.

쓰레기통 모형에 따라 사회복지 프로그램 개발과 기획과정을 설명하면 프로그램 개발과 기획은 현존하는 조직구조에서 조직의 문화와 규범적 맥락, 그리고 조직구성원의 신념과 관심 등에 의해서 영향을 받기 때문에 실제로 표적집단의 핵심적인 문제해결을 위한 새로운 프로그램의 창시나 기존 프로그램의 개혁은 요원한 일로 간주된다는 것이다.

(2) 한계점

이 모형은 사회복지 프로그램 개발이라는 명제에 주어진 현실적 기관의 여건과 사회복지사들의 복잡 다양한 상황을 잘 설명해 주고 있지만 실제로 의사결정의 결과가 바람직스러운 프로그램의 개편보다는 조령모개식의 의사결정으로 궁극적으로 함량 미달의 프로그램이 지속되거나 약간은 변형된 형태로 나타난다는 점에서 비판을 받고 있다.

2. 프로그램 기획의 개념

1) 기획(planning)이란?

- 문제를 해결하고 미래의 사건들에 대한 경로를 통제하려는 의식적인 시도로서, 예견, 체계적 사고, 조사 그리고 가치선호를 통해 대안들을 선택해 나가는 의사결정들
- 사회복지기관의 경우 기획은 기관 환경 및 클라이언트의 욕구변화에 대처하기 위한 새로운 목표의 설정과 이를 달성하기 위한 미래 활동을 합리적으로 결정해 나가는 의사결정 과정을 의미
- 기획은 단순히 계획서를 작성하는 수준 이상을 의미함
  - 통찰력과 체계적인 사고, 그리고 조사연구를 통해 문제해결을 시도하는 것이며, 이 과정에서 어떤 행동을 취할 것인가에 대한 가치선호 행위이기도 함
  - 기획은 과거와 현재의 정보를 분석하고, 장래발전에 대한 예측을 하며, 공식적 목표 달성을 위한 전략을 수립하기 위하여 조직체가 취하는 일련의 활동
  - 기획은 사업의 실행 혹은 집행을 포함하는 '진행형'의 개념

- 따라서 기획은 기획과정의 결과로 단순히 계획서가 완성되는 것을 뛰어넘음. 즉 기획은 계획서대로 실행하고 평가하여 예측하지 못했던 상황이 발생하면 이를 조정함으로써 사업의 성공 가능성과 효과성을 높이는 지속적인 개념

• 사회복지조직에서 기획의 중요성
  - 하센펠트(Hasenfeld, 1992): 사회복지조직의 효율성, 효과성, 책임성을 제고하기 위한 수단
  - 스키드모어(Skidmore, 1983): 효율성 제고, 수립된 목표를 효과적으로 달성하기 위해, 책임성의 이행을 위해, 조직구성원들로 하여금 직무에 대한 성취감이나 만족감을 가질 수 있도록 하는 데 중요

2) 프로그램

• 랍과 포에트너(Rapp & Poertner, 1992): 프로그램이란 목적을 이루기 위한 행동들의 집합체로서, 사회복지 프로그램은 사람들이 도움을 받는 방법이며 사회성원을 돕고자 하는 사회의 욕구를 분명히 하는 것
• 첸(Chen, 1990): 프로그램이란 복지기관의 목적을 달성하기 위한 일련의 상호적 활동이며, 보다 구체적으로는 규명된 욕구충족, 또는 문제해결을 목적으로 지속적인 사회과정에 개입하려는 의도적이며 조직화된 노력
• 사회복지정책적 관점에서 볼 때 프로그램은 서비스 전달을 위한 도구이며, 정책이 주로 '무엇이 되어야 하는가'라는 당위성을 다루고 있다면, 프로그램은 '어떻게 그것을 실현할 것인가'에 대한 방법론을 담고 있다.
• 사회복지 프로그램은 사람들에게 원조를 제공하는 활동들로 구성되며, 개인과 환경의 변화를 목표로 한다.

3. 프로그램 기획 과정

- 사회적으로 재가된 목적들을 성취하기 위한 자원의 최적 배치라는 근거에서 프로그램을 선택하고, 선택된 프로그램을 실행하여 그 결과를 평가해 보는 것으로 한 사이클이 완성
- 프로그램 기획은 상호교류적인 과정이고, 각각의 단계들은 서로의 활동에 영향을 미침
- 프로그램 기획 과정 분류
  - 학자들의 강조점, 적용영역, 선호 등에 따라 단계가 달라짐(5~10단계)
  - 김영종(2006): 문제확인, 목적설정, 프로그래밍, 실행, 평가의 5단계
  - Ketner, Moroney & Martin(1999): 문제분석, 욕구측정, 전략선택, 목적과 목표설정, 프로그램 설계, 정보관리체계 구축, 예산수립, 프로그램 평가의 8단계

4. 프로그램 평가

1) 평가

(1) 평가의 개념

■ 바이스(Weiss, 1998)

평가란 정책이나 프로그램의 개선을 목적으로 일련의 내재적, 외재적 기준에 따라 효과성 혹은 시행상태를 체계적으로 사정하는 작업

■ 성규탁(1994)

평가는 서비스가 욕구를 지닌 사람들에게 제공되는가, 적절한 서비스를 제공

하는가, 서비스는 효과적인가, 효율적인가를 파악하는 것

(2) 평가목적

■ 로시와 프리먼(Rossi & Freeman, 1993)

- 평가의 목적은 평가대상으로서의 프로그램, 조직, 혹은 정책에 대한 가치 판단, 개선, 효용성 판단, 운영의 효과성 증진, 책임성 제고, 정보제공 등
- 평가의 기본적 목적: 효과성을 측정하여 사업의 지속, 중단, 확대, 축소 등과 관련된 의사결정을 위한 정보 제공

■ 바이스(Weiss, 1988)

- 평가가 반드시 주요의사결정에 영향을 미치는 결정적인 정보를 제공하고, 프로그램이나 정책에 어떤 변화가 나타나야 할 필요는 없다고 주장

■ 사회복지조직에서의 평가목적(신복기 외, 2006)

① 합리적 의사결정: 보다 합리적인 의사결정하에서 조직이 운영될 수 있는 정보와 자료를 제공하는 목적을 수행. 기관이 수행하는 활동이 클라이언트에게 미치는 효과에 관한 정보 제공

② 프로그램의 개선: 체계적인 평가를 통해 프로그램의 질 개선

③ 책임성의 수행: 기관의 활동과 활동결과를 담고 있는 평가보고서는 기관의 책임성 여부를 보여 주기도 하고, 기관의 책임성을 강화시키는 역할

④ 기관에 대한 외부의 지원 증가: 평가를 통해 기관의 효과성이 입증되면 지역사회나 정부로부터 지원 혹은 지지를 획득

⑤ 서비스 제공방법에 관한 지식획득: 평가에 사용되는 방법들은 기관의 개입활동과 계획한 성과 간의 관계에 대한 지식을 개발하는 데 활용

■ 프로그램 평가의 목적(성규탁, 1994)

① 환류적 과정평가: 프로그램 계획이나 운영과정에 필요한 정보를 확보하여 보다 바람직한 프로그램이 운영되도록 노력하는 것. 프로그램 과정상의 환류기능에 초점

② 책임성 이행평가: 프로그램 운영에 대한 사회적 책임을 강조하고 책임성을 이행하는 차원에서 프로그램 평가를 수행하는 것

③ 학술적 평가: 사회조사의 한 분야로서 평가연구의 학술성을 강조하며, 이는 평가연구에서 보조적인 목적으로 나타날 수 있음. 프로그램 속에 내재된 변수들 간의 인과관계를 검증하여 이론형성에 기여

(3) 평가과정

① 프로그램의 확인

평가될 프로그램을 확인하는 것. 프로그램 평가를 통해 사정되어야 할 목적과 목표들, 프로그램이 다루고 있는 사회문제들, 프로그램 활동들이 무엇인지를 확인. 이 단계는 한마디로 평가의 표적(target)을 확인하는 것

② 평가의 기준 선택

평가를 하기 위한 기준(criterion)을 어디에 둘 것인지에 대한 결정(효율성, 효과성 등)

③ 평가 디자인의 선택

평가의 표적과 기준이 선택되었다면, 그것들을 적용하는 데 어떤 디자인이 적절한지를 결정. 프로그램 종료 후에 발생한 자료들만으로 평가를 할 것인지, 미리 통제된 실험디자인을 통해 자료를 구할 것인지, 다른 대안적인 방법들로 할 것인지를 판단

④ 자료수집

평가를 위해 필요한 자료들을 수집하는 것. 자료원천, 자료종류, 측정도구, 자료수집을 위한 표준화된 절차 등을 결정하고 실행하는 이 단계가 평가의 과정 중 시간과 비용이 가장 많이 소요

⑤ 자료 분석 및 결과 제시

수집된 자료들을 평가의 목적에 맞추어서 적절하게 분석

(4) 평가기준

평가기준은 평가를 위한 척도로서 프로그램의 성패를 판단하기 위해서 프로그램의 어느 측면을 평가의 초점 내지는 대상으로 삼아야 할 것인가에 대한 기준을 뜻함

① 노력성(effort)

- 프로그램 운영에 투입된 자원의 정도와 활동의 양이 어느 정도인가에 대한 것
- 주로 투입(input)된 요소에 관한 것
- 서비스 제공을 위해 물리적 공간과 인력, 기타 자원을 어느 정도 사용했는지, 얼마나 많은 양의 서비스가 제공되었는지, 어떤 활동들이 있었는지를 평가
- 노력성을 측정하는 방법
  - 서비스 단위당 클라이언트 수, 시간당 클라이언트 수, 서비스 단위당 사회복지사 수 혹은 자원봉사자의 수, 클라이언트당 사회복지사 수 등

② 효과성(effectiveness)

- 프로그램에 성과가 있었는지에 관한 정보를 얻기 위한 방법. 즉, 서비스의 목표 달성 정도를 측정하는 것
- 제공된 서비스와 성취된 결과 사이의 관계를 밝히는 것. 즉, 프로그램에 의

해 의도된 결과나 급부들이 성취되었는지를 확인하기 위한 것

- 효과성 관점은 투입에 대한 성과(outcomes)의 비율과 관련이 있음
  - 이 관점에서는 투입과 관련하여 성과를 최대화하는 것 추구
- 프로그램이 의도했던 성과를 직접적으로 혹은 간접적으로 측정할 것인지에 따라 요구되는 자료들의 성격이 달라짐
  - 직접 자료: 클라이언트에 대한 의도된 성과를 직접 측정(예: 취업률 향상)
  - 간접 자료: 성과를 추정할 수 있는 간접적인 지표를 측정(예: 클라이언트의 서비스 참여도)

③ 효율성(efficiency)

- 투입에 대한 산출(output)의 비율에 대한 평가로서 자원의 효율적인 사용에 대한 정보를 제공
  - 투입에 대한 산출물의 비율로 생산성을 평가하는 것
- 이 기준은 프로그램의 자원 활용에 따른 정당성의 여부에 주로 관심이 있음. 프로그램이 주어진 자원들(인력, 자산, 공간 등)을 경제적인 방법으로 적절하게 활용했는지, 서비스의 급여들은 과연 비용에 견주어서 합당한 것인지, 동일한 목적을 달성하기 위해 더 경제적인 방법들은 없었는지를 확인하기 위한 것
- 효율성의 측정을 위해 다음과 같은 비용관련 자료들을 분석
  - 프로그램 산출물의 단위와 관련한 비용
  - 프로그램 목표들을 성취하는 데 부과된 비용
  - 상대적 비용(동일한 산출결과를 내는 데 사용될 수 있는 다른 접근방식들에 의한 비용 계산)
  - 프로그램 전달에 따른 비용과 편익의 화폐 가치로의 환산

④ 서비스 질(quality)이란

- 사회복지기관이 서비스 목적을 달성하기 위해 필요한 방법과 기술을 얼마나 적절하게 사용하였는가와 관련된 것
- 패티(Patti, 1987): 시기 적절성, 일관성, 접근성, 인간성, 서비스 기술의 숙련성 포함
- 보다 좁은 의미로 사용하자면, 프로그램의 질이란 그 프로그램에서 '전문적인 기준이 채용되는 정도'를 가리키는 것
  - 이 경우에 프로그램의 질을 나타내는 전형적인 지표는 프로그램을 수행하는 직원들의 전문적인 교육과 경험의 수준으로 나타냄

    예 직원들이 프로그램 수행을 위한 적절한 자격을 갖추고 있는지를 평가하는 것(자격증, 수료증 등)
  - 여기서의 가정은 프로그램이 질의 기준에 근접하면 그만큼 효과성이 강화될 것으로 전제하는 것
- 서비스 질을 기준으로 삼는 평가들은 전문 평가분석가들에 의해 그다지 선호되지 않음. 그 이유는 이 기준의 가정이 경험적으로 검증되지 않기 때문
- 그럼에도 불구하고 사회복지서비스의 효과성을 직접 측정하기가 어렵기 때문에 이 기준이 평가에 널리 사용
  - 적어도 이 기준은 서비스의 현재 상태에 관한 것들을 시사해 줄 수 있기 때문임

⑤ 이용자 만족도

- 클라이언트가 직접서비스의 효과성과 질을 평가하는 것과 관련
- 프로그램 출석률, 조기종결, 서비스 재신청, 과거 클라이언트로부터의 의뢰 등과 같은 자료 통해 분석, 만족도를 측정하는 설문지를 개발하거나 기존 설문지를 응용하여 만족도를 측정하는 방법 등 사용
- 일반적으로 프로그램을 종결하면서 프로그램과 서비스에 대한 전체적인

내용을 조사할 때 사용하며, 과정평가 시 프로그램의 방향을 수정할 때도 사용

- 주요 내용
  - 프로그램 참여자들이 서비스에 대해 만족하는지?
  - 제공된 서비스 또는 기술들이 실제 욕구충족이나 문제해결에 도움이 되었는지?
  - 서비스 개선 방향 등
- 평가
  - 장점: 상대적으로 비용이 저렴하며 활용하기가 용이
  - 단점: 서비스에 대한 클라이언트의 평가만을 초점으로 하기 때문에 프로그램의 직접적인 효과나 영향에 대한 자료를 제공하지 않을 수도 있고, 다소 주관적이고, 편견적인 생각(프로그램의 단점보다는 장점만을 언급)을 제공할 수도 있음

⑥ 과정(process)

- 과정은 노력이 산출로 옮겨지는 중간과정 또는 절차를 말함
- 산출물이 만들어지기 위한 이전 단계로서의 중간과정이 체계적이고 합리적으로 어떻게 구조화되어 있는지, 그리고 미리 정해진 절차나 규정에 따라 서비스가 제공되는가 등에 초점을 둠
- 이들 과정적인 요소들은 결국 프로그램 효과에 영향을 주기 때문에 현재의 서비스 제공 방식 또는 조직운영 방식에 대한 내부 분석적, 진단적 특성을 지님
- 과정 평가는 초점에 프로그램 자체의 속성, 서비스 인구, 환경 조건, 효과의 본질로 구분할 수 있음

가. 프로그램 자체의 속성

• 프로그램의 구성 부분들을 접근성, 방법, 직원, 기타 속성들로 구분하여 파악

나. 서비스 인구의 속성

• 프로그램이 각기 다른 서비스 인구집단에 적용될 때 어떤 차별적인 효과들이 나타나는지 파악하는 것

예 프로그램이 남성보다 여성 클라이언트에게 잘 적용되었는지, 젊은 세대보다 노인세대에게 효과가 더 높게 나타났는지 등 파악

다. 환경조건

• 프로그램이 적용되는 환경여건에 관한 것을 파악

예 계절별로 차이가 있는지, 주변에 경쟁 프로그램이 있는 경우에는 어떠한지 등 평가

라. 효과의 본질

• 프로그램이 성취한 효과들의 유형을 구분하여 파악

예 프로그램의 효과가 인지적인 것인지, 행동적인 측면인지, 효과의 지속성 등을 밝히는 것

⑦ 공평성(equity)

• 공평성을 기준으로 하는 평가는 급여(혹은 서비스)가 인구 집단에 공평하게 배분되었는지를 평가

2) 프로그램의 평가 목적

(1) 환류기능: 정책개발

첫째, 프로그램 중단, 축소, 유지 또는 확장 등에 관한 의사결정의 기초자료로 활용할 수 있는 정보를 수집하는 것이다.

둘째, 프로그램의 내용 수정을 위한 바람직한 목표를 설정하는 데 필요한 정보를 수집하는 것이다.

셋째, 효율적으로 조직의 운영을 설계하고 효과성과 능률성을 제고할 수 있는 방법으로 개선하는 데 필요한 자료를 수집하는 것이다.

(2) 책임성 이행: 문책

사회복지조직은 클라이언트가 (지역)사회로부터 충족받지 못한 욕구를 충족시켜 문제를 해결하도록 클라이언트와 자원을 함께 위임받았다. 사회복지조직은 그러한 위임으로부터 발생되는 재량권을 가지게 되고 그 재량권에 수반되는 책임도 따르게 된다. 사회복지조직이 이행해야 하는 책임은 전문적 책임(효과성 및 효율성)과 재무회계적 책임이다. 사회복지를 전달하는 사람은 기관에 대한 책임, 클라이언트에 대한 책임 그리고 전문직에 대한 책임이 있다고 할 수 있다(성규탁, 1996: 397-398).

(3) 이론의 형성

사회복지 프로그램은 자신의 욕구를 스스로 충족할 수 없는 상황에 있는 사람들에게 그 욕구를 충족시켜 주기 위해 개입하는 제3자의 행위, 즉 서비스들을 복합적으로 설계한 것을 의미한다. 프로그램의 설계는 각 욕구들의 충족을 위해서 특정한 개입이 최적일 것이라는 가정에 근거하여 만들어진다. 이러한 이론들은 주로 인과관계의 틀을 가지고 있는데, 이는 특정요인이 특정한 결과를 초래할 것이라는 논리적 체계를 말한다(최성재·남기민, 2006: 472).

1. 환류기능(정책개발)

- 개입기술과 프로그램의 효과성 측정
- 목표하는 바의 달성도 확인
- 프로그램의 추진 여부(중단, 축소, 유지, 확장): 정책결정에 필요한 정보 제공
- 프로그램의 내용 수정(바람직한 목표의 선정)
- 사회의 욕구 변화에 대한 개선
- 효율적 운영 설계, 효과성, 능률성 제고 → 국고보조금의 차등지원

2. 책임성 이행(문책)

재무회계적 책임, 전문적 책임(효과성 및 효율성), 정치적 책임(선거)

3. 이론의 형성(이론)

- 프로그램 운영-결과(인과과정)에 대한 가설-검토, 확인, 검증(법칙)
- 서비스의 이해 증진

| 그림 12-1 | **프로그램 평가의 목적**

(4) 평가의 활용

① 직접적인 결과(objective)의 활용

클라이언트의 문제해결을 위해 적용한 개입기술과 프로그램의 효과성을 측정하는 데 활용할 수 있다. 그리고 수행 중인 프로그램을 개선하거나 계속 수행할 것인지 여부를 결정할 수 있다. 또한 초기에 프로그램 기획에서 설정했던 목표를 달성했는지 여부를 확인할 수 있다.

② 중간 결과(intermediate objectives)의 활용

제공된 서비스에 대한 이해를 증진하거나 서비스의 질을 향상하는 데 활용할 수 있다. 그리고 프로그램의 효과성과 효율성을 제고할 수 있다. 또한 사회의 욕구 변화에 따른 프로그램의 수정에도 활용할 수 있다.

③ 최종 결과(ultimate objective)의 활용

프로그램 관련정책의 결정 및 집행에 필요한 정보를 제공할 수 있고 재무회계 및 관리 그리고 정치적 책임성의 이행 여부를 확인할 수 있다. 또한 사회복지시설에 대한 국고보조금을 차등적으로 지원하는 기초자료로 활용할 수도 있다.

평가의 최종결과는 이론 형성에도 기여할 수 있다(최성재 · 남기민, 2006: 472). 프로그램은 운영방법에서 프로그램 결과에 이르기까지 인과경로를 검토, 확인, 검증하는 것이다. 프로그램은 서비스들의 묶음이기 때문에 프로그램의 결합과 그것이 효과로 연결되는 과정에 특정 이론, 특히 인과관계이론이 전제된다. 프로그램을 통해 이론을 검증한 결과 타당성이 있다고 확인되는 가설은 이론으로 발전되고 그렇지 않은 가설은 이론을 수정하는 데 기여하게 된다.

사회복지시설평가의 법적 근거

- 「사회복지사업법」 제43조의 2(시설평가)
- 「사회복지사업법 시행규칙」 제27조의 2

① 보건복지부장관 및 시·도지사는 법 제 43조의 2에 따라 3년마다 시설에 대한 평가를 실시하여야 한다.

② 제1항에 따른 시설의 평가기준은 법 제43조 제1항에 따른 서비스 최저기준을 고려하여 보건복지부장관이 정한다.

③ 보건복지부장관과 시·도지사는 제1항에 따른 평가의 결과를 해당 기관의 홈페이지 등에 게시하여야 한다.

④ 제1항의 규정에 의한 평가의 방법 기타 평가에 관하여 필요한 사항은 보건복지부장관이 정한다.

- 「사회복지사업법 시행규칙」 제27조(시설의 서비스 최저기준)

① 법 제43조 제1항에 따른 서비스 최저기준에는 다음 각호의 사항이 포함되어야 한다.

1. 시설 이용자의 인권
2. 시설의 환경
3. 시설의 운영
4. 시설의 안전관리
5. 시설의 인력관리
6. 지역사회 연계
7. 서비스의 과정 및 결과
8. 그 밖에 서비스 최저기준 유지에 필요한 사항

3) 평가의 종류

평가의 종류는 무엇을 어떻게 평가할 것인가에 따라 달라질 수 있다. 크게 질적평가(관찰, 면접 등)와 양적평가(설문지, 계량화된 측정도구 등)로 구분하는 것이 가장 일반적이다. 그 외에는 실험설계에 따라 실험설계와 비실험설계, 평가과정에 따라 총괄평가와 형성평가, 평가주체에 따라 내부평가(내부직원), 외부평가(외부전문가) 그리고 평가시기에 따라 사전·사후평가, 과정평가, 시계열평가 등이 있다(우수명, 2007: 215-227).

사회복지기관에서 가장 많이 사용되고 있는 평가과정에 따른 평가인 총괄평가와 형성평가(과정)에 대해 우선 간단히 살펴보면 다음과 같다. 총괄평가는 프로그램이 종료된 이후에 실시하는 것으로 프로그램 실시의 효과나 영향을 평가하여 프로그램의 유지, 확대, 중단 등에 대한 의사결정의 근거로 삼고 긍정적 결과를 유사한 다른 프로그램, 유형 또는 대상에 대해 일반화하는 데 목적이 있다(최성재·남기민, 2006: 472). 형성평가는 프로그램을 개발하기 위한 목적에서 실시하는 것으로, 프로그램을 개발하는 과정이나 진행과정 중에도 실시할 수 있다. 이 평가는 프로그램의 개선과 관련된 정보들을 수집하고 평가하는 활동들을 주로 한다(김영종, 2001: 428). 총괄평가와 형성평가에 대한 좀 더 자세한 설명은 다음과 같다.

(1) 총괄평가

총괄평가(summative evaluation)는 목표지향이며 효과적 평가와 효율적 평가가 대표적으로 포함되며 시작시점과 종결시점을 비교하는 정태적 분석이다. 계획된 목표치(Soll-Wert)와 실제로 달성한 달성치를 비교하는 정량적 평가다.

① 효과성 평가

효과성 평가는 문제해결(ex-post)이나 의도하지 않았던 부수효과(side effect)를 파악하기 위한 것으로, 다음과 같은 질문들에 대한 해답을 얻고자 한다.

- 프로그램 효과가 과연 그 프로그램 때문에 발생하였는가?
- 발생한 효과는 목표에 대비하여 어느 정도인가?
- 효과는 문제의 해결에 충분하였는가?

② 효율성 평가

효율성 평가는 사전(ex-ante)에 프로그램의 여러 대안을 비교·평가(CBA, 비용 편익분석)하거나 결과를 추정하기 위한 것으로, 다음과 같은 질문들에 대한 해답을 얻고자 한다.

- 프로그램에 직접 투입되는 비용은?
- 프로그램의 부작용으로 인한 사회적 비용은 어느정도인가?
- 프로그램의 효율은 투입되는 직접적 비용과 부작용으로 인한 사회적 비용을 상쇄하는가?

③ 공평성 평가

프로그램의 효과 및 비용이 집단 간 또는 지역 간 공평하게 배분되는지를 파악한다.

- 프로그램도 공평하게 진행되는가?

(2) 형성평가

형성평가(formative evaluation)는 프로그램 수행 중간에 프로그램 운영 및 활동을 분석하는 것으로서 과정평가 또는 정성적 평가라고도 한다. 프로그램을 개발하는 과정이나 진행하는 과정 중에 실시할 수 있으며, 프로그램의 효과 발생과정을 평가하여 바람직한 운영전략을 수립할 수 있다(최성재·남기민, 2006: 472). 향후 프로그램의 운영개선에 필요한 정보를 얻는다.

좁은 의미로는 다음과 같은 사항들을 파악한다.

- 계획된 시간에 투입
- 개입과정에 영향을 미치는 매개변수 확인
- 프로그램에 보다 강한 영향을 미치는 경로는 없는가?
- 프로그램의 어떤 경로에 잘못이 있는가?
- 다른 경로는 무엇인지 파악

1. 총괄평가(summative evaluation): 사회에 미친 영향을 평가

- 정태적 분석: 시작시점과 종결시점의 비교
- 정량적 평가: 목표치와 달성의 비교

2. 형성평가(formative evaluation): 과정평가, 정성적 평가

- 동태적 분석: 각 시점에서 추진된 경로들을 모두 검토하여 성공과 실패의 원인 파악
- 프로그램 효과 발생 → 더 나은 운영전략의 수립

| 그림 12-2 | **평가의 종류**

운영과정 평가에서는 다음과 같은 사항들을 파악한다.

- 프로그램이 의도한 대로 운영되었는가?
- 활동이 계획한 대로 진행되었는가?
- 인적·물적 자원이 계획된 양과 질로 투입되었는가?
- 계획한 대상집단에게 실시되었는가?
- 관련 법규, 규정에 순응하였는가?

4) 평가의 기준

프로그램 평가의 기준으로 노력성, 효과성, 효율성, 서비스의 질, 과정, 공평성 등을 들 수 있다(김영종, 2001: 435-436).

(1) 노력성(effort)

투입된 자원과 산출의 양적 평가에 관한 것으로, 계획된 프로그램의 수행을 위해 투입된 시간, 금전적·물적 자원, 클라이언트의 참여, 프로그램 담당자의 제반 활동 등을 말한다(최성재·남기민, 2006: 473).

(2) 효과성(effectiveness)

실시된 프로그램이 의도한 목적을 달성하였는가를 말하는 것이다. '목표 자체가 성취되었는가? 만약 프로그램의 성과가 발생하였다면 그것이 개입에 의한 효과라는 것을 확인할 수 있는가?'라는 질문에 답하는 것이다. 사회복지 개입의 목표는 인식 개선 및 만족 등과 같은 클라이언트 및 지역사회의 변화로, 이는 불확실하고 주관적이기 때문에 효과성과 관련된 지표를 찾는 것은 용이하지 않다. 따라서 흔히 클라이언트의 서비스 만족도나 참여도와 같은 간접적인 지표들이 직접적인 성과지표를 대신해서 사용되기도 한다(김영종, 2001: 432).

(3) 과정(process)

과정은 노력의 산물로 옮겨지는 중간과정 또는 절차를 말한다. 산출물이 만들어지기 위한 이전 단계로서의 중간과정이 체계적이고 합리적으로 어떻게 구조화되어 있는지 미리 정해진 절차나 규정에 따라 서비스가 제공되는가에 초점을 둔다.

(4) 질(quality)

'전문적인 기준이 채용되는 정도'에 관한 것으로(Gates, 1980: 221), 일반적으로 가장 우수하다고 인정되는 지식이나 기술을 프로그램에서 얼마나 활용하는지에 관한 것이다.

(5) 효율성(efficiency)

투입과 산출 간의 비용적 관계를 의미한다. 영향(impact)은 특정 사회문제의 해결에 해당 프로그램의 결과가 어느 정도 기여했는지에 관한 것이다.

(6) 공평성(equity)

서비스가 대상집단에게 공평하게 분배되었는가를 살펴보는 것으로 정책이나 기획차원에서 정치적인 고려에 의해 채택되는 경우가 많다.

5) 평가조사의 절차

프로그램의 평가를 위한 절차는 다음과 같이 여러 단계로 구성된다(최성재·남기민, 2006: 483).

프로그램 평가의 절차

① 평가의 목적 및 대상 결정
② 프로그램의 책임자 및 담당자의 이해와 협조 요청
③ 프로그램의 목표 확인
④ 조사대상의 변수 선정
⑤ 이용 가능한 자료 및 측정도구 결정
⑥ 새로운 측정도구의 개발
⑦ 적절한 조사설계 형태의 선정
⑧ 조사의 수행
⑨ 결과의 분석 및 해석
⑩ 결과보고 및 실제적 이용

제13장

사회복지 정보관리

1. 정보화사회와 사회복지 정보화

오늘날의 사회는 지식·정보화사회다. 정보화사회의 개념을 다양하게 정의할 수 있지만, 정보·통신기술(Information and Comunication Technology, ICT)의 혁명적 발달로 정보의 저장·가공 및 전달이 신속하고 정확하게 이루어지며, 그러한 기술의 활용으로 사회 각 분야에서 기존의 업무처리 방식과 생활양식이 변화하고, 부가가치 생산에서 새로운 생산요소로서 정보와 지식의 중요성이 커지는 사회를 의미한다고 볼 수 있다(안문석, 1997: 533).

이미 1990년대 초반부터 세계 각국은 정보고속도로의 구축을 중심으로 정보기술의 도입을 통한 행정·산업 및 문화생활의 혁신적 변화를 추구하고 있다(초고속정보통신기반연구반, 1995). 우리나라에서도 정보 인프라의 확보를 위한 국책사업으로 1995년부터 초고속정보통신망구축사업을 추진하였으며, 범국가적인 조정기구로서 정보화추친위원회를 설치하는 등 다각적인 노력을 전개하였다(한국전산원, 1996: 21). 그 결과 정보화의 진전으로 사회 각 분야에 걸친 혁신적인 변화가 나타났다. 경제분야에서는 제조업 중심의 산업구조가 지식 및 통신서비스 중심의 산업구조로 전환되었다. 아울러 사회복지 분야에서도 큰 변화가 나타나고 있다. 이에 따라 향후 장애인이나 노인과 같이 거동이 불편한 사람들이 원격진료, 원격교육 등의 정보기술을 통하여 좀 더 많은 복지서비스의 혜택을 받을 수 있을 것이다.

한편, 그동안 우리나라에서는 사회복지 전달체계의 여러 가지 문제점이 지적되었는데(강혜규, 1995: 313-335), 주로 사회복지 전담조직의 설치 및 전문인력제도의 시행 그리고 최근에는 지방행정조직의 개편 등과 관련된 논의가 진행되었다(기획예산위원회, 1998).

하지만 사회복지 전달과 관련된 조직 및 인력의 개편은 관련자들의 이해관계가 얽혀 있어 단기간에 가시적인 성과를 기대하기 어려운 것이 현실이다. 이러한 상황에서 사회복지 전달체계의 개편을 위한 대안으로서 정보기술의 역할을 기대해 볼 수 있다. 이미 1970년대부터 미국을 비롯한 몇몇 국가는 사회복지 전달체계의 효율적·효과적 운영에 대한 관심이 높았고, 이와 관련하여 정보기술이 여러 분야에서 활용되어 왔다(Velasquez, 1992: 41).

지금까지 우리나라 사회복지 전달체계 개편 논의 중 정보기술의 적용을 통한 전달체계의 보완가능성에 관한 논의는 아직 충분하지 않다(조미형, 2008: 165). 이 장에서는 우리나라 사회복지 전달체계가 가지고 있는 문제의 해결에 정보기술이 어떻게 활용될 수 있을 것인지 그리고 정보기술을 활용하고자 할 때 고려해야 할 점들은 무엇인지 알아보려고 한다.

2. 정보·통신기술을 통한 사회복지 전달체계의 보완

우리나라의 사회복지 전달체계에서 나타난 문제점을 해결하기 위해 정보기술의 활용 가능성에 대해 외국의 사례를 중심으로 살펴보고, 사회복지 전달체계에서 정보·통신기술을 도입하여 활용할 때 고려해야 할 점들을 찾아보고자 한다.

1) 정보·통신기술의 발전단계와 활용 가능성

다른 분야와 마찬가지로 사회복지 분야에서도 정보·통신기술의 활용 가능성은 기술적 발전수준에 영향을 받는다. 정보·통신기술은 연속적인 측면에서 발전해 왔다기보다는 PC의 성능 및 통신기술의 발전에 따른 계단형 발전과정을 거치며 발전해 왔다. 정보·통신기술의 발전단계는 전산화 단계, 네트워크화 단계, 멀티미디어화 단계 그리고 무선과 위선통신 단계로 구분할 수 있다(이준영, 2016: 341-354).

(1) 제1단계: 전산화 단계

주로 지금까지 수작업으로 이루어지던 각종 기록업무와 장부정리 등의 작업을 PC를 통해 전산으로 입력하고 자동으로 처리하는 과정이 전산화 단계의 중심이다. 전산화 단계에서 개발된 MIS(Management Information System) 또는 DSS(Decision Support System) 등의 정보기술은 사회복지 전달체계의 효율성 및 적합성을 제고하는 데 기여하였다. 이 시기에는 사회복지시설이나 공공복지기관의 운영 및 회계 등에 활용하고 클라이언트의 접수를 전산으로 처리하는 것 등에 디지털(digital) 기술이 활용될 수 있다. 주로 시설의 관리자와 서비스 제공자에게 편리함을 제공하는 기술들이 많다.

(2) 제2단계: 네트워크화 단계

기존에 서로 단절된 상태에서 PC별로 자료를 처리하고 관리하는 오프라인(off-line) 방식의 전산 시스템들이 통신망을 통하여 서로 연계되고 자료를 주고받는 온라인(on-line)으로 전환된다. 이로써 전산기술과 통신기술이 융합되어 정보화의 효과가 크게 상승하였다. 이 단계에서 개발된 DBMS(Data Base Management System) 기술을 통해 다양하게 분산된 사회복지 관련 기관과 시설들 간에 서로 정보를 공유함으로써 통합성을 강화할 수 있었으며, 클라이언트에게 지속적인 서비스를 제공하는 것이 가능해졌다. 이 시기에 대표적인 정보시스템은 전자급부방식(Electronic Benefit Transfer, EBT)으로 클라이언트가 사회보장급여를 전산으로 신청하고 자신의 계좌를 통해 이체받는 방식이며, 이 시스템의 도입으로 클라이언트에게도 정보통신 기술이 활용될 수 있게 된다.

(3) 제3단계: 멀티미디어화 단계

멀티미디어화 단계는 정보통신 기술의 첨단화·고도화를 의미하는데 그동안 주로 문자나 음성만을 처리하고 전달하던 통신기술이 화상 및 동영상까지도

전송할 수 있게 되었음을 의미한다. 이는 통신망의 고도화를 통하여 가능하게 되었는데, 이 단계에서 개발된 CAI(Computer Assisted Instruction)나 화상회의(video conference) 기술은 멀리 떨어져 있는 사람들이 서로 전문지식을 교육받고 조언을 구하는 것을 가능하게 하여 사회복지 담당직원들의 전문성을 개발하는 데 기여하였다. 또한 멀티미디어 방식을 활용한 터치스크린 위주의 키오스크(kiosk) 기술은 클라이언트의 편리성과 접근성을 높여 주었다. 대표적인 예로 원격의료(tele medicine), 원격교육(tele education) 또는 원격상담 등이 가능하게 된다. 이 시기에는 클라이언트가 정보통신 기술을 이용하여 혜택을 받을 수 있는 가능성이 좀 더 많아진다.

(4) 제4단계: 무선과 위성통신 단계

무선통신의 비중이 높아지는 단계라고 할 수 있다. 이 단계는 개인용 휴대단말기의 소형화와 가격의 저렴화를 통하여 가능하게 되는데, 이것은 우리나라에서도 활발히 진행되고 있다. 향후에는 위성을 이용한 원격진료나 위치추적시스템(GPS) 등을 통한 응급의료서비스 등이 더욱 활발하게 활용될 것이다. 이 시기는 클라이언트들이 정보통신 기술을 이용해서 사회복지서비스의 혜택을 받을 가능성이 최고로 높아지는 시기다.

2) 외국의 정보·통신기술 활용 사례

이미 외국에서는 정보통신 기술을 활용하여 전달체계의 문제점을 보완하려는 다양한 시도가 나타났다(이준영, 2000: 32-45).

(1) 효율성 제고

1980년대 초 미국에서는 사회복지서비스에 대한 연방정부의 기금은 대폭 삭

감되었으나 공공부조를 포함하는 서비스에 대한 수요는 더욱 증가되었다. 따라서 여러 지방정부는 줄어든 인력을 가지고 더 많은 클라이언트에게 종전과 같은 수준의 사회복지서비스를 제공해야 하는 상황에 처하게 되었다.

미네소타에 있는 램지 카운터에서는 이에 대처하기 위해 DSS(Decision Support System)의 일종인 GAIN(General Assistance Intake) 시스템을 개발하여 활용하게 되었다(Velasquez, 1992: 41). 이 시스템은 접수일정을 자동으로 정하고, 처음 접수 시 온라인으로 제공되는 기록을 통하여 클라이언트에 대한 자료를 확보하여 적절한 담당자에게 전송하고 클라이언트에세 관한 통계를 작성하였다.

이 시스템의 도입은 서비스의 전달과정에서 상당한 개선효과를 가져왔다. 우선 자료의 중복적인 수작업 처리 및 관련된 문서작업을 줄일 수 있었으며 좀 더 신속하게 클라이언트의 수혜 자격 판정을 위한 작업을 가능하게 하였다. 또한 일선담당자의 업무 생산성이 약 30% 이상 증가하였으며, 이로 인해 절약된 시간은 주정부에서 위임하는 다른 프로그램이나 클라이언트의 수혜 자격을 판정하는 데 투입될 수 있었다. 그 결과 매월 예정보다 접수된 클라이언트 수가 약 10% 정도 증가하였다. 또한 직원들의 업무부담은 약 6%, 접수과정에서 발생되었던 오류는 약 50% 줄어들었다.

정보기술이 전달체계의 효율성 제고를 위하여 사용된 또 다른 사례는 아동복지서비스 업무처리를 위하여 펜실베니아와 텍사스 등을 비롯한 다섯 개의 주에서 공동 개발한 표준화된 심사 시스템을 들 수 있다. 이 시스템은 서비스가 법에서 규정하고 있는 수준으로 제공되는지를 심사하였는데, 인력의 절반만을 투입하고도 해당 시설에 부담을 주지 않고 심사가 가능하였다(Turem, 1986: 15-24).

이 시스템의 도입은 행정의 혁신뿐만 아니라 여러 가지 관련 비용을 효율적으로 절감할 수 있게 하였다. 즉, 극히 작은 규모의 기관에서도 사무직원 봉급의 절반 정도의 비용으로 한 대의 PC를 구입하면 워드프로세스, 회계, 청구서 발급, 대금의 지불, 클라이언트의 추적, 후원자 물색, 비품주문에 소요되는 시간, 자금의 흐름관리 등이 가능하게 되었다.

반복적으로 수행되는 일상업무가 PC와 경영정보시스템(MIS) 기술을 중심으로 전산화·자동화되어 효율성이 제고되었지만, 업무담당자들에게 있어 여러 가지 부정적 측면도 나타났다(Mutschler & Hoefer, 1990: 87). 우선 정보기술에 대한 불확실성, 일반적 거부감, 새로운 기술을 습득해야 한다는 심리적 부담이 있었다. 또한 업무처리 과정이 전산화되어 투명성이 높아지고 과거에 비해 제3자의 감독을 받기가 쉬워졌다는 점도 문제점으로 나타났다. 이러한 일선직원의 정보기술에 대한 부정적 이미지는 사회복지 분야에서 정보기술을 도입하는 데 있어 초기의 저항으로 나타날 수 있다.

(2) 적합성의 추구

1980년경에 미국 캘리포니아 주의 3개 카운티에서는 노인과 장애인을 위한 가사지원서비스의 일종인 IHSS(In Home Supportive Services)를 실시하였다(Boyd, 1981: 85). 서비스 담당자들은 클라이언트의 욕구등급을 판정하고, 각 클라이언트별로 서비스 제공시간을 할당하였다. 감독자들은 자신들의 업무시간 대부분을 서류가 제대로 작성되었는지, 서비스 제공자들은 그들의 급여를 규정에 맞추어 제대로 계산했는지를 확인하는 데 많은 시간을 소비하였다. 반면에, 클라이언트들은 자신들에게 제공된 서비스 시간의 배분에 형평성이 결여되었다고 불평하였다.

이러한 문제를 해소하기 위해 이른바 의사결정지원시스템(DSS)을 도입하였다. 서비스 제공자들은 PC를 이용하여 구체적인 사례별로 동료들이 서비스의 제공에 할애하는 평균시간을 파악하고, 이를 실제로 적용함으로써 좀 더 균등한 서비스를 제공할 수 있게 되었다. 클라이언트의 욕구 척도를 리스트로 만들고 클라이언트의 유형별로 할애할 시간을 정하는 작업들이 PC로 이루어졌다. 이러한 방법을 통하여 현장과는 멀리 떨어진 상급자가 지시한 업무도 이행해야 함과 동시에 현장에서 클라이언트의 개별적 욕구를 파악하고 적합한 서비스를 제공해야 했던 담당자의 고충이 상당히 완화되었다.

독일에서도 사회복지 전달체계가 불필요한 관료적 계층화, 행정 편의적 업무 단순화, 업무처리 및 의사결정 지연으로 인한 수혜의 제약, 복지사무소(Sozialamt)와 주민 간의 의사소통 부족 등으로 충분한 상담이 이루어지지 못하는 문제점을 가지고 있었다. 특히 복지사무소 담당공무원은 각 클라이언트들의 욕구 및 특성을 알기 어려웠고, 반대로 현장의 전문가는 클라이언트의 지원과 관련된 세부적인 행정지침을 알지 못하여 적합한 서비스의 제공이 이루어지지 못하였다(Meyer et al., 1994).

특히 공공부조 업무에서 이러한 문제점을 극복하기 위하여 DSS의 일종인 'BEUSS(Beratungs-und Entscheidungs-Unterstützungs-System Sozialhilfe)'를 도입하였다. 이 시스템은 복지사무소 공무원들의 행정에 관한 경험(know-how)과 현장 전문가들의 고객의 욕구 및 특성에 관한 정보를 입력하고 처리하여 개발하였는데, 각 사례들에 대하여 필요한 상담 및 지원을 자동적으로 결정하는 이른바 인공지능 기술이 적용되었다.

제공되는 서비스의 적합성을 높여 줄 수 있는 DSS는 기존의 PC를 중심으로 일부 새로운 인공지능 소프트웨어를 추가하고, 기관 내에서 다른 부서에 있는 PC들을 서로 연결하기 위한 LAN이 구축되어야 한다.

이 단계에서는 인간적인 배려와 관심이 중요시되는 사회복지 업무에서 정보기술의 도입으로 자신과 클라이언트의 관계가 기계적이고 비인간화되는 것에 대한 우려가 나타나기도 하였다(Murphy & Pardeck, 1992: 61).

(3) 통합성의 강화

1970년대 말 미국의 미네소타 주는 자체적으로 제정한 「지역사회복지서비스법(Community Social Service Act)」에 따라 흩어져 있는 모든 지역사회 복지기관을 아동복지, 정신건강, 정신지체, 알코올 및 약물 중독 등의 서비스별로 통합하고, 연방 및 주 정부의 보조금을 일괄적으로 지원하였다. 그리고 모든 자치주의 사회복지국에게는 종합사회복지계획을 수립하도록 하였다. 여기에는 욕구사정의 방법, 제공될 서비스의 종류, 서비스 단위당 비용 그리고 평가의 방법 등이 포함되도록 하였다(Hoshino, 1981: 6).

이러한 계획을 실행하기 위해 연방정보나 주정부는 계획, 평가 및 서비스의 전달과 관련된 자료들이 필요하였다. 그리하여 세인트루이스의 사회복지서비스국에서는 직원이 직접 PC에 클라이언트와 관련된 자료를 입력할 수 있는 시스템을 개발하여(Hoshino, 1981: 8), 사례담당자나 그들의 슈퍼바이저가 사례관리, 안내, 의뢰에 필요한 정보를 얻는 것이 가능하도록 하였다. 그 결과 각 클라이언트의 특별한 요구와 지역사회의 다양한 자원 간의 연계가 기술적으로 가능하여 통합성의 강화에 기여하였다.

서로 다른 기관 간에 연계된 서비스를 제공하기 위해 적용한 시스템의 사례는 이스라엘의 의료기관들이 도입한 의료사회사업정보시스템(INHSWIS)을 들 수 있다(Auslander & Cochen, 1992: 74). 이 시스템을 도입한 3개 병원의 규모는 이스라엘 전체 병상의 97%나 차지했지만, 환자의 퇴원 후 진료에 대한 계획수립과 진료의 연속성에 문제가 있었다. 그래서 서로 다른 의료기관 간 환자에 대한 추적이 가능하도록 클라이언트의 수, 제공된 서비스 그리고 개입의 결과에 대한 자료를 수집하고 분석할 수 있는 정보 시스템을 구축하였다.

이러한 시스템들은 주로 서로 다른 기관들 간에 서로 정보를 공유할 수 있는 기술인 DBMS를 활용하고 있는데, 이 기술을 실현하기 위해서는 원거리통신망(Wide Area Network, WAN)이 필수적이라고 할 수 있다. 통신망 설치를 위해서 상당한 구축비용이 요구되고 서로 다른 기관이나 시설 간에 자료를 주고받기 위해서는 여러 기관이나 시설에서 사용되는 코드와 서류양식의 표준화가 선행되어야 한다. 한편, 클라이언트의 입장에서는 자신의 정보가 제3자에게 제공될 수 있다는 사실 때문에 사생활의 침해에 대한 우려를 가질 수 있다(O'Brien, McClellan, & Alfs, 1992: 89).

(4) 전문성 개발

1985년 미국의 미시간 대학에서는 사회복지서비스 전달의 전문성 교육을 위해서 CAI(Computer Assisted Instruction)라는 시스템을 개발하여 시범적으로 적용하였다(Flynn, 1990: 111). 그 결과 기존에 교육을 받기 위해 이동하는 데 드는 비용과 시간을 절약할 수 있으며, 직원들이 시간과 업무일정을 조정할 필요 없이 편리한 시간에 교육을 받을 수 있고, 새로운 이슈에 대한 교육 프로그램을 신속하게 구성할 수 있다는 점이 장점으로 나타났다. 또한 컴퓨터로 통제되는 또 다른 교육 시스템인 CMI(Computer Managed Instruction)는 교육내용이 고도로 복잡한 경우에 적용되었다.

전문성을 제고하기 위한 또 다른 시도는 미국의 노조와 사용자 측이 실시한 산업복지 프로그램의 일종인 이른바 작업장프로그램(workplace program)에서 발견할 수 있다. 이 프로그램에서 약 50명의 상담인력이 전국적으로 70개가 넘는 공장에 서비스를 제공하였다. 프로그램의 실시를 위해서는 지역의 공장과 중앙의 통제조직 간의 의사소통과 서로 멀리 떨어진 상담자 간의 정보 및 자료의 공유가 매우 중요하였다. 이러한 필요성에 의해 구축된 '화상회의시스템(video conference system)'은 상담시스템에서 전문적인 지식과 정보를 공유할 수 있는 수단을 제공하였다(Root, 1996: 32). 한 예로 한 공장의 카운셀러가 어떤 특별한 관심사에 부딪히게 되었을 때 화상 시스템을 통해 다른 사람들의 조언을 들을 수 있게 되었다.

CAI 및 CMI의 활용에는 기존에 사용하고 있는 PC를 서로 연결할 수 있는 LAN의 구축과 교육용 소프트웨어의 개발이 필요하다. 그리고 화상회의 시스템은 멀리 떨어져 있는 사람과 PC를 통한 대화가 가능해야 하므로 무엇보다도 영상을 처리할 수 있는 멀티미디어 기술과 WAN이 구축되어야 한다. 이 단계에서는 통신망의 구축과 관련된 막대한 비용이 정보기술 도입의 장애요인이 될 수 있다.

(5) 접근성 보장

독일에서는 1982년 이후 복지대상자가 꾸준히 증가해 왔으나 복지사무소의 직원은 증원되지 않았다. 직원들은 항상 과중한 업무에 시달렸으며, 이에 따라 상담이나 안내서비스에 관한 법이 규정되어 있음에도 클라이언트에 대한 정보가 부족하여 복지대상자의 약 50%는 자신들에게 주어진 급여를 완전히 받지 못하는 것으로 알려졌다. 이들 복지대상자들 중 일부는 개별적이고 복잡한 면담을 통하여 제3자가 자신의 사적인 생활이나 재정상태에 대하여 조사하는 것을 꺼리는 사람들도 있었다.

프랑크푸르트의 사회복지전문대학은 '셀프 서비스 프로그램(Self-service Program)'을 위하여 1989년에 이른바 SOLDI(Soziale Leistungen im Dialog)라는 프로그램을 개발하였다(Kirchlechner, 1994). 이 시스템은 공공장소에 간단하고 조작하기 쉬운 PC를 설치하여 필요한 정보를 얻을 수 있도록 하는 것이었는데, 문자를 읽을 수 있고 자판을 사용할 줄만 알면 클라이언트가 편리하고 신속하게 어떤 급여를 받을 수 있는지를 파악할 수 있도록 하였다. 그 외에도 관련 법률의 규정들과 알기 쉬운 법률용어 등에 대한 정보를 제공하였다. 조회가 끝나면 그 내용을 인쇄할 수 있으며, 입력한 개인의 신상에 관련된 자료는 모두 지워지도록 하였다. 이 시스템은 클라이언트가 정보를 얻는 시간을 대폭 단축하였는데, 예를 들면 두 자녀를 가진 어머니가 사회복지급여를 받기 위해 필요한 정보를 얻는 시간은 약 20분이면 충분하였다.

여기서 활용된 정보기술은 각종 신문이나 일상잡화를 판매하는 가판대(kiosk)에서 착안한 이른바 '키오스크 시스템(kiosk-system)'인데 이를 통해 클라이언트의 보편적인 접근이 가능해졌다. 하지만 이러한 자동화 기기(ATM)의 설치를 위해서는 전국적인 통신망의 구축이 선행되어야 하며, 클라이언트가 손쉽게 사용하기 위해 그래픽이나 음성을 처리하고 전송할 수 있는 멀티미디어 기술이 요구된다.

접근성의 보장 차원에서는 클라이언트와 관련된 문제가 정보기술의 적용을 제한할 수 있다. 시스템이 아무리 편리하게 만들어졌다 해도 클라이언트가 자신이 필요한 안내와 서비스를 받기 위한 기본적인 사용법을 모르거나 배우지 못할 경우 문제가 된다. 그리고 저소득층의 경우 통신단말기를 가지고 있지 못한 경우가 많아 이러한 서비스에 접근하는 것이 제약된다. 또한 통신기기를 가진 사람이라 해도 통신비용이 부담된다면 실제로 서비스를 받지 못하게 된다.

지금까지 살펴본 외국의 사례들은 정보기술이 사회복지 전달체계의 문제를 극복하는 데 매우 효과적으로 활용될 수 있음을 보여 준다. 우리나라 사회복지 전달체계의 문제점과 외국에서 유사한 문제를 해결하기 위해 적용한 기술과 관련성을 요약하면 〈표 13-1〉과 같다.

| 표 13-1 | 정보기술 활용을 통한 전달체계 개선

구분	문제점	극복전략	정보기술	고려사항
효율성	· 반복적인 일상업무 · 수작업 처리	· 자동화 · 전산화	· PC · MIS	· 업무담당자의 거부감 · 제3자의 감독
적합성	· 현금 위주 서비스 · 수혜자 욕구 반영 미흡	· 욕구반영 · 정보수집 체계구축	· BEUSS · DSS · LAN	· 기계적 관계 · 비인간화 문제
통합성	· 분산 다기한 조직 · 상호 간 연계 부재	· 정보의 공유	· DBMS · WAN	· 표준화 · 사생활 침해
전문성	· 전문적 지식 및 기술 부족	· 인력의 전문성(교육, 자문)	· CAI/CMI · computer-conference · LAN/WAN · multimedia	· 구축비용
접근성	· 정보 부족 · 의료시설 분포의 불균형	· 안내정보 제공 제구축	· kiosk · SOLDI · multimedia	· 저소득층 소외 · 정보기술 교육

출처: 이준영(2000: 41).

3) 우리나라 사회보장정보망

(1) 사회보장정보망의 개념 및 주요 내용

2011년 개통된 사회복지통합관리망은 '각종 사회복지 급여 및 서비스 지원대상자의 자격 및 이력에 관한 정보를 통합 관리하고, 지자체의 복지업무 처리를 지원하기 위한 정보시스템'으로 기존 시·군·구별 새올행정시스템(주민, 지적, 재정, 세정, 복지 등 31개 시·군·구 업무지원 시스템) 중 복지분야를 분리하여 중앙에 통합·구축하는 것을 골자로 한다. 따라서 복지급여 통합 관리시스템을 중심으로 상담 및 사례관리시스템, 사회복지시설정보시스템으로 구성되고, 정책 소관부처인 보건복지부가 기획·관리 및 시스템 운영을 주관하도록 되어 있다. 사회복지정보통합관리망은 2014년 관련 법의 재정으로 2015년 7월 '사회보장정보망'으로 명칭을 변경하였다.

사회보장정보망은 사회보장정보시스템(행복e음, 범정부), 사회서비스 전자바우처, 보육통합정보시스템, 지역보건의료정보시스템, 사회복지시설정보시스템, 취약계층시스템 등을 통합연결하여 국민 개개인에게 맞춤형 복지를 원스톱으로 제공하고, 적은 예산으로 고효율을 올릴 수 있도록 복지예산의 적절한 배치와 효율적 집행에 중요한 역할을 하고자 구축되었다.

사회보장정보망과 관련한 주요 내용과 특징을 살펴보면 다음과 같다.

첫째, 기존 지자체 232개 '시·군·구별', '복지사업별' DB로 집행되던 약 120여 개의 복지 급여 및 서비스 이력을 개인별·가구별로 통합 관리하며, 이를 복지수급자 개인별·가구별 DB로 구축했다. 또한 중앙에서 시스템을 운영하여 복지수급자별 자격과 서비스 정보를 비교한 뒤 부정 지원은 차단하고, 누락서비스를 발굴하여 지원하는 통합적 관점의 관리는 수행하게 되었다.

둘째, 유관기관 공적 자료 연계를 기반으로 설계되어 있다. 총괄적으로 27개 기관 215종의 소득·재산 자료, 서비스 이력정보를 연계하여 지자체에 수시로 제공하는데, 이는 소득·재산·인적 정보 18개 기관 49종, 급여·서비스 이력정보 15개 기관 166종으로 구성되어 있다. 또한 사회복지시설과 지자체 간의 보조금 청구 등을 온라인으로 연계하고, 시설수급자 등 개인별 급여·서비스 이력을 통합 관리하도록 하였다.

셋째, 기존의 급여지급 절차를 보완하는 방식으로 사회복지통합관리망과 지방재정시스템을 연계해 계좌실명인증을 거쳐 금융기관에 입금하도록 하여, 복지급여 지급내역(성명, 계좌번호, 입금액)을 임의 수정하는 것을 방지하였다. 또한 복지급여 계좌도 수급자 1인당 1개로 단일화하는 등 지급의 투명성을 강화하였다.

넷째, 지자체 복지업무 절차를 간소화하여 사업별로 우사하거나 중복되는 서식을 통합하고, 사업별로 다른 소득·재산 조사방법을 통일(기준 표준화)하여 한번 조사하고 나면 여러 사업에서 공동 활용할 수 있도록 개선하였다. 이를 위하여 관련 법안 총 15개 시행령·시행규칙 개정을 추진하였다. 또한 정기적인 소득·재산 변동확인, 급여지급 자료 생성 등 반복처리 업무를 자동화하고, 담당공무원이 처리할 변동사항 등을 자동 안내하는 등의 장치를 마련하였다.

다섯째, 급여체계의 자동화 시스템으로 시간을 절약하여 수요자 중심의 통합적 서비스를 가능하게 하는 상담·사례 관리로 집중할 수 있도록 하고, 이를 지원하는 사례관리시스템을 구축하였다. 즉, 보건복지콜센터(129) 및 시·군·구, 읍·면·동의 전화·방문 상담정보를 개인별로 통합 관리(보건복지콜센터 전화민원의 시·군·구 이관서비스)하고, 수요자별 욕구에 적합한 민간서비스 연계 등이 가능할 수 있도록 하는 사례관리 기반 마련을 포함하였다.

한편, 사회복지통합관리망의 이러한 특징을 실현하고자 지자체 전달구조의 흐름을 개편하려는 시도가 사회보장정보망 출범과 맞물려서 추진되었다.

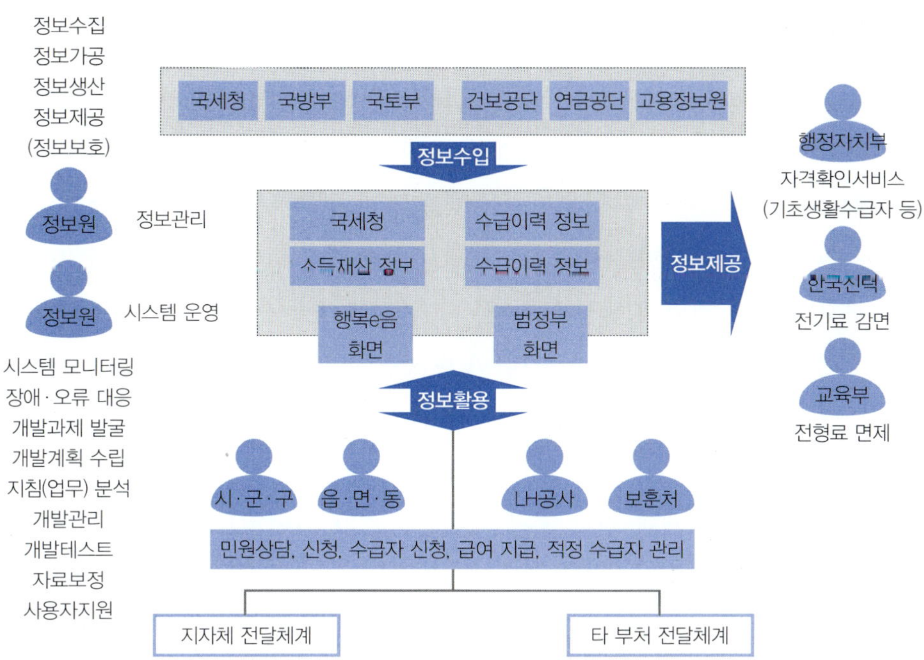

| 그림 13-1 | 사회보장정보시스템의 구성도

출처: 사회보장정보원 홈페이지.

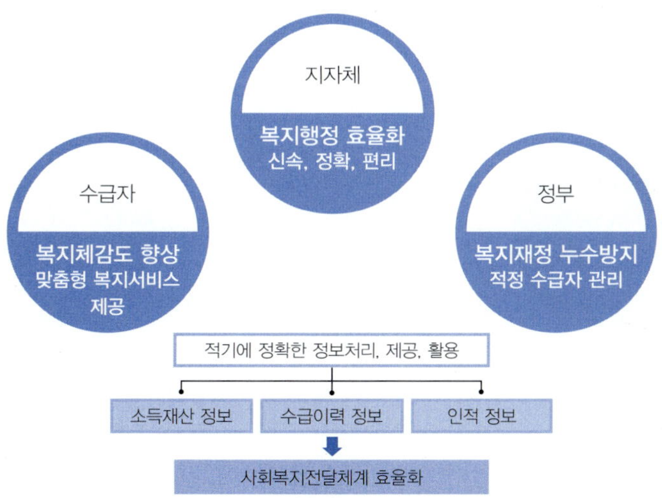

| 그림 13-2 | 사회보장정보시스템의 기능

출처: 사회보장정보원 홈페이지.

(2) 전달체계 흐름과 개편의 특징

기존의 전달체계 개편은 조직 및 인력의 정비를 우선적으로 하고, 이를 가능하게 하기 위한 시스템 구축을 전개하여 왔다. 하지만 이와 반대로 이번 개편의 경우에는 관리 시스템인 사회보장정보망을 우선 구축하고 이를 합리적으로 운영하기 위한 조직의 개편을 추진하고 있다. 사회복지 업무의 통합적 관리를 위한 공적 전달체계 개편의 핵심은 첫째, 시·군·구 통합조사팀이 통합조사 관리팀으로 확대·개편되어 조사 및 일련의 변경중지 관리업무를 총괄하고, 둘째, 서비스 연계팀을 중심으로 사례관리를 추진하여 복합적인 문제를 가진 수급대상자에게 맞춤형 통합서비스를 지속적으로 제공해 나가는 것이다. 이를 위해 공공과 민간 간의 연계와 정보를 공유하고 있으나 개인정보 보호 등의 문제로 풀어야 할 과제를 남겨 놓고 있는 형편이다.

- 행정과 같은 개념에서 좀 더 나은 시스템
- 관리에 대한 개념은 세 가지 측면에서 이해

① 관리는 비교적 중간직급 이상의 특정 수준에서 수행하는 활동

② 관리는 일련의 기술: 리더십, 협상기술 등은 관리에 필요한 기술

③ 관리는 일련의 과업: 대부분의 관리는 특정 과업별로 구분

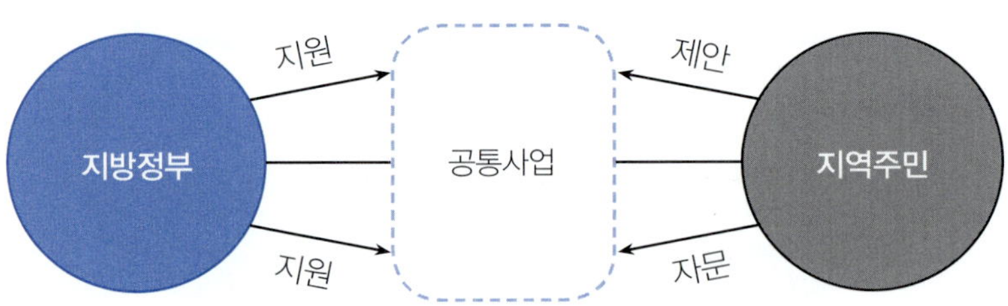

relationships with local government and local residents

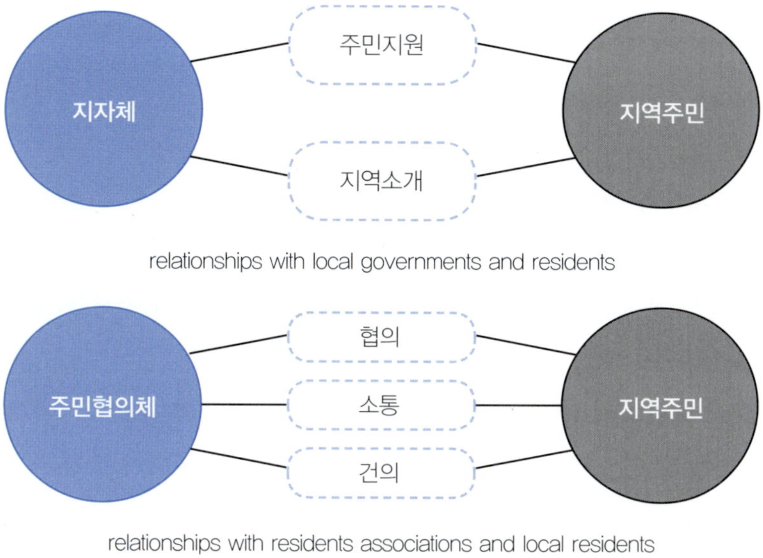

| 그림 13-3 | 행정이 이루어지는 조직체, 행정활동의 구성

3. 거버넌스의 개념과 사례

거버넌스의 넓은 의미는 자율적이고 독립적인 행위자들 간의 외부 권위나 내부적인 자기조절/자기통제 메커니즘에 의한 조정과 관리로 정의하고, 좁은 의미에서의 거버넌스는 결정과 집행을 할 수 있는 제도화된 권력인 정부와 구분하는 의미에서, 공공영역과 민간영역 행위자 사이의 네트워크 방식의 수평적인 협력 구조로 정의한다. 이에 본론에서는 거버넌스의 개념 중요성, 동향을 설명하고 최근 시·도, 시·군·구 차원에서 이루어지거나 이루어지고 있는 거버넌스의 구체적 예를 들어 지역, 시기, 범위, 내용, 효과, 발전 방향을 상세히 기록하고자 한다.

1) 거버넌스의 개념

일반적으로 거버넌스라는 용어에는 해당 분야에 관련된 이해 관계자들의 참여, 의사 결정 또는 업무 프로세스의 구축, 의사결정 사항 또는 업무의 실행, 의사 결정 및 실행에 대한 감시 및 감독 등 경영 및 국가 통치에 관련된 전반적인 활동과 구조 등이 모두 포함된 종합적인 개념이다. 거버넌스는 시민사회를 정부의 활동 영역에 포함시켜 새로운 파트너로 인정함으로써 정부조직, 기업, 시민사회 등 이들 모두가 공공서비스와 관련하여 신뢰를 통한 네트워크를 구축하는 것을 강조하면서 시장논리보다는 협력 체제를 강조하고 있다. 이런 거버넌스는 정부부문과 민간부문 및 비영리부문 간 협력적 네트워크를 통한 공공서비스 전달과정에 있어서의 효율성과 효과성을 제고하는 것을 목표로 한다.

2) 거버넌스의 중요성

국정 운영에서 중요시되지 않고 소외되었던 시민사회를 민주적 책임의 강화 측면에서 참여시키고, 불확실성이 증대되는 현대 사회에서 그동안 정부나 기업들도 경험해 보지도 못했던 미증유의 문제 발생 상황에서 거버넌스는 전통의 행정학보다 유용하고 현실적인 대안이 된다. 정부와 사회의 역할분담의 균형점이 전통적으로 하향적이고 집권적인 조향에서 사회의 자기조향 능력이 강조되고, 공동규제, 공동조향, 공동생산, 공동지도가 강조되는 방향으로 이동된다. 그리고 국가와 지방자치단체의 정책결정 과정에 있어서의 공무원의 주관적 요소로 인한 정책실패와 그로 인한 부정적 요소를 줄이기 위해서라도 거버넌스의 구축은 필요할 것이다. 따라서 거버넌스의 중요성은 점점 증대하고 있다.

3) 거버넌스의 동향

1990년대 이후 민주적 거버넌스가 더 중시되고 있다. 민주주의 원칙에 초점을 맞춘 민주적 거버넌스는 민주적 정치를 통해 시민들의 목소리와 힘을 강화시키는 경향이며, 효율성뿐 아니라 공정성과 사회정의를 증진시키는 제도와 규율이 강조되고 있다. 민주적 거버넌스는 정부가 책무성과 투명성 등 정부의 역할을 합리화하면서, 다른 한편으로는 개인과 시장과 시민사회가 자치역량으로 새로운 역할을 수행함으로써, 정부의 합리적 판단과 시민사회의 자치역량을 결합시켜 국가, 시장, 시민사회가 파트너십으로 시너지를 창출하는 것이 최근의 동향이다.

4) 거버넌스의 구체적인 사례

거버넌스의 사례: 두꺼비 서식지 보존운동

(1) 지역
충청북도 청주시

(2) 시기
2010년 이후 계속

(3) 범위
재개발 예정지에서 두꺼비 서식지 보존운동

(4) 내용
청주시에서는 개발 예정지였던 원흥이 마을에서 두꺼비 서식지가 발견되면서 서식지 보호운동이 시작됐다. 시민사회가 시에 양보 안을 제출하고, 충청북도가 적극적 중재역할을 맡았다. 1만여 평 정도 두꺼비 서식지가 조성되고, 작은 생태공원도 만들어졌다.

(5) 효과

1만여 평 정도 두꺼비 서식지가 조성되고, 작은 생태공원도 만들어졌다. 두꺼비 서식지 보존 운동은 도시개발의 새로운 전환점을 제시하게 되었고 2010년에는 '2025년 청주시 도시기본계획은 시민, 시민사회단체, 전문가가 참여한 워크샵을 바탕으로 도출되었고, 과정에서 생태문화도시 중추가 되어야 한다'는 결론이 나와 도시기본계획에 반영되었다. 탄소녹색도시 청주를 만들기 위해 새로운 거버넌스 중심의 단체가 만들어졌고, 포럼을 개최해 이 자리에서 '녹색수도 청주' 선언문이 발표됐다.

(6) 발전 방향

두꺼비 서식지 보존운동은 도시개발에서 다른 지자체에 영향을 미치는 등 파급효과가 컸다. 이로 인하여 시민단체들의 목소리가 도시기본계획에 반영되는 경향이 높아졌으며 앞으로도 그런 경향은 더 강화될 것이며 그런 방향으로 발전될 것이다. 로컬거버넌스의 성공사례들을 보면 모두 이와 같은 방향을 지향한 것이 성공 요인이 되었다.

5) 시사점

본론에서는 거버넌스의 개념 중요성, 동향을 설명하고 최근 시·도, 시·군·구 차원에서 이루어지거나 이루어지고 있는 거버넌스의 구체적 예를 들어 지역, 시기, 범위, 내용, 효과, 발전 방향을 상세히 기록하였다. 거버넌스는 공공영역과 민간영역 행위자 사이의 네트워크 방식의 수평적인 협력 구조다. 거버넌스의 최근 동향은 좋은 거버넌스에서 민주적 거버넌스로 바뀌었다. 이런 거버넌스의 구체적인 사례로 충청북도 청주 지역에서 두꺼비 서식지 보존 운동을 인용하여 그 내용과 그 효과 그리고 발전방향에 대하여 기술하였다. 이 사례는 공공영역과 민간영역 행위자 사이의 네트워크 방식의 수평적인 협력 구조의 좋은 사례이며 매우 효과적인 결과를 얻어서 다른 지역의 도시개발에서 좋은 사례가 되었다.

제14장

사회복지조직의 환경과 혁신

1. 혁신에 영향을 주는 요인

1) 개인적 수준에서 혁신에 영향을 주는 선행 요인

(1) 일반조직구성원의 특성

조직구성원이 자신이 맡고 있는 업무에 관해 보유하고 있는 능력과 혁신에 대해 갖고 있는 태도

(2) 리더의 특성

리더는 혁신에서 핵심적인 역할 수행을 하며, 리더는 혁신을 관리하고 혁신의 내용을 결정할 수 있는 위치에 있기 때문에 리더가 갖고 있는 비전 제시력, 추진력, 다양한 이해관계를 적절히 조화시키는 능력이 혁신에서 매우 중요하다.

→ 최고경영자 자신이 혁신에 대한 강력한 의지와 혁신이 성공할 수 있다는 확신이 있을 때 조직의 혁신이 효과적으로 일어나고 구성원들 사이에서 실행될 수 있다.

2) 조직적 차원에서 혁신에 영향을 주는 선행조건

(1) 조직구조

조직구조가 수평적으로 분화되어 있거나 공식화 수준이 낮거나 집중화의 수준이 낮은 경우 이러한 조직은 융통성과 적응력을 촉진하므로 혁신이 잘 이루어진다.

(2) 조직의 역사

조직은 시간이 지나면서 조직 본연의 성격이 변화하게 되는데, 가령 관료화의 정도 및 관리방법, 기술을 채택하는 정도가 달라지게 되어 혁신에 영향을 준다.

(3) 조직문화

조직문화는 조직구성원이 조직생활을 통하여 학습하고 공유하는 신념, 규범, 관행으로서 조직구성원들의 생각과 의사결정 및 행동에 방향성과 힘을 부여하는 것이다.

(4) 조직의 보상체계

혁신에 영향을 주는 가장 가시적인 요인으로, 보상체계가 혁신을 고무하느냐 그렇지 않느냐에 따라 조직구성원들의 행동과 태도는 영향을 받게 된다.

(5) 조직전략

조직전략은 조직의 사명과 이를 실행할 수 있는 세부방안으로 구체화시켜 놓은 것을 말한다.

(6) 조직규모

조직의 규모가 작을수록 혁신에 유리한 신속한 대응과 적응력이 높아지므로 혁신이 빈번히 일어나며, 조직규모는 다른 조직변수들보다 혁신에 미치는 영향이 크다는 점은 실증적으로 입증되었다.

3) 환경적 차원에서 조직혁신의 선행요인

① 조직이 속해 있는 산업은 조직혁신에 영향을 줄 수 있다.
② 환경의 급변은 혁신이 필요하다는 단서를 조직에게 제공함으로써 조직혁신에 영향을 준다.
③ 시장구조: 시장구조가 진입장벽이 높거나 낮음에 따라 혁신에 영향을 준다.

2. 사회복지조직의 환경분석

사회복지조직의 성공적인 혁신을 위해서는 조직을 둘러싼 내부, 외부환경을 이해하고 환경의 변화에 적응해 나가는 것이 필요

1) 조직구성원들이 이해해야 할 내부환경

• 기관의 목적, 사명, 철학, 전략, 상호작용, 서비스, 기술자원, 재정자원 등

2) 외부환경 이해

외부환경을 이해할 때는 흔히 PEST(Political, Economic, Social, Technological Trends) 분석 이용

① Political Trends(정치적 경향): 규제, 법률, 정치적 풍토(분위기) 등
② Economic Trends(경제적 추세): 재정자원, 소비자, 공급자, 경쟁자 등에 관한 사정 필요
③ Social Trends(사회적 추세): 지역사회의 인구통계, 지역사회의 문제와 욕구 등 사정

④ Technological Trends(기술적 추세): 새로운 기술, 새로운 실행모델 등에 관한 사정

3. 성공적인 조직혁신 단계(Kotter, 1996)

단계	내용
1단계 긴박감을 형성한다.	· 시장과 경쟁상황을 조사 · 위기와 기회를 확인
2단계 강력한 지도적 연합을 형성한다.	· 변화노력을 주도하기에 충분한 힘을 가진 집단을 소집 · 집단이 팀으로 일할 수 있도록 장려
3단계 비전을 창출한다.	· 변화노력을 이끄는 데 유용한 비전을 만듦 · 이 비전을 성취할 수 있는 전략 개발
4단계 비전에 대해 의사소통한다.	· 새로운 비전과 전략에 대해 논의할 수 있는 모든 가능한 방법을 사용
5단계 다른 사람들이 비전을 실행할 수 있는 능력을 강화한다.	· 변화의 장애물을 제거 · 현재 장애가 되는 체계나 구조를 바꾼다.
6단계 단기적 승리를 창출한다.	· 눈에 두드러지는 업무수행상의 개선점을 계획 · 이러한 개선을 이룬다. · 이러한 개선을 보인 직원을 인정하고 보상
7단계 개선된 점을 굳건히 하고, 더 많은 변화를 야기	· 비전을 추구하기 위한 정책, 구조, 체계를 변경하는 데 있어서 신빙성을 증가시킨다. · 비전을 실행할 수 있는 직원을 고용하고 개발
8단계 새로운 접근을 제도화한다.	· 변화결과를 확실하게 정착 · 새로운 행동과 조직의 성공과의 관계를 유기적으로 연결

4. 조직혁신 방해요인

- 코터(Kotter, 1996): 조직의 변화와 혁신노력이 실패하는 경우
  ① 지나치게 무사안일한 경우
  ② 충분히 영향력 있는 지도 연합을 형성하지 못한 경우

③ 비전의 힘을 과소평가하는 경우

④ 비전을 충분히 의사소통하지 못하는 경우

⑤ 새로운 비전을 차단하는 장애물을 허용하는 경우

- 조직구조나 보상체계 등과 같은 기존체계에 의해 변화 비전이 정체될 수 있음

⑥ 단기간의 승리를 이루어 내지 못하는 경우

- 나태함이나 좌절과 겨루기 위해 직원들은 몇 가지 신속한 성공을 볼 필요 있음

⑦ 너무 일찍 승리를 선언하는 경우

- 대규모의 변화는 완전하게 성취되는 데 수년이 걸림

⑧ 변화가 있으나 이를 조직문화에 확실하게 정착시키는 것을 무시하는 경우

- 변화결과는 조직의 업무수행도 향상과 시각적으로 연결될 필요가 있음
- 새로운 행동과 체계는 새로운 규범과 가치에 근거해야 함

5. 사회복지조직의 혁신을 위한 과제

① 사회복지기관들은 조직혁신활동 수행에 대한 필요성을 인식해야 한다.

- 격변하는 사회적, 경제적 환경에 적응을 위해 조직혁신활동이 선택이 아닌 기관의 존립을 위한 필수적인 활동이라는 인식 필요

② 부족한 재원의 확보를 위한 기관의 노력과 더불어 증가하는 복지수요를 충족시키기 위해 서비스와 프로그램의 다양화가 시급

- 기존 서비스와 프로그램에 대해 효율성 제고의 차원에서 면밀히 프로그램을 분석하고, 새로운 프로그램 기술과 서비스 전달방법의 개발을 위해 노력해야 할 것임
- 인력의 효율적 활용, 자원봉사자 활용방안 계획 등 기관의 효율성을 높이

기 위한 새로운 관리방식 필요, 아울러 새로운 재원 마련을 위한 다각적 노력 필요

③ 기관의 혁신활동을 배양하기 위해서는 사회복지기관의 관리와 운영을 책임지는 지도자의 새로운 역할이 절대적으로 필요

- 기관장이 비전을 갖고 조직혁신활동을 배양하는 리더십을 발휘해야 한다.
- 기관혁신이 기관구성원의 창의성에서 시작될 수 있다는 인식을 갖고 기관 구성원들의 창조적인 아이디어를 적극적으로 수용할 필요가 있다.
- 기관의 주요 결정사항에 중간계층 구성원들의 적극적인 참여를 유도해야 할 것임
- 사회복지기관의 지도자들도 기업가 정신(entrepreneurship)을 갖고 기관관리에 임해야 한다.
- 다른 사회복지기관들과의 협력체계 구축을 위해 노력, 타 기관과의 긴밀한 접촉과 정보교환을 통해 새로운 복지수요 동향과 정보 파악이 필요하다.

〈오스본과 프래스트릭(David Osborn % Peter Plastrik)의 정부개혁의 5가지 전략 이해하기〉

Ⅰ. 머리말

미국에서 현재 진행되고 있는 행정개혁은 부통령인 앨 고어(Al Gore)가 약 200명의 연구진들을 데리고 만든 행정개혁안을 기본지침으로 하여 진행되고 있다. 이 개혁의 기본방향은 정부를 기업과 같은 방법으로 경영하고, 공무원들을 종래의 권위주의적인 관료형에서 고객만족을 중시하는 혁신적인 기업가형으로 바꾸어 나가겠다는 것이다.

이 것은 미국과 전 세계의 풍부한 사례연구를 기반으로 중앙정부에서 지방정부까지, 또한 국방행정 분야에서부터 탁아행정에 이르기까지 정부의 모든 영역에 걸쳐서 전 세계에 입증되고 국가경쟁력 향상이라는 전쟁에서 실효를 거둔 전략적 사고와 사례를 제시해 주고 있다.

관료제적 행정조직의 제도화되고 체계화된 무책임을 혁신하고 자기혁신적 정부를 만들기 위한 5가지 정부 혁신 전략과 전 세계의 구체적인 정부혁신 사례를 통해 대외적으로는 국가 경쟁력을 확보하고 대내적으로는 지방·정부 간의 경쟁력을 확보하게 해 주는 방법을 제시해 주고 있다.

Ⅱ. 정부개혁의 5C 이론 소개

1. 정부개혁의 5가지 전략(5C)

정부혁신 5가지 전략에서 오스본과 프래스트릭은 공공조직을 성공적으로 혁신하기 위한 5가지 C를 제시하고 있다.

① 핵심전략(Core Strategy): 목표와 명확성을 확립하기 위한 핵심전략으로 명확한 목표를 설정하라

② 성과전략(Consequences Strategy): 성과에 대한 결과를 도입하는 성과전략으로 직무성과의 결과를 확립하라

③ 고객전략(Customer Strategy): 고객에 대한 책임성을 확립하는 고객전략으로 고객을 최우선시하라

④ 통제전략(Control Strategy): 공공조직과 공무원들이 혁신할 수 있도록 권한을 이양해 주는 통제전략으로 권한을 이양하라

⑤ 문화전략(Culture Strategy): 공무원의 습관, 마음가짐, 정신 등을 변화시켜주는 조직문화전략으로 기업가적 문화를 창조하라

| 표 14-1 | **정부개혁의 5가지 전략, 접근법 및 정책도구**

전략	접근 방법	정책도구
핵심	목적의 명확성	성과 혹은 프로그램 심사제, 우선순위 심사제, 일몰제, 자산매각, 준 민영화 방법, 권한이양
	역할의 명확성	유연성과 기본 틀, 경쟁적 공개입찰
	방향의 명확성	정책조정조직, 전략개발, 성과예산, 장기적 예산, 발생주의회계
성과	경쟁 관리	경쟁입찰제, 경쟁적 벤치마킹
	기업 관리	공사화, 기업기금, 사용자비용, 내부기업관리
	성과 관리	성과보상제, 심리적 임금, 보너스, 이윤공유제, 공유예산 절감제, 성과지급, 성과계약 및 협의, 능률성 배당금, 성과예산
고객	고객의 선택	공공 선택제, 고객정보체제
	경쟁적 선택	경쟁적 공공 선택제, 증서 및 변제 프로그램
	고객품질 확보	고객서비스 기준, 고객 보상제, 품질 보증제, 품질 민원 모니터제, 고객 불만 처리제, 옴부즈만 제도
통제	조직권한 이양 공무원	행정통제의 분권화, 조직규제 완화, 일선관리, 외부 위탁 또는 특허, 정부개혁 실험실, 면제 정책, 베타 현장, 규칙 일몰제, 정부 간 규제 완화
	권한 이양	관리계층 축소, 조직분권화, 기능적 조직의 해체, 업무팀, 자기관리적 업무팀, 노사동반 협조체제, 공무원 제안 프로그램
	지역사회 권한이양	지역사회통치기국, 협조기획, 지역사회투자기금, 지역사회관리조직, 지역사회- 정부 동반 협조체제, 지역사회기반 규제 순응
문화	관습 타파	고객과의 만남, 고객체험, 직무순환, 내부 및 외부 수련제, BPR
	감동 정신	성공축하제, 관용심사제, 새로운 상징, 이야기, 의식, 공무원 및 사무실 투자
	승리 정신	관료제 과정의 표면화, 성과 벤치마킹, 현장 방문제, 학습진단, 공유된 비전 구축

2. 5가지 전략의 시너지효과 극대화를 위한 방법
첫째, 중용한 것을 포기하도록 요구하는 대신 그에 상응하거나 더 가치가 있는 것을 반대 급부로 제공해 주는 것이다.
둘째, 이해집단의 반발에도 굴복하지 말아야 한다.
셋째, 기업가적 공무원을 보호해 주어야 한다.
넷째, 대안은 조금씩 점진적으로 신뢰를 구축해야 한다.
다섯째, 변화에 투자하라는 것이다.

Ⅲ. 평가적 의견
줄리아니(Juliani)뉴욕시장은 뉴욕시 지방정부를 더 잘 운용하기 위하여 『정부혁신의 길』에서 많은 교훈을 활용했다. 오스본과 프래스트릭이 이책에서 설명하고 있는 전략들은 중앙정부에서부터 지방정부까지 모든 정부에서의 근본적인 변화를 창조하기 위한 유용한 방법론을 제시해 주고 있다.

6. 사회복지행정실무

1) 사회복지시설의 법적 정의와 종류

(1) 사회복지시설의 법적 정의

- 사회복지시설이란 「사회복지사업법」 제2조의 '사회복지사업'을 행할 목적으로 설치된 시설을 의미
- 사회복지시설 여부는 시설운영자의 주관적인 목적이 아니라, 실질적으로 사회복지사업을 행하는지에 대한 판단으로 결정됨

① 사회복지사업의 법적 정의

- 「사회복지사업법」 제2조 제1호에 규정된 개별법령에 의한 '보호·선도 또는 복지에 관한 사업'과 '사회복지상담·부랑인 및 노숙인보호·직업보도·무료숙박·지역사회복지·의료복지·재가복지·사회복지관 운영·정신질환자 및 한센병력자 사회복귀에 관한 사업' 등 각종 복지사업과 이와 관련된 '자

원봉사활동 및 복지시설의 운영 또는 지원을 목적으로 하는 사업'을 말함

② 사회복지사업 개별법령

가. 「국민기초생활 보장법」 나. 「아동복지법」 다. 「노인복지법」 라. 「장애인복지법」 마. 「한부모가족지원법」 바. 「영유아보육법」 사. 「성매매방지 및 피해자보호 등에 관한 법률」 아. 「정신건강증진 및 정신질환자 복지서비스 지원에 관한 법률」 자. 「성폭력방지 및 피해자보호 등에 관한 법률」 차. 「입양특례법」 카. 「일제하 일본군위안부 피해자에 대한 생활안정 지원 및 기념사업 등에 관한 법률」 타. 「사회복지공동모금회법」 파. 「장애인·노인·임산부 등의 편의증진 보장에 관한 법률」	하. 「가정폭력방지 및 피해자보호 등에 관한 법률」 거. 「농어촌주민의 보건복지증진을 위한 특별법」 너. 「식품등 기부 활성화에 관한 법률」 더. 「의료급여법」 러. 「기초연금법」 머. 「긴급복지지원법」 버. 「다문화가족지원법」 서. 「장애인연금법」 어. 「장애인활동 지원에 관한 법률」 저. 「노숙인 등의 복지 및 자립지원에 관한 법률」 처. 「보호관찰 등에 관한 법률」 커. 「장애아동 복지지원법」 터. 「발달장애인 권리보장 및 지원에 관한 법률」 퍼. 「청소년복지 지원법」 허. 그 밖에 대통령령으로 정하는 법률

(2) 사회복지시설의 종류

사회복지시설의 분류는 시설의 이용방법이나 어떤 대상자에게 서비스를 제공하는지 또는 시설의 주된 기능과 역할이 무엇인지에 따라서 구분해 볼 수 있다.

① 이용형태별 분류

- 이용시설: 지역사회 내의 재가(가정)에서 통원을 중심으로 활용이 가능한 시설로 클라이언트 혹은 서비스의 이용을 원하는 사람이 시설로 직접 방문을 하거나 시설의 종사자가 클라이언트의 집 방문을 통하여 서비스의 제공이 이루어짐(복지관, 상담센터 등/2006년 12월 기준 61,532개소, 2016년 사회복지관 459개소)
- 생활시설: 시설서비스를 필요로 하는 클라이언트에게 시설 내 보호와 필요한 서비스를 제공(아동시설, 노인요양시설, 장애인 요양시설 등/2006년

12월 기준 3,050개소, 2020년 2월 28일 22,984개소)

② 대상자별 분류

- 영유아, 아동, 청소년, 여성, 노인, 장애인, 한부모 가정, 다문화 가정 등 대상자의 유형별로 시설을 구분한다.

③ 시설의 기능별 분류

- 상담, 재활, 보호, 종합, 단종 등 시설의 기능에 따른 분류

④ 사회복지시설의 법적 근거와 세부종류

<table>
<tr><th rowspan="2">관련 법</th><th rowspan="2">시설종류</th><th colspan="2">세부종류</th><th rowspan="2">소관부서</th></tr>
<tr><th>생활시설</th><th>이용시설</th></tr>
<tr><td>사회복지사업법</td><td>사회복지관
부랑인, 노숙인시설
결핵, 한센시설</td><td>· 부랑인시설
· 결핵, 한센시설</td><td>· 사회복지관
· 노숙인 쉼터
· 상담보호센터</td><td rowspan="7">보건복지
가족부</td></tr>
<tr><td>노인복지법</td><td>노인복지시설</td><td>· 노인주거복지시설
· 노인의료복지시설</td><td>· 재가노인복지시설
· 노인여가복지시설
· 노인보호전문기관</td></tr>
<tr><td>농어촌주민의 보건복지증진을 위한 특별법</td><td>복합노인복지시설</td><td colspan="2">· 농어촌 지역에 한해 노인복지법 제31조 노인복지시설을 종합적으로 배치한 복합노인복지시설을 설치·운영 가능</td></tr>
<tr><td>아동복지법</td><td>아동복지시설</td><td>· 아동양육시설
· 아동일시보호시설
· 아동보호치료시설
· 아동직업훈련시설
· 자립지원시설
· 아동단기보호시설
· 공동생활가정</td><td>· 아동상담소
· 아동전용시설
· 아동복지관
· 지역아동센터</td></tr>
<tr><td>장애인복지법</td><td>장애인복지시설</td><td>· 장애인생활시설
· 장애인유료복지시설</td><td>· 지역사회재활시설
· 직업재활시설
· 생산용품판매시설</td></tr>
<tr><td>정신보건법</td><td>정신보건시설</td><td>· 정신요양시설
· 사회복귀시설 중 생활(주거)시설</td><td>· 사회복귀시설 중 이용시설</td></tr>
<tr><td>국민기초생활 보장법</td><td></td><td></td><td>· 지역자활센터</td></tr>
</table>

2) 사회복지시설의 운영

(1) 사회복지시설의 설치

① 신고제도

- 국가 또는 지방자치단체외의 자가 시설을 설치·운영하고자 하는 때에는 시장·군수·구청장에게 신고하여야 함
  - 사회복지시설 설치가 가능한 자: 국가 또는 지방자치단체, 사회복지법인 또는 비영리법인, 개인 등은 결격사유가 없는 한 누구나 사회복지시설을 설치·운영할 수 있음

② 위탁제도

- 국가 또는 지자체가 설치한 시설은 필요시 사회복지법인 또는 비영리법인에게 위탁운영 가능 ① 공개모집을 통해 수탁자를 모집하고 수탁자선정심의위원회를 통해 수탁자를 선정하며, 어린이집 등은 민간법인뿐 아니라 개인에게도 위탁이 가능 ② 사회복지시설 위탁방법
- 위탁대상시설: 국가 또는 지자체가 설립한 시설
- 수탁자의 자격: 사회복지법인 또는 비영리법인
  ※ 시설운영의 안정성, 영속성, 공공성 등 차원에서 사회복지법인 또는 비영리법인에 그 자격을 제한하고 있으나, 개별법령에 기타 단체 및 개인에게 위탁할 수 있는 근거규정이 있을 경우(영유아보육법 제24조 등)에는 그에 따름
  - 위탁방법: 반드시 공개모집에 의해 수탁자를 선정
  - 선정주체: 위탁기관의 장
  - 선정기준 → 필수사항: 수탁자의 재정능력, 공신력, 사업수행능력, 지역간 균형분포, 시설에 대한 평가 결과(평가한 경우에 한함) → 임의사항: 그 외 위탁기관의 장이 필요하다고 인정되는 사항

- 위탁선정위원의 구성 → 위탁기관의 장이 임명 또는 위촉한 9인의 위원(위원장 1인 포함) 민간인이 과반수 이상 포함 → 계약의 체결: 위탁 시에는 계약서를 체결해야 함

※ 수탁자가 변경되더라도 시설장 및 관리자를 제외한 종사자는 고용승계할 것 → 계약기간: 5년 이내로 함

- 계약의 갱신: 위탁자가 필요하다고 인정할 경우, 선정위원회의 심의를 거쳐 계약기간을 갱신할 수 있음

※ 계약의 갱신은 계약내용의 갱신이 아닌 계약기간의 갱신이므로, 중대한 계약내용의 변경이 있을 경우에는 상기 위탁과정을 거쳐 위탁해야 함

(2) 사회복지시설의 운영

① 인력구성 및 채용방법

- 정규직: 사회복지사, 간호사, 특수교사, 물리치료사, 작업치료사, 직업재활사, 임상심리사, 청소년지도사, 영양사, 조리사, 회계, 안전관리인 등
- 비정규직: 자원봉사자, 실습생, 사회복무요원, 사회봉사명령자 등
- 모든 직원은 공개모집을 원칙으로 함. 공개 모집이란 자격을 갖춘 자는 누구나 응모하여 경쟁을 통하여 능력 있는 자를 임용하는 제도로 채용 시에는 해당 법인 및 시설 홈페이지, 소식지, 지자체 홈페이지 등에 채용관련사항을 15일 이상 공고한 후 법인 및 시설 내규 등에 의해 채용하는 것

② 사회복지시설의 재정

- 사회복지시설의 회계연도 기준은 정부와 동일하게 매년 1월에서 12월까지로 함

가. 세입(수입)

- 보조금: 정부에서 지원하는 예산으로 인건비, 운영비 등이 포함

- 법인전입금: 시설의 원활한 운영을 위하여 수탁법인에서 출연하는 금액
- 후원금: 시설을 위하여 개인 혹은 단체가 기부하는 금액
- 사업수입: 시설의 프로그램을 이용하면서 이용자들에게 받은 실비 이용료
- 기타수입: 예금이자, 기타 항목이 정해져 있지 않은 소액의 수입금
- 전년도 이월금: 전년도에 수입으로 들어온 금액 중 지출하지 않고 회계연도를 넘긴 금액

나. 세출(지출)

- 인건비: 시설종사자들의 인건비(정규직과 계약직 등)
- 업무추진비: 시설운영비, 직책보조비, 회의비(운영위원회 등) 등의 지출
- 운영비: 사무실 유지·관리비, 각종 공과금, 차량유지·관리비, 기타복리후생비 등
- 재산조성비: 신규자산의 취득이나 기존 사회복지시설의 유지·관리를 위한 비용
- 사업비: 사회복지사업을 수행하면서 지출되는 비용
- 예비비: 예산수립 시 확정되지 않은 계획에 대한 예산 추정액을 미리 확보한다는 의미에서 예산수립 시 지출항목으로 설정하는 것
- 잡지출: 기타 지출항목에 정해져 있지 않은 소액지출을 위한 비용

3) 사회복지시설의 재무회계규칙

(1) 목적

본 규칙은 사회복지법인 재무·회계 및 후원금 관리의 명확성·공정성을 기하기 위해「사회복지사업법」제23조 제4항의 규정에 의하여 사회복지법인의 재무회계에 관한 사항을 규정한 것임

(2) 적용범위

「사회복지사업법」의 적용을 받는 사회복지법인 및 법인운영시설

(3) 사회복지법인 및 법인운영시설의 회계

- 회계는 구분하여 관리하는 것을 원칙으로 한다.
  - 법인회계: 법인의 업무 전반에 관한 회계
  - 시설회계: 법인이 설치·운영하는 사회복지시설에 관한 회계
  - 수익사업회계: 법인이 수행하는 수익사업에 관한 회계
- 회계연도 및 회계연도 소속구분
  - 법인의 회계연도는 정부의 회계연도(1. 1.~12. 31.)에 의함
  - 법인의 수입 및 지출의 발생, 자산 및 부채의 증감에 관하여는 그 원인이 되는 사실이 발생한 날을 기준으로 하여 연도소속을 구분

(4) 출납기한

1회계연도에 속하는 법인의 세입, 세출의 출납에 관한 사무는 다음연도 2월 말일까지 완결

4) 예산

(1) 예산의 편성

① 예산총계주의 원칙

1회계연도의 모든 수입은 세입으로 하고 모든 지출은 세출로 하되, 세입과 세출은 모두 예산에 계정되어야 함

② 예산편성절차

법인 및 시설의 회계별 예산안 편성 완료 후 법인의 이사회의 의결을 거쳐 해당 시·군·구에 제출(회계연도 개시 5일 전까지 제출한다)

③ 예산에 첨부할 서류

- 복식회계: 예산총칙, 세입출 명세서, 추정대차대조표, 추정수지계산서, 임직원 보수 일람표, 예산을 의결한 이사회 회의록 사본
- 단식회계: 예산총칙, 세입출명세서, 임직원 보수 일람표, 예산을 의결한 이사회 회의록 사본(통상적으로 예산서를 제출할 경우에는 사업계획서를 같이 제출하기도 함)

(2) 추가경정 예산의 편성

- 사유: 예산성립 후에 생긴 사유로 인해 기성립된 예산에 변경을 가할 필요가 있을 경우
- 방법: 예산편성절차에 준하여 추가경정예산을 편성, 확정 후 7일 이내에 시·군·구에 제출

(3) 예산의 목적 외 사용금지

법인회계 및 시설회계의 예산은 세출예산이 정한 목적 외에 사용 금지

(4) 예산의 전용

- 관간전용: 법인 이사회의 의결을 거쳐 관할 시·군·구청장의 승인 필요
- 동일관내 항간 전용: 법인 이사회의 의결 필요
- 동일항내 목간 전용: 법인 대표이사가 전용 가능
- 전용의 제한: 예산총칙에서 전용을 제한하거나, 예산 성립 과정에서 삭감한 관, 항, 목으로는 불가

5) 결산

(1) 결산의 보고

- 법인회계, 시설회계의 출납 완료 시 세입, 세출 결산보고서 작성
- 결산보고서의 법인 이사회 의결
- 이사회의 의결을 받은 결산보고서의 시·군·구청에 제출

| 표 14-2 | 세입, 세출 예산과목 예시(관, 항, 목)

세입예산과목			세출예산과목		
관	항	목	관	항	목
보조금	보조금	경상보조금	사무비	인건비	급여 상여금
전입금	전입금	법인전입금		업무추진비	기관운영비
사업수입	사업수입	00사업수입		운영비	제세공과금
후원금	후원금	지정후원금	사업비	사업비	00사업비
		비지정후원금			01사업비

6) 회계

(1) 총칙

- 수입 및 지출 사무관리 주체: 법인의 대표이사 및 시설의 장
- 수입과 지출의 집행기관: 수입원과 지출원을 두되 규모가 작을 경우에는 동일인으로 할 수 있음
- 회계의 방법: 단식부기
- 법인 및 시설의 비치 회계장부: 현금출납부, 총계정원장, 총계정원장 보조부, 재산대장, 비품관리대장 등은 필수로 비치해야 함

(2) 수입

가. 수입금의 수납관리

- 모든 수입금은 금융기관에 직접 납부하는 경우를 제외하고는 수입원이 수납
- 수납한 금액은 익일까지 금융기관에 예입
- 금융기관의 거래통장은 회계별로 분리하여 관리 보관

나. 과년도 수입, 반납금, 과오납금 처리

- 출납완결 연도에 속하는 수입 기타 예산 외 수입은 모두 해당 연도의 예산에 편입
- 지출된 세출의 반납금은 각각 지출한 세출의 해당 과목에 여입 가능
- 과오납된 수입금은 수입한 세입에서 직접 반환

(3) 지출

지출의 원칙은 다음과 같이 나누어 볼 수 있다.

- 지출은 지출사무를 관리하는 자(대표이사, 시설장) 및 그 위임을 받아 지출명령이 있는 것에 한하여 지출원이 행한다.
- 지출은 예금통장에 의하거나 전자거래기본법에 의한 전자거래로 행함
- 상용경비 또는 소액의 경비 지출은 현금으로 가능하며, 이를 위해 지출원은 100만 원 이하의 현금을 보관할 수 있다.

7) 후원금의 관리

(1) 후원금의 접수

- 후원금이란 아무런 대가 없이 무상으로 받은 금품 기타의 자산을 의미
- 후원금 영수증 교부
  - 법인의 대표이사와 시설장은 후원금을 받은 때에는「소득세법 시행규칙」 제101조 20호의 2 또는「법인세법 시행규칙」제82조 제6항 3의 3호에서 정하는 기부금영수증 양식으로 후원금 영수증을 후원자에게 즉시 교부해야 함

(2) 후원금의 관리

- 후원금을 받은 때에는 후원금 영수증 교부 후 발급목록을 별도 장부로 관리하여 비치
- 법인명의 및 시설의 명칭이 부기된 시설장 명의의 후원금 전용계좌의 개설하여 사용해야 함
- 후원금의 수입 및 사용내역 통보
  - 대표이사와 시설장은 연 1회 이상 해당 후원금의 수입 및 사용내역을 후원금을 낸 법인, 단체 또는 개인에게 통보하여야 함
- 후원금의 수입 및 사용결과 보고와 공개
  - 대표이사와 시설장은 회계연도 종료 후 15일 이내에 후원금 수입 및 사용결과 보고서를 관할 시·군·구에 제출
  - 시·군·구청장은 제출받은 후원금의 수입 및 사용결과 보고의 내역과 후원금 전용계좌 등의 후원금 입출금 내역을 회계연도 종료 후 30일 이내에 인터넷 등을 통하여 공개한 후, 3개월간 누구든지 볼 수 있도록 게시하여야 함

8) 감사의 실시

① 법인의 감사는 해당 법인과 시설에 대하여 매년 1회 이상의 감사를 실시

② 시설장과 수입원, 지출원이 사망하거나 경질된 때에는 그 관장에 속하는 수입, 지출, 재산, 물품 및 현금 등의 관리상황을 감사한다.

③ 감사 후 감사보고서를 작성하여 법인 이사회에 보고하며, 재산상황 또는 업무집행에 관하여 부정 또는 미비한 점이 발견된 때에는 시·군·구청장에게 보고하여야 한다.

1. 사회복지시설의 법적 정의와 종류

1) 법적 정의

사회복지시설이란 사회복지사업법 제2조의 '사회복지사업'을 행할 목적으로 설치된 시설

2) 사회복지시설의 종류

이용형태별, 대상자별, 기능별로 분류를 할 수 있으며, 각각의 관련 법에 따라 다양한 시설이 있고, 사회복지시설을 소관하는 부서는 보건복지가족부와 여성부이다.

2.사회복지시설의 운영

1) 사회복지시설의 설치

(1) 신고제도: 정부 이외의 자가 시설을 설치·운영하고자 할 때에는 시·군·구에 신고

(2) 위탁제도: 정부가 설치한 시설을 사회복지법인 또는 비영리법인에 위탁 운영

2) 사회복지시설의 운영

(1) 인력구성: 정규직(사회복지사 등)과 비정규직으로 구분하고 공개모집을 통해 채용

(2) 재정: 회계연도는 정부와 동일하게 매년 1월에서 12월로 하며, 세입(수입)과 세출(지출)로 나누어진다.

3. 사회복지시설의 재무회계규칙

재무회계규칙은 사회복지법인 및 시설의 재무, 회계와 후원금 관리의 명확성과 공정성을 기하기 위해 사회복지사업법 제23조 제4항의 규정에 의하여 사회복지법인 재무회계에 관한 사항을 규정총칙(목적, 범위, 회계, 출납), 예산(편성, 추가경정, 전용 등), 결산(보고), 회계(수입과 지출), 후원금의 관리(후원금 접수, 관리), 감사 등 여섯 가지로 구분

제15장

북한의 사회복지행정

1. 북한의 사회복지

북한의 사회복지에 대한 연구는 북한 연구 분야 가운데 가장 늦게 연구되기 시작하였고, 또 타 학문에 비해 연구의 활성화도 가장 늦게 이루어진 분야 가운데 하나이다. 이는 북한 연구가 정치학을 중심으로 발전해 왔다는 특성과 대체로 현실적인 필요성에 의해 연구가 진행되어 왔다는 점으로 인해 나타난 현상이라고 볼 수 있을 것이다. 기본적으로 남한의 사회복지는 자유자본주의를 경제체제의 원리로 채택함으로써, 국가가 잔여적 복지를 담당하면서 점차적으로 사회복지를 제도화하는 방향으로 사회복지제도를 발전시켜 나갔다. 따라서 남한의 사회복지제도는 사회보험을 기본틀로 하여, 공공부조와 사회복지서비스를 포함하는 형태로 형성되었다. 한편 북한은 헌법 제25조 '국가의 역할'에서 "조선민주주의 인민공화국은 인민들의 물질문화생활을 끊임없이 높이는 것을 자기활동의 최고 원칙으로 삼는다"고 규정하고 있다. 이에 따르면, 북한사회는 사회복지 실현을 존재 이유로 하는 사회체제라고 할 수 있으며, 따라서 사회복지는 북한사회에서 일종의 체제 이념적 기능을 하고 있다고 볼 수 있다.

2. 북한 사회복지제도의 발전 과정

사회주의 국가 건설이라는 목표하에 수립된 북한의 경우 사회복지제도의 발전은 대략 세 단계로 나누어 볼 수 있다.

제1단계는 북조선 임시인민위원회가 설립된 1946년부터 한국전쟁을 거쳐 전후복구가 완성되는 1960년까지로 설정할 수 있다. 북한은 1946년 3월에 공포된 「20개조 정강」에 기초하여 누진적 소득세제, 최저임금설정, 생명보험실시, 기업소 보험제도 실시, 전반적 의무 교육화, 전염병 예방, 빈민무료치료, 여성복지사업 등과 같은 사회보장제도를 추진한다. 이 시기는 아직 사회보험적 성격을 띤 사회복지제도가 주를 이루었으나 그 후 한국전쟁을 거치면서 국가 사회보장을 본격적으로 실시하기 시작하였다.

전후 복구기 동안 북한은 전사자의 유가족, 전상자, 전재민에 대한 보장과 전후복구를 위한 국민보건의 확충을 위해 국가사회보장제도를 확대 실시한다. 제1단계 기간동안 대부분의 사회복지 관련 법령들이 제정되었다.

제2단계는 1960년대로 북한이 사회주의 공업화의 추진에 따라 사회주의 사회복지제도를 확충해 간 시기이다. 특히, 자립적 민족경제건설과 경제·국방 병진정책의 추진에 따라 요구되는 노동력의 효율적 동원을 위하여 각종 사회보장제도가 확대 실시되었다. 특히 여성노동력의 경제활동 참가율이 증가함에 따라 탁아소가 급속도로 확대되고 여성과 아동에 대한 복지사업이 확대 개선되었다.

북한의 경제성장이 둔화되기 시작한 1970년대부터 현재에 이르는 제3단계는 사회주의 사회복지의 형태적 완성과 함께 사회복지의 질적 하락이 서서히 나타나기 시작하는 시기로 규정할 수 있다. 1972년 사회주의 헌법에서는 국가사회보험 및 국가사회보장에 따라 생활보장을 인민의 권리로서 확인하고 있다. 그러나 주체사상의 발전에 따른 김일성 유일사상의 정착과 권력세습체계의 구축에 따라, 북한의 사회복지급여는 인민의 권리에서 수령의 은혜로 점차 변질되어 가기 시작하였다. 뿐만 아니라, 이 단계 후반부터 나타나기 시작한 북한경제의 침체는 사회주의 사회복지체계의 형식을 실질적으로 채울 수 있는 재원을 공급하지 못함으로써, 사회복지의 질이 하락하고 있는 것으로 판단된다.

3. 북한의 사회복지 정책

1) 사회보장제도

북한은 노동을 전 주민의 권리이자 의무로서 헌법에 명시하면서 “모든 공민은 희망과 재능에 따라 직업을 선택하며 안정된 일자리와 로동 조건을 보장받는다"라고 직업선택의 자유와 노동조건에 대한 최소한의 보장을 규정한데 이어 "공민은 휴식에 대한 권리를 가진다. 이 권리는 로동시간제, 공휴일제, 유급휴가제, 국가비용에 의한 정휴양제, 계속 늘어나는 여러가지 문화시설들에 의하여 보장된다"고 하여 노동보호를 규정하고 있다.

또한 "공민은 무상으로 치료받을 권리를 가지며, 나이 많거나 병 또는 불구로 로동 능력을 잃은 사람, 돌볼 사람이 없는 늙은이와 어린이는 물질적 방조를 받을 권리를 가진다. 이 권리는 무상치료제, 계속 늘어나는 병원, 료양소를 비롯한 의료시설, 국가사회보험과 사회보장제에 의하여 보장된다"고 하는 등 선진 복지국가의 제도를 모방해 놓았다.

이에 따라 노동법은 질병·부상·임신·해산에 관한 의료상의 방조, 질병·부상·불구로 인하여 일시적 노동능력을 상실한 경우의 보조금, 임신·해산으로 인한 경우의 보조금, 질병·부상으로 불구 또는 폐질이 되었을 때의 연금, 부양의 책임을 진 피보험자가 사망 또는 실종되었을 때의 그 유가족에 대한 연금, 연로한 피보험자에 대한 연금 등 다양한 명목상의 사회보장·복지시책을 마련해 놓고 있다.

이처럼 북한은 헌법에 사회보장에 관한 대원칙을 총망라시키면서 노동법령에 다양한 복지시책을 마련해 놓아 명목상으로는 마치 복지국가를 구현하고 있는 것처럼 보이나, 실제적으로는 직업선택의 자유, 노동의 양과 질에 따른 분배, 1일 8시간 노동제, 사회보장제가 제대로 지켜지지 않고 있어 이 규정들은 거의 대부분 선전적 차원에서 마련된 것일 뿐이다.

| 표 15-1 | 남북한 사회복지제도 비교

급여종류	남한의 복지제도	북한의 복지제도
질병 · 출산(현물)	의료보험(1977), 의료보호(1978)	사회보험제(1946), 무상치료제(1953)
상병수당	미실시	사회보험제의 '일시적 보조금'
출산수당	근로기준법의 '유급출산휴가'	사회보험제의 '산전산후보조금'
실업급여	고용보험(1995), 퇴직금(1961)	사회보험제
노령 · 장해 · 사망급여	국민연금(1988), 퇴직금(1961)	사회보험제, 사회보장제(1951), 농민사회보장제(1985)
산업재해급여	산업재해보상보험(1961)	사회보험제, 사회보장제, 농민사회보장제
가족수당	미실시	미실시

비고: ( ) 안의 숫자는 최초 실시년도.

2) 사회보험

(1) 연금제도

북한의 연금제도는 1951년 8월 30일에 제정된 「국가사회보장법」과 1978년 4월 18일 제정된 「사회주의 로동법」에 따라 임금노동자를 대상으로 실시되고 있는데 연금의 종류는 폐질연금, 유가족연금, 연로연금, 영예군인연금 등이 있다. 또한 1986년 11월부터 임금노동자에게만 실시하던 연금제도를 협동농장 농민에게 확대 적용하고 1992년 3월 1일부터 주민복지향상시책의 일환으로 사회보장자들에 대한 사회보장연금을 기존보다 평균 50.7% 인상 조치하였다고 발표한 바 있다. 그러나 실제로는 중앙당 간부, 군 장성급 등을 제외한 기타 근로자들은 대부분의 경우 남자 60세, 여자 55세에 정년을 맞지만 퇴직금과 같은 노후보장제도는 마련되어 있지 않다. 다만 정년 전에 국기훈장 1급을 받은 사람에게만 근무 시와 비슷한 수준의 연금혜택이 있을 뿐이다. 그 나머지 대부분의 노동자들은 2~3급 훈장을 받을 기회가 주어지고 있어 여기에서 나오는 혜택으로 연명하고 있다.

(2) 산재보험

북한의 산재보험은「국가사회보장법」과「사회주의 로동법」제73조, 제75조, 제77조에 의거하여 실시되고 있다. 보험급여는 취업당시의 임금을 기준으로 하여 1급부터 5급까지 구분되어 있는데, 1급은 임금의 75%, 5급은 50%를 지급한다.

그러나 북한에서는 성분이 좋고 열성당원에게는 보험급여를 규정대로 적용하고 있지만, 대부분의 경우에는 여러가지 이유를 들어 재해를 노동자의 고의적 또는 과실인 사고 등 노동자들의 귀책사유로 처리함으로써 불이익을 받게 하는 사례가 많은 것으로 알려져 있다.

(3) 실업보험

북한의 실업보험은「국가사회보장법」에 의해 노동의 의사와 능력이 있음에도 불구하고 1개월 이상 직장을 배정받지 못하여 생계가 어렵고 달리 부양할 사람이 없는 경우, 표준 임금의 20%를 6개월 한도로 지급하고, 자발적 실업 및 노동규율 위반, 범죄 등 과실에 의한 해고의 경우에는 지급하지 않는다고 규정되어 있다. 그러나 실제로 실업수당이 지급된 경우는 거의 없는 것으로 알려져 있다.

| 표 15-2 | 남북한 사회보험 현황

사회적 위험	남한의 제도	북한의 제도
질병·출산	의료보험법(1963), 의료보험 실시(1977), 전국민 의료보험(1989)	사회보험제(1946), 무상치료제(1953)
실업	고용보험(1995), 전임금근로자 고용보험 적용(1999. 10.), 퇴직금(1961)	사회보험제(1946), 1978년 실업보상 폐지
노령·장해·사망	퇴직금(1961), 국민연금(1988), 공무원연금(1960), 군인연금(1963), 전국민연금(1999. 4.)	사회보험제(1946), 국가사회보장제(1951), 사회주의 노동법(1978), 농민사회보장제(1985)
산업재해	산업재해보상보험(1961), 전임금근로자 산재보험 적용(2000. 7.)	사회보험제(1946), 국가사회보장제(1951), 사회주의 노동법으로 계속, 농민사회보장제(1985)
가족수당	없음	없음

비고: 1. ( ) 안의 연도는 제도의 최초 실시 연도와 해당 계층의 전체 확대를 의미함
2. 북한의 주장에 의하면 실업의 소멸로 '78년에 실업보상제도를 폐지했다고 함

출처: 김형식·김연명(1995.) 전게논문.

3) 사회복지서비스

(1) 노인복지서비스

노인복지서비스 관련 법은 북한의 사회주의 헌법이나 사회주의 노동법 속에 포함되어 있다.

① 적용대상: 남자 60세, 여자 55세부터 양로원에 수용 가능하다.

② 서비스 내용: 무의탁 노인을 대상으로 한 양로원 수용과 사회보험 수급자격이 없는 노인에 대한 일 500g(노동자 700g)의 배급이 주를 이룬다.

③ 서비스 전달체계: 국가기관인 노동부에 의해 모든 서비스가 이루어진다.

(2) 아동복지서비스

북한에서는 1947년 아동복지서비스 관련 법이 제정되었다.

① 적용대상: 모든 취학 전의 아동이 대상자이다.

② 서비스 내용: 국가부담으로 모든 서비스가 제공된다.

③ 서비스 전달체계: 보건부가 탁아소를, 교육위원회가 유치원을 책임·관리하고 있다.

(3) 여성복지서비스

북한은 1940년대 후반 남녀평등권에 대한 법령을 제정하고 그에 기초하여 여성복지서비스를 제공하는 데 주력하였다.

① 적용대상

여성전체이며, 특히 자녀를 가진 여성이 중점적으로 보호를 받고 있다.

② 서비스 내용

산전·후 휴가 및 자녀를 둔 여성의 노동시간 단축이 주요 서비스이다.

③ 서비스 전달체계

각각 노동부, 인민재판소, 보건성의 업무가 분리되어 있어 감독 및 운영기관이 다양하다.

(4) 장애인 복지서비스

장애인복지서비스와 관련한 입법의 경우는 남한에는 독립법이 존재하나, 북한에는 독립된 법률이 존재하지 않는다.

① 적용대상

주로 전상자, 국가공로자, 산업재해자 등으로 구성된다.

② 장애인에 대한 소득보장의 형태

전상자에 대한 생활필수품의 보급, 본인 및 자녀의 학비면제, 국가주택 사용료 면제 등의 생활보호 등이 있다.

③ 서비스 내용

주로 전쟁 또는 군복무 시 불구가 된 자들을 위한 의료서비스, 직업보장, 취업알선, 생활보장 등을 실시하고, 장애고아는 특수애육원에서, 무의탁장애자들은 양생원에서 돌보아 준다.

④ 서비스 전달체계

장애인에 대한 급여(교육, 의료, 직업, 생활보호, 주거보장, 시설보호 등)의 다양성으로 인하여 여러 행정기관으로 구성되어 있다. 특히 북한은 제대군인 및 영예 전상자들에 대한 사회적 서비스를 강조한다는 의미에서 장애인복지서비스를 감독하기 위한 정부·정당·사회단체로 구성된 감독위원회를 두고 있다.

북한의 장애인과 관련한 기사

『북한의 장애인들에 대한 대우는 장애가 된 이유에 따라 크게 달라진다. 국가적인 사업에 동원됐다가 불구가 된 경우는 상당한 배려를 받지만 선천성 장애인들은 적잖은 차별에 시달려야 한다.』

- 공로자 – 직장 그만둬도 월급, 식량 지급
- 선천성 – 강제 불임수술, 외지 격리수용

공로가 있는 장애인들을 위해서는 평양이나 지방의 각 도시마다 영예군인공장이 있다. 비교적 대우와 작업조건이 좋고, 주로 생활필수품을 생산하기 때문에 생활에 직접적인 보탬이 되기도 한다. 영예군인공장의 장애인들은 직장을 그만두어도 직장을 다닐 때와 똑같이 월급과 식량을 받을 만한 공로를 세운 사람들이 많다. 또 이런 장애인과 결혼하는 사람들을 언론에서도 '미덕'으로 크게 보도한다.

그러나 일반 장애인들은 처지가 다르다. 1970년대부터 평양에서는 많은 장애인들이 지방으로 쫓겨났다. 당의 요구를 본인들이 받아들이는 형식을 취했지만 사실상 강제 퇴거였다. 이들은 본인이 희망하거나 당이 지정한 지방의 도시로 갔다. 영예군인들이나 국가에 공로를 세운 장애인들은 평양에 남았다. 장애인 소개사업은 90년대까지 계속됐다. 지방으로 쫓겨나지 않은 장애인들도 가급적 큰 도로변에서 도로 안쪽 집들과 바꾸어 살게 했다. 때문에 신체적으로 눈에 띄는 장애인들은 평양거리에서 보기 힘들어졌다. 일반 장애인들을 위해서는 비교적 쉬운 노동을 하는 경노동 직장이 각 구역(대도시의 구)과 군마다 마련돼 있다. 신체장애인은 물론 만성질병에 시달리는 쇠약한 사람들도 이 직장의 대상이 된다. 이들은 의무적으로 동원되는 어려운 공사에도 제외된다. 작업동원에 빠지고 편하게 살려는 사람들이 의사와 짜고 경노동 직장에 보약도 공급해 주고, 우선 진찰권을 주는 등 여러 가지 혜택을 주기도 했다. 그러나 경제가 어려워지면서 이런 혜택도 거의 사라졌다.
선천성 장애인들에 대한 당국의 정책은 인권 유린의 수준이라고 할 만하다. 양강도 김형직(옛 후창)군 연하리에는 난쟁이 집단수용소가 설치돼 있는 것으로 알려져 있다. 이곳 출신의 한 탈북인은 "연하리는 북한에서 가장 깊은 산골짜기이며, 이곳에 수용된 난쟁이들은 외부 여행이 전면 금지된 채 살아간다."면서 "이곳은 인민보안성에서 통제 및 관리를 맡고 있으며, 강제 불임수술까지 자행돼 그 수는 점점 줄어들고 있다."고 말했다. 나환자들도 평안북도의 외딴섬에 철저히 격리 수용돼 있는 것으로 전해진다.
김일성이나 김정일의 문헌이나 발표문들을 보면 장애인들에 대해 언급한 적이 거의 없다. 주민들의 시시콜콜한 일상생활까지 언급하고 있는 이들 교시에서 장애인에 대한 배려는 찾아보기 힘든 사실이 북한 내 장애인들의 처지를 단적으로 보여 준다고 할 수 있다.

| 표 15-3 | 남북한 주요 사회복지서비스 비교

	남한	북한
주요 아동복지 급여	아동상담소, 소년소녀가장 지원, 저소득층 무료 보육서비스 및 교육(일부 의무교육), 아동복지 시설보호 등	무료 보육 및 교육, 아동상담소, 일부 시설 수용 보호(육아원 등)
주요 노인복지 급여	경로우대제, 무료 건강검진(대부분 의료보험 급여), 재가노인복지서비스, 노령수당(저소득층 노인), 노인공동 작업장 등	노인부양가족에게 양곡 지급(1일 300g), 무의무탁 노인 시설수용, 의료는 무상치료제에 의해 보편적 지원
주요 장애인복지 급여	장애인수당, 자녀교육비 지원, 자동차세금 감면 등, 장애인 의무고용제, 편의시설 보장, 보장구 무료교부, 시설 보호	의료, 교육은 무상치료제와 무상의료제 적용, 무능력 장애인 시설 수용, 취업가능자 취업 알선
재원	빈곤층: 국가재정 지원 일반층: 일부 유료서비스(개인부담)	국가 예산에서 지원
관련 시설보호	보육원, 보육시설, 유·무료 양로시설, 사회복지관, 상담소, 재활시설 등	보호소, 갱생시설, 양생원(양로원), 육아원(고아원), 보육소(탁아시설), 요양원 등
관련 법규	사회복지사업법(70), 아동복지법(61), 영유아보육법(1989), 노인복지법(81), 장애인복지법(81), 장애인편의시설 촉진법(1992), 장애인직업재활법(99)	여성상담소에 관한 규정(48), 산원에 관한 규정(49), 사회주의 노동법(72), 어린이 보육교양법(76)

4) 사회복지시설

(1) 탁아소·유치원제도

탁아제도는 원래 근로여성, 특히 저소득층의 근로여성을 위한 사회복지적 차원에서 마련된 것이나 북한에서는 취학 전 아동에 대한 공산주의 정치사상 교육의 필요성에 따라 정립된 유아교육제도로서 의의가 더욱 크다.

「어린이 보육교양법」 제1조에 의하면, "조선민주주의인민공화국에서 어린이들은 조국의 미래이며 공산주의 건설의 후비대이며, 대를 이어 혁명할 우리 혁명위업의 계승자들이다"라고 규정하고 있고, 같은 법 제2조에는 "조선민주주의인민공화국은 모든 어린이들을 탁아소와 유치원에서 국가와 사회의 부담으로 키운다"고 명시, 탁아소·유치원의 조기 정치사상 교육기관으로서의 의의를 시사해 주고 있다.

한편 같은 법 제6조에서는 "모든 어린이들을 주체형의 혁명적 새 인간으로 키우며 녀자들을 어린이를 키우는 무거운 부담에서 해방하는 신성한 사업을 실현하며 나라의 사회주의 건설을 힘있게 다그치며 온 사회를 혁명화, 로동 계급화하는 력사적 위업수행에 이바지한다"고 규정하고 있다. 이는 탁아소와 유치원의 설치목적이 노동력 부족을 여성노동으로 보충하려는 의도에서 이루어진 것임을 잘 말해 주고 있다.

북한이 지금까지 추진해 온 탁아소와 유치원에 관한 주요 조치 및 활동사항은 다음 〈표 15-4〉와 같다.

| 표 15-4 | 어린이 보육에 관한 주요 조치

시기	조치내용
1947. 6	탁아소 규칙에 대한 보건국 명령 제5호
1964. 7	유치원 사업을 개선 강화하는 데 대한 새로운 대책에 대한 내각 결정
1966.10	전국 보육교양원 대회
1968	유치원 교육과정제도 심의회 구성
1972. 5	만 5세의 모든 어린이들에게 학교 전 교육을 의무적으로 줄 데 대한 김일성 교시
1975. 9	11년제 의무교육을 전면적으로 실시
1976. 4	최고인민회의 제5기 6차회의, 어린이 보육교양법 채택
1979. 3	최고인민회의 제6기 3차회의 교육부문 보고 - 어린이 보육교양사업을 가일층 강화

5) 특수 사회복지시설

북한은 특수 사회복지시설로 육아원, 애육원, 양생원, 양로원 등을 운영하고 있다. 육아원과 애육원은 만 6세 미만의 고아들을 양육하는 기관이고, 양생원은 무의탁 지체부자유자들을 수용하는 곳으로 각 도에 1개소를 두고 있었으나 경제난에 따른 운영의 어려움으로 일부 도에서는 통·폐합되고 있다. 양로원은 부양능력이 없는 남자 60세, 여자 55세 이상자를 수용하여 부양하는 곳이다. 그 외에도 북한에는 전쟁 또는 군복무 시 불구가 된 자를 수용하여 장기치료를 해 주는 영예군인병원, 장기치료와 요양을 해 주는 영예군인정양소, 휴양소 등이 있다.

일반적으로 한 국가의 사회복지는 그 사회가 추구하는 가치체계 및 경제·사회적 제도와 밀접한 관계를 맺으면서 발전한다.

자유민주주의 체제의 남한은 '기여에 따른 보상'원리에 기반한 사회복지제도인 반면, 북한은 '국가적 사회보장'에 기반한 형태인 것처럼 말이다.

이러한 북한의 사회복지는 아직은 남한보다 많이 뒤쳐져 있는 상태이다.

이에 북한은 어려운 인민들의 생활을 이해하고 북한의 현재 사회 경제적 실태를 기초로 하는 주민들의 생활실태에 입각한 실제적인 연구들이 활성화되어야 할 것이다.

참고문헌

참고문헌

강영숙(2003). 정보화가 사회복지조직에 미치는 영향에 관한 고찰. 연세사회복지연구, 9, 1-26.

강혜규(1995). 보건복지사무소와 공공복지전달체계의 개편. 한국사회복지의 이해, 313-335.

고명수·박인아·서진숙·신경희·이명·이은영·이효영·한명순(2013). 사회복지개론. 서울: 동문사.

국가법령정보센터. http://www.law.go.kr

국세청(2000). 개인기부금에 대한 세제 지원 확대. 2000년 2월 29일자 보도자료.

국세청(2014). 국세통계연보.

국세청 홈페이지. http://www.hometax.go.kr

권중돈(2013). 사회복지개론. 서울: 학지사.

권지성·이미림(2009). 사회복지조직 관리자의 갈등관리전략에 관한 질적 사례연구. 한국사회복지행정학, 11(3), 215-246.

기획예산위원회(1998). 국가경영혁신기본전략.

김경우·신상수·이승현·김재경(2013). 사회복지행정론. 서울: 동문사.

김기태(2005). 사회복지의 이해. 서울: 박영사.

김동수·정무성·정진옥(2013). 국제사회복지. 서울: 신정.

김보미·김선아·김재근 외 6명(2015). 한국거버넌스 사례연구. 서울: 대영문화사.

김연명(1995). 북한사회복지 50년의 성과와 한계.

김영란(2008). 사회복지서비스 이용권제도와 시설경영. 사회복지서비스 시장제도의 혼돈과 복지경영, 105-129.

김영모(2007). 사회복지학. 한국복지정책연구소 출판부.

김영종(2001). 사회복지행정. 서울: 학지사.

김영종(2001). 사회복지행정. 서울: 학지사.

김영종(2002). 민간 사회복지조직의 재원이 서비스 전달에 미치는 영향. 한국사회복지학, 50, 209-233.

김이배(2009). 립스키(M. Lipsky)의 일선관료제 모형에 근거한 국민기초생활보장제도의 집행에 관한 연구. 한국사회복지행정학, 12(3), 149-181.

김형식(2000). 남북한 사회복지 체계의 비교와 통합 방안.

김형식(2001). 사회복지행정론. 서울: 동인.

김형식·이영철·신준섭(2001). 사회복지행정론. 서울: 동인.

남세진(2002). 인간과 복지. 서울: 한울.

남일재 저(2015). 지역사회복지론. 양서원.

노병일(1999). 정보통신기술의 활용이 사회복지사·클라이언트의 삶의 질에 미치는 영향. 한국사회복지학회 1999년도 춘계학술대회 및 정기총회 학술발표자료집, 237-250.

도세록(1997). 생활보호 및 공공복지서비스업무의 전산화 방안. 보건복지포럼, 14, 21-30.
민주정책연구원(2013). 지방선거대비 사회복지전달체계 개선방안 간담회 자료, 9.
박경숙(1999). 통일 한국의 사회복지 제도에 관한 연구.
박동서(1989). 한국행정론. 경기: 법문사.
박영란 · 유태균(1996). 사회복지기관의 정보화 현황과 과제. 계간 사회복지, 131, 90-105.
박영란 · 황정임(1998). 여성복지서비스 전달체계의 기능평가. 한국사회복지학, 36, 147-173.
박용순(2005). 사회복지개론. 서울: 학지사.
박차상(1999). 사회복지행정론. 경기: 양서원.
변재관 외(1998). 공공 보건 · 복지 전달체계 및 보건예방사업 개선방안. 한국보건사회연구원 토론회, 1-29.
보건복지부(2015). 사회복지관 운영관련 업무 처리 안내.
보건복지부 · 한국전산원(1997). 보건복지 행정정보화 전략계획.
북한 보건 의료 네트워크. http://www.nkhealth.net/
사회보장정보원 홈페이지. http://www.ssis.or.kr/lay1/S1T102C103/contents.do
사회복지공동모금회 홈페이지. http://www.chest.or.kr
서강훈(2013). 사회복지사를 위한 사회복지 용어사전. 경기: 이담북스.
서인해 · 공계순(2002). 사회복지관 욕구조사결과 활용에 영향을 미치는 요인에 관한 연구, 한국사회복지학, 51, 211-228.
성규탁(1988). 사회복지행정론. 경기: 법문사.
성규탁(1996). 사회복지행정론. 서울: 법문사.
성규탁 · 박경숙 역(1988). 사회복지사업관리론[Social Welfare Administration]. R. J. Patti 저. New Jersey: Prentice-Hall. (원저는 1983년도에 출판).
성규탁 역(1985). 사회복지행정조직론[Human service organizations]. Y. Hasenfeld 저. 서울: 박영사. (원저는 1978년에 출판).
손원익(1996). 사회복지를 위한 민간참여 활성화 및 재원조달방안. 재정포럼, 5, 6-19.
신복기(1984). 사회사업행정의 발달과정에 관한 연구. 사회과학논총, 3(1).
신복기 · 박경일 · 이명헌(2010). 사회복지행정론. 고양: 공동체.
신복기 · 박경일 · 이명현(2002). 사회복지행정론. 서울: 양서원.
안문석(1997). 정보체계론. 서울: 학현사.
안해균(1982). 현대행정학. 서울: 다산출판사.
양옥경(2003). 사회복지서비스와 전문자격제도. 계간 사회복지, 158, 26-41.
양옥경(2003). 사회복지실천과 윤리. 서울: 한울아카데미.
엄기욱 · 김순규 외(2013). 사회복지개론. 서울: 학지사.
우수명(2007). TP사회복지 Program 개발과 평가. 서울: 인간과복지.

원소연(2013). 한국형 협력적 거버넌스 체계 구축 방안 연구. 한국행정연구원.
유종해(1992). 현대행정학. 서울: 박영사.
유태균(2000). 지역사회복지관의 욕구조사 실태에 관한 연구. 사회보장연구, 16(1), 107-140.
윤혜미(2000). 미국의 복지개혁과 공공부문 사회복지사의 역할의 변화: 공적부조서비스를 중심으로. 한국사회복지학회 춘계학술대회 자료집, 89-111.
이경은·장덕희·김휘연·문도원·이마리아(2016). 지역사회복지론. 서울: 학지사.
이경희·신원식(2007). 교육복지투자우선지역 지원사업 운영에 대한 현장실천가들의 주관적 인식: Q방법론의 활용. 한국사회복지행정학, 21, 93-114.
이계탁(1997). 복지행정학강의. 경기: 나남.
이순민(2012). 사회복지 윤리와 철학. 서울: 학지사.
이영철(2000). 사회복지학. 서울: 양서원.
이완모(2013). 사회복지와 인간. 서울: 책나무.
이용교(2006). 사회복지사 수급체계와 전문성 강화방안. 계간 사회복지, 169, 82-95.
이용교 편(1999). 새 천년을 열어갈 사회복지사의 길. 광주대학교 출판부.
이용표(1996). 보건복지사무소에 대한 전문직간의 인식차이 연구. 서울대학교 보건대학원 석사학위청구논문.
이재완(2003). 사회복지인력체계에 관한 연구. 참여복지와 사회복지전달체계, 107-138.
이재원(2014). 지방소비세 확대에 따른 보조금제도의 개선방안-사회복지보조금의 적정보조율 설정방안. 지방재정, 4, 44-62.
이준영(2000). 정보기술에 의한 사회복지 전달체계의 보완. 정보화저널, 7(1), 32-45.
이준영(2016). 사회복지행정론. 서울: 학지사.
이필환 외 역(2005). 사회복지실천이론의 토대. 나눔의 집; National Association of Social.
이형하(2005). 자활후견기관의 조직관련 특성이 조직성원의 근무지향에 미치는 영향. 한국사회복지행정학, 7(3), 1-28.
장세철 외 역(2007). 개호복지론. 서울: 대학출판사.
장신재·이서연(2008). 신입사회복지사에 대한 멘토링이 조직몰입에 미치는 영향. 한국사회복지행정학, 10(2), 1-30.
장인협(1992). 사회복지행정. 서울: 서울대학교출판부.
장인협·이정호(1993). 사회복지행정. 서울: 서울대학교출판부.
장인협 역(1984). 사회복지조직론[Social Work and the Sociology of Organizations]. G. Smith 저. 서울: 집문당. (원저는 1979년에 출판).
전국경제연합회 보도자료(2015. 8. 16.). 기부금 세제 지원, 개인·법인 모두 확대해 줘야.
전국경제연합회 홈페이지. http://www.fki.or.kr
정무성(2007). 제3차 서울복지포럼-서울시 사회복지인력 근로조건 및 처우실태와 정책방향-,

11-88.
정순돌(2004). 사회복지실천현장에서 조사연구 활용에 관한 연구. 한국사회복지학회 2004년도 추계공동학술대회 자료집, 277-298.
조미형(2008). 사회복지기관의 IT자원이 업무효율성에 미치는 영향 연구. 사회복지서비스 시장제도의 혼돈과 복지경영, 165-180.
조미형(2011). 제도적 환경변화에 대한 사회복지관의 인식과 대응에 관한 연구. 한국사회복지행정학, 13(1), 103-132.
조성우·노재현(2009). 알기 쉽고 바로 활용하는 사회복지 성과측정 자료집. 서울: 사회복지공동모금회 연구센터.
조성한(1998). 사회복지행정서비스 전달체계 연구. 한국행정연구원.
조휘일 역(2000). 사회복지실천과 수퍼비전[Supervision in Social Work]. A. Kadushin 저. 서울: 학지사. (원저는 1992년에 출판).
초고속정보통신기반연구반(1995). 21세기의 한국과 초고속정보통신. 한국전산원.
최성은(2007). 미국의 성과주의 예산에 입각한 보건복지사업평가. 국제사회보장동향, 80-89.
최성재·남기민(2006). 사회복지행정론. 경기: 나남.
최옥채(2005). 사회복지실천론. 서울: 인간과복지.
최용민·김치영·김경희·이종모(2015). 사회복지행정론. 동문사.
최일섭(1996). 지방화시대에서의 사회복지의 과제. 지방자치와 사회복지.
최일섭(1998). 외국 사회복지분야 교육실태. 계간 사회복지, 138, 23-32.
통일부 북한자료센터. http://unibook.unikorea.go.kr
한국사회복지사협회(2012). 2012년 한국 사회복지사 기초통계 연감.
한국전산원(1996). 정보화와 삶의 질(차세대 전산망서비스 개발사업).
한주빈(2019). 사회복지행정론. 장원사이버평생교육원.
허만영(2004). 사회복지행정교육의 방향: 공공영역과 민간영역의 조화, 혹은 갈등. 한국사회복지행정학회 2004년 추계학술대회 자료집, 151-158.
허선(2001). 기초생활보장제도의 정착을 위한 정부와사회복지사의 역할. 한국빈곤문제연구소 창립기념논문집, 229-255.
황성철·정무성·강철희·최재성(2003). 사회복지행정론. 서울: 학현사.
황성철·정무성·강철희·최재성(2010). 사회복지행정론. 서울: 현학사.
황희숙(2004). 사회복지의 이해. 서울: 양서원.

Abels, P., & Murphy, M. J.(1981). *Administration in human service: A normative system approach*. New Jersey: Prentice-Hall.

Ackoff, R.(1996). Structural conflicts within organization. In J. R. Lawrence (Ed.), *Research and the social sciences*. New York: Tavistock.

Adams, J. S.(1963a). Toward and understanding of inequity. *Journal of Abnormal and Social Psychology, 67*.

Adams, J. S.(1963b). Wage inequities, productivity and work quality. Industrial Relations. *A Journal of Economy and Society, 3*(1), 9-16.

Argyris, C.(1957). *Personality and organization*. New York: Harper and Row.

Au, Chor-Fai.(1994). The status of theory and knowledge development in social welfare administration. *Administration in Social Work, 18*(3), 27-44.

Auslander, G. K., & Cochen, M. E. (1992). Issues in the development of social information system: The case of hospital Social work Departments. *Administration in Social Work, 16*, (2), 73-88.

Aylala P., & Ditsa, K.(1978). Occupational tedium in the social services. *Social Work, 23*(6), 499-510.

Bennett, E. C. et al.(1977). Evaluation: Alternative models. In N. Gilbert et al. (Eds.), *Planning for social welfare: Issues, models and tasks*. New Jersey: Prentice-Hall.

Blau, P., & Scott, R.(1962). *Formal organizations*. New York: Chandler.

Booth, C.(1889). *Life and labour the people London*. London & New York: Macmilian.

Boyd, L. Jr.(1981). A Decision support system to increase equity. *Administration in Social Work, 5*(3-4), 83-96.

Bradshaw, J.(1972) The concept of social need. *New Society, 30*, 640-643.

Etzioni, A.(1964). *Modern organizations*. New Jersey: Prentice-Hall.

Federal Electronic Benefit Transfer Task Force.(1994). Creating a benefit delivery system that works better & costs less.

Flynn, M. L.(1990). Computer-assisted instruction to increase organizational effectiveness. *Administration in Social Work, 14*, 103-118.

Gates, B. L.(1980). *Social program administration: The implementation of social policy*. New Jersey: Prentice-Hall.

Gilbert, N., & Specht, H.(1974). *Dimensions of Social Welfare Policy*(1st ed). Prentice-Hall.

Gouldner, A. W.(1954). *Patterns of industrial democracy*. New York: The Free Press.

Hanlan, A.(1977). From social work to social administration. *Administration in Social Work, 1*(3).

Hasenfeld, Y.(1983). *Human service organiztions*. New Jersey: Prentice-Hall.

Hasenfeld, Y.(1992). *Human service as complex organization*. Newbury Park: Sage Publication.

Henderson, A., & Parsons, T.(2009). *The theory of social and economic organization*. New York: The Free Press.

Hersey, P., & Blanchard, K.(1988). *Management of organization behavior: Utilizing human resources*(5th ed.). New Jersey: Prentice-Hall.

Herzberg, F.(1976). The managerial choice: To be efficient and to be human. *Homewood*, *12*. Illinois: Dow Jones-Irwin.

Hoshino, G.(1981). Computers: Tools of management and social work practice. *Administration in Social Work*, *5*(3-4), 5-10.

Kettner, P. K., Moroney, R. M., & Martin, L. L.(1999). *Designing and managing programs*. California: Sage Publications.

Keys, P. R.(1987). Rebuilding the relationship between social work and public welfare administration. *Administration in Social Work*, *11*(1), 47-58.

Kirchlechner, B.(1994). Client advice software-A counselling program(SOLDI). ENITH Fourth Conference in Berlin.

Lauffer, A. (1978). *Social planning at the community level*. New Jersey: Prentice-Hall.

Likert, R.(1961). *New patterns of management*. New York: McGraw-Hall.

Lundstedt, S.(1972). Consequences of reductionism in organization theory. *Public Administration Review*, *32*, 328-333.

Mangum, S. L.(1982). Recruitment and job search: The recruitment tactics of employer. *Personnel Administrator*, *27*, 93-101.

Maslow, A, H.(1954). *Motivation and personality*. New York: Harper & Row.

Maslow, A. H.(1943). A theory of human motivation. *Psychological Review*, *50*, 370-396.

McClelland, D. C., Atkinson, J. W., Clark, R. A., & Lowell, E. L.(1953). *The achievement motive*. New York: Appleton-Century-Crofts.

McGregor, D.(1960). *The human side of enterprise*. New York: McGraw-Hill.

McNeil, K.(1978). Understanding Organizational power: Building on weberian legacy. *Administrative Science Quarterly*, *23*, 65-90.

Merton, R. K.(1940). Bureaucratic structure and personality. *Social Forces*, *18*.

Meyer, C. H.(1995). Assessment. *NASW*, 260-270.

Meyer, F. M. et al.(1994). The role of knowledge based and decision support system in the German welfare system. ENITH Fourth Conference in Berlin.

Molnar, D., & Kammerud, M.(1977). Problem analysis: The delphi technique. In N. Gilbert & H. Specht (Eds.), *Planning for social welfare*. New Jersey: Prentice-Hall.

Mouzelis, M. P.(1968). *Organization and bureaucracy*. Chicago: Adline.

Mouzelis, M. P.(1979). *Organization and bureaucracy*(2nd ed.). London: Roudlege & Kegan Paul.

Murphy, J. W., & Pardeck, J. T.(1992). Computerization and the social service. *Administration in Social Work*, *16*(2), 61-72.

Mutschler, E., & Hoefer, R.(1990). Factors affecting the use of the computer technology in human service organization. *Administration in Social Work*, *14*(1), 87-101.

Newham, J., & Bawcom, L.(1982). Computerizing an integrated clinical and financial record system in CMHC. *Administration in Social Work*, *5*(3-4), 97-112.

NK 조선닷컴. http://www.nkchosun.com

O'Brien, N., McClellan, T., & Alfs, D.(1992). Data collection: Are social workers reliable?. *Administration in Social Work*, *16*(2), 89-99.

Patti, R. J.(1983). *Social welfare administration: Managing social programs in a development context*. New Jersey: Prentice-Hall.

Root, S. R.(1996). Computer conferencing in a decentralized program: An occupational social work example. *Administration Social Work*, *20*(1), 31-45.

Rowntree, S, B.(1902). *Poverty: A study of town life*. London: Macmillan and co., Limited.

Schafritz, J. M., & Russell, E. W.(1992). *Introducing public administration*(3rd ed.). New York: Longman.

Scheff, T. J.(1965). Typification in the diagnostic practices of rehabilitation agencies. In M. Sussman (Ed.), *Sociology an rehabilitation*. WAshington, DC: American Sociological Association.

Scott, W. R.(1987). *Organizations: Rational, natural, and open systems*(2nd ed.). New Jersey: Prentice Hall.

Selznick, P.(1949). *TVA and the grass roots: A study in the sociology of formal organizations*. California: University of California Press.

Siegel, L. M., Attkisson, C. C., & Varson, L. G.(1978). Needs identification and program planning in the community context. In C. C. Attkisson et al.(Eds.), *Evaluation of human service programs*. New York: Academic Press.

Skidmore, R. A.(1983). *Social work administration: Dynamic management and human relationships*. New Jersey: Prentice-Hall.

Skidmore, R. A.(1990). *Social work administration: Dynamic management and human relationships*(2nd ed.). New Jersey: Prentice-Hall.

Slavin, S.(1985). *Managing finances, personnel, and information in human services*(2nd ed.). New York: The Haworth Press.

Steiner, R.(1977). *Managing the human service organization from survival to achievement*. California: Sage.

Suchman, E.(1967). *Evaluation research*. Connecticut: Printers, Inc.

Taylor, F. W.(1923). *The principles of scientific management*. New York: Harper.

The research group.(1976). Techniques for needs assessment in social service plannning. GA: the research group, Inc.

Thompson, V. A.(1961). *Modern organizations*. New York: Knopf.

Thyer, B. A.(2001). The handbook of social work research methods. London: Sage Publication.

Trecker, H. B.(1971). *Social work administration*. New York: Association Press.

Turem, J. S.(1986). Social work administration and modern management technology. *Administration in Social Work*, *10*(3), 15-24.

Velasquez, J.(1992). GAIN: A locally based computer system which support line staff. *Administration in Social Work*, *16*(1), 41-54.

Vroom, V. H.(1964). *Work and motivation*. New York: Wiley.

Watson, K. W.(1973). Differential supervision. *Social Work*, *8*(11), 78-89.

Weinbach, R. W.(1990). *The social worker as manager: Theory and practice*. New York: Longman.

Weiner, M.(1988). Managing people for enhanced performance. *Administration in Social Work*, *11*(3-4), 147-159.

York, O. R.(1986). Perception of bureaucracy. *AISW*, *10*, 3-13.

저자소개

황희숙(Hwang, Hee Sook)

경희대학교 행정학(사회복지전공 석사)졸업

상명대학교 행정학(사회복지전공 박사)졸업

전 신망애복지원 원장

전 동두천시건강가정·다문화가족지원센터장

전 경기도 사회복지위원

전 '하이 서울' 장애인 올림픽 행사조직위원장

전 한국군상담복지학회장

의정부시 장애활동지원수급판정위원장

동두천 연천 건강보험공단 자문위원

동두천시 지역사회보장 대표협의체 공동위원장

한국 가족복지실천학회장

경기북부 노인과 장애인 케어전문가협회장

현 신한대학교 사회복지학과 교수

〈주요 논문〉

대학생의 가족건강성과 적응유연성이 진로적응에 미치는 영향

기초생활수급대상자 욕구조사 결과보고서

구도시 재생정책을 위한 인과관계분석

정서표현 양가성이 주관적 안녕감에 미치는 영향에서 심리적 유연성의 조절효과 연구

시계열자료를 활용한 도시 간 환경비교

고령자의 재취업에 미치는 요인 분석 연구

기혼여성의 고용지위 결정요인에 관련한 사회변인 분석

도농복합지역 청소년의 자살에 대한 연구

장기요양시설 서비스만족도가 주관적 안녕감에 미치는 영향요인분석

지역사회복지서비스의 민간 역할분담에 관한 연구

민관협력지원 서비스의 성과평가에 관한 논의 등

〈주요저서〉

사회복지개론

사회복지의 이해

사회복지실천론

건강가정론

사회복지실천기술론

지역사회복지론

조직과 인간관계

사회복지행정론

초판 1쇄 인쇄 2020년 2월 21일
초판 1쇄 발행 2020년 2월 24일

지 은 이 | 황희숙
펴 낸 이 | 김기섭
편 집 인 | 이초롱
펴 낸 곳 | 창지사 www.changJisa.com
08589 서울시 금천구 가산디지털 1로 83 파트너스타워 1차 9층
전화 (02)719-2211~3
팩스 (02)701-9386
등 록 | 1977년 4월 28일 · 제1-421호

ISBN 978-89-426-1300-7 (93330)

값 20,000원

이 도서의 국립중앙도서관 출판예정도서목록(CIP)은 서지정보유통 지원시스템 홈페이지(http://seoJi.nl.go.kr)와 국가자료공동목록시스템(http://www.nl.go.kr/kolisnet)에서 이용하실 수 있습니다(CIP제어번호: CIP2020009611).